"新商科"电子商务系列规划教材

视觉营销

◎ 主　编　张　翔　徐赛华
◎ 副主编　王　飞　韩　浩　连城玉
◎ 主　审　嵇美华

电子工业出版社.

Publishing House of Electronics Industry

北京·BEIJING

内 容 简 介

本书由 6 个项目组成，分别为认识视觉营销、开启网店视觉营销工作、营造流量视觉引力、增强产品视觉感染力、建构品牌视觉识别力、激发移动视觉冲击力。通过项目 1、项目 2 开启项目学习，培养学生视觉构图、视觉传达、视觉营销等技巧，熟悉网店视觉营销工作流程、网店基本信息架构、视觉营销工作岗位相关内容并配置了网店美工图像处理的资源接口，为项目实战奠定基础。

全书以用户体验为切入点，通过项目需求分析、策划、设计、实现、上线测试等企业实际流程，以鼠标产品、跳绳产品、休闲女装、母婴产品为项目载体，实战 PC 端流量入口、产品主图详情、店铺首页及移动端的产品主图详情、店铺首页的工作流程。培养学生在视觉营销流程中，能够从用户体验角度出发，进行信息架构、风格与配色、视觉流、视角焦点等设计，提升学生电商项目综合实战能力。

本书各项目均配有微课教学资源（扫描二维码即可观看），使学生能够更主动地基于项目和实际工作任务进行学习，同时方便教师采用"翻转课堂"的方式进行教学。

本书内容由浅入深，各项目循序渐进，实用性和可操作性强，适合高职院校电子商务技术、计算机技术、数字媒体、艺术设计等相关专业作为教材，也适合电商平台从业人员、网店视觉运营岗位人员自学使用。

图书在版编目（CIP）数据

视觉营销 / 张翔，徐赛华主编 . —北京：电子工业出版社，2019.4
ISBN 978-7-121-32750-6

Ⅰ . ①视…　　Ⅱ . ①张…　②徐…　　Ⅲ . ①网络营销－高等学校－教材　　Ⅳ . ① F713.365.2

中国版本图书馆 CIP 数据核字（2017）第 232108 号

责任编辑：张云怡　　特约编辑：张国栋　　尹杰康
印　　刷：天津画中画印刷有限公司
装　　订：天津画中画印刷有限公司
出版发行：电子工业出版社
　　　　　北京市海淀区万寿路 173 信箱　邮编　100036
开　　本：787×1 092　1/16　印张：16　字数：409.6 千字
版　　次：2019 年 4 月第 1 版
印　　次：2019 年 4 月第 1 次印刷
定　　价：59.80 元

2017 年 5 月 19 日至 20 日，全国电子商务职业教育教学指导委员会在常州市召开高等职业教育电子商务类专业教学改革研讨会。来自全国高职院校的近 400 位院校负责人和专业负责人参加会议。为在经济全球化的时代背景下，适应商业、技术和人文越发深层次融合的新商业时代特征需求，会议提出了高职"新商科"人才培养的理念和倡议。

"新商科"人才培养理念体现新的商业思维。在商业、技术和人文越发深层次融合的新商业时代，商业人才需要逐步构建起"计算思维""数据思维""交互思维""哲学思维""伦理思维"和"美学思维"，这些思维的交叉融合是商业创新的动力源泉。

"新商科"人才培养理念探索新的商业规律。新的基础设施、新的商业模式、新的商业组织、新的价值观正在悄然地以"非中心化"的模式构建起新的社会生活，也产生了新的商业规律，如信用成为资产、数据成为生产资料等。这些新的规律逐渐形成并产生广泛而深刻的创新。

"新商科"人才培养理念融合新的知识与技能。对于经济学、管理学、传播学、计算机科学技术、智能科学、数据科学等在新商业中的交叉融合应用，以及新的劳动工具使用所产生的新的技术技能积累，都需要我们对财经商贸专业大类中绝大多数专业内涵与外延进行再思考。

"新商科"人才培养理念推动新的教育教学模式。基于新商业特征的新商科人才培养，要实事求是地调整人才培养结构，重构专业内涵与外延，反思培养规律与培养方法，创新培养内容与培养载体，探索跨专业的专业群建设模式和教学研究方法。

"新商科"人才培养理念提出后，得到了各界的积极响应。2017 年 9 月 11 日至 12 日，在全国电子商务职业教育教学指导委员会的倡议下，来自联合国教科文组织等 22 个国际组织和国家的负责人在广西壮族自治区共同发起成立"新商科国际职教联盟"。中国商业经济学会职业教育分会设立了 32 项新商科应用人才培养专项研究课题。电子工业出版社率先组织编写了这套融入"新商科"人才培养理念的系列教材。

"新商科"教育是新商业时代的客观需要和必然趋势。高等职业教育要把握时代机遇，主动拥抱新商业时代！

陆春阳

全国电子商务职业教育教学指导委员会副主任

"新商科"电子商务系列规划教材编委会名单

主　任：沈凤池

总主编：胡华江

副主任：（按拼音顺序）

陈　明

嵇美华

李玉清

商　玮

谈黎虹

杨泳波

随着电子商务的飞速发展，用户的个性化需求越来越突出，用户体验在企业竞争中的重要性逐渐凸显出来。用户面对的是电商平台前端页面，页面的视觉效果直接影响网络消费者的各种行为，企业更希望通过前端页面视觉营造流量视觉引力，增强产品视觉感染力，建构品牌视觉识别力，激发视觉冲击力。因此，电商领域是"无处不视觉，无处不营销"。

用户体验的重要性，要求运营与美工设计岗位间的融合越来越紧密，并产生了一个新名词——视觉营销。视觉营销是一项信息系统工程，包括用户、产品、活动等信息主体。视觉营销通过信息架构设计，对信息进行分类、分层；通过视觉传达设计来呈现产品，有效地传达企业营销意图，吸引用户视觉焦点，获取用户点击流量；通过直击用户痛点的产品主图与详情，提升复购率与转化率。

本书是浙江省社科联科普课题（编号13ND11）、省教育厅课题（编号Y201326813）、全国信息技术课题（编号136241124）系列研究成果之一。

本书编写初衷是针对两个需求一个痛点，即电商行业人才需求，院校人才培养升级需求，以及两个需求中的一个痛点——跨界融合。电商行业人才需求表现在运营岗位、视觉岗位之间的对接，当企业业务量增大之后，进一步体现在视觉部门主管与美工岗位的业务对接；院校人才培养升级需求表现在专业学科融合与边界重定义上。视觉营销在工作流程上至少涉及两个部门，视觉部门内可细分3级工作岗位，折射到人才培养上，是跨学科、融合生成新课程。

本书是基于岗位需求而开发的校企合作教材，主要以电商视觉部门为基点，电商视觉的工作流程为主线，对视觉与运营两大部门之间的业务边界与接口进行了初步梳理，对流程环节进行了初步划分与衔接，同时对每个工作环节中的理论与方法进行了案例化运用。本书以实际运营的企业项目为背景，针对学生需求改编成教学项目，通过项目任务驱动，提供大量的落地案例，充分体现"做中学""学中做"的教学理念，为培养技能精湛，又具用户情怀的新时代产业人才服务。

本书由6个项目组成，分别为认识视觉营销、开启网店视觉营销工作、营造流量视觉引力、增强产品视觉感染力、建构品牌视觉识别力、激发移动视觉冲击力。通过项目1、项目2开启项目学习，培养视觉构图、视觉传达、视觉营销等技能技巧，熟悉网店视觉营销工作流程、网店基本信息架构、视觉营销工作岗位相关内容，并配置了网店美工图像处理的资源接口作为教师选用、学生拓展知识的教学资源，为实战项目奠定坚实基础。以用户体验为切入点，通过项目需求分析、策划、设计、实现、上线测试等企业实际流程，以鼠标产品、跳绳产品、休闲女装、母婴产品为项目载体，实战 PC 端流量入口、产品主图详情、店铺首页及移动端的产品主图详情、店铺首页的工作流程，训练与培养视觉营销流程中用户体验的思维方法，信息架构的思维方法，风格与配色、视觉流、视角焦点等在页面设计、构图中的方法应用技巧，提升学生电商项目综合实战的职业能力。

本书具有以下特点：

1. 主编团队跨界融合

主编团队拥有多年的一线教学经验和多年专业、创业融合教学经历。

2. 企业全程参与，共同编写

本书在编写过程中，与湖州万相社视觉策划机构、永康市索维贸易有限公司、浙江聚焦电商有限公司、苏州西缺棉麻偏执者公司技术总监对接生产过程，企业核心成员全程参与项目典型工作任务选取并实施企业项目教学化改造，解构实际企业项目开发流程、运营思维与方法，深化校企协同育人理念。

3. 面向真实岗位典型应用、精选教学内容

项目内容根据电商公司视觉、运营真实岗位典型工作任务编写而成，内容基本涵盖电商视觉设计、运营岗位相关领域的典型综合运用。

4. 技能训练方式多样化，训练项目由易到难

训练内容包含数据调研、分析报告、信息搜索、文档撰写等多种方式，采用"课堂训练—同步训练—拓展训练"，由简单到复杂的方式逐步培养学生创新创业能力和综合职业能力。

5. 立体化教学资源丰富，方便移动学习

本书配套资料有同步阅读、电子课件、理论测试题以及教学实操视频，体现教学共建、共享思想。读者只需扫描二维码即可实现阅读，体现了移动互联时代移动阅读、碎片化阅读的便利性。

本书的每个项目均配有微课教学资源（扫描二维码即可观看），让学生能够更主动地基于项目和实际工作任务进行学习，同时方便教师使用"翻转课堂"进行教学。本课程建议总学时为 64～72 学时，可以安排 1～2 周实训课时（各项目课时分配可扫描二维码）。

各项目课时分配

本书目录初稿由张翔、徐赛华、韩浩、连城玉确定，最终目录由张翔、徐赛华、王飞确定。本书由金华职业技术学院张翔、徐赛华担任主编，金华职业技术学院王飞、湖州万相社视觉策划机构韩浩、浙江聚焦电商有限公司连城玉担任副主编，由湖州职业技术学院嵇美华教授担任主审。

感谢杭州赢鼎电子商务有限公司、浙江甄优智能科技有限公司、金华市美晨商贸有限公司、杭州唯梦文化创意有限公司、湖州万相社视觉策划机构、浙江聚焦电商有限公司、

永康市索维贸易有限公司、浙江华丽达塑料制品有限公司、苏州西缺棉麻偏执者公司、义乌晡宝母婴旗舰店、甄优秀电商平台（www.m.youxiu.com）等企业为本书的编写提供建议与素材。感谢金华职业技术学院胡华江、楼小明、刘雷、金川涵、杨甜甜、章玎玎等老师对项目的支持与帮助。感谢金华职业技术学院已毕业学生王方媛、曹海帆、刘奕奕、宣玉铭、王利剑、庞文博、刘根水，金义网络经济学院双创班学生梁少杰等对项目的支持与帮助。感谢参与教学微课视频录制人员。

　　本书编写过程中引用了淘宝、天猫、京东平台、淘宝论坛、百度文库等网站资料与数据，在此向所有作者表示诚挚的感谢。

　　由于编者水平有限，书中错误在所难免，恳请专家、读者提出宝贵意见，编者联系方式为 369044515@qq.com、393454759@qq.com。

编　者
2019 年 1 月

目 录

项目1 认识视觉营销

项目2 开启网店视觉营销工作

项目3　营造流量视觉引力

项目4　增强产品视觉感染力

项目 5   建构品牌视觉识别力

项目 6   激发移动视觉冲击力

项目 1
认识视觉营销

知识导图

```
                              ┌─ 视觉
                              ├─ 视觉心理
                              ├─ 营销
                    视觉营销基础 ─┼─ 视觉营销
                              ├─ 视觉营销目的
                              ├─ 视觉营销设计原则
                              ├─ 视觉营销内容
                              └─ 视觉营销表现形式
认识视觉营销 ─┤
                              ┌─ 色彩情感传达
                    视觉传达基础 ─┼─ 光影品质传达
                              └─ 场景定向传达

                    视觉构图基础 ─┬─ 经典构图法
                              └─ 常见视觉流
```

知识点

1. 了解视觉营销的相关内容。
2. 熟悉视觉传达相关内容。
3. 掌握视觉构图相关内容。

技能点

1. 能够运用视觉营销信息模型分析视觉营销案例。
2. 能够运用视觉传达基本法则分析视觉营销案例。
3. 能够运用视觉构图基本法则分析视觉构图案例。
4. 能与人进行良好沟通并协作完成学习任务。

案例

电商视觉服务公司视觉营销案例

小 H 从小喜爱画画，很自然地走上了艺术设计之路。2009 年上大学的小 H 正逢电商大潮涌起，性格外向的小 H 进入了电商视觉行业。他首先涉及的是平面设计师岗位，2010 年进入北京 HDSJ 公司，任业务主管；2011 年开始学习商业摄影，任摄影师；2013 年进入北京 SHPP 品牌策划公司，任市场运营总监；2014 年进入 MMIA 视觉公司，任电商部经理；2014 年末，进入由 MY 国际、北京 GJHP、MMIA 视觉联合创立的 WXS 视觉策划机构；2015 年至今在 WXS 视觉策划机构任执行总监。创业伊始，小 H 为了亲身感受视觉营销在互联网上的魅力，便带着自己的视觉策划团队在不同网络平台上展开了视觉营销之旅。

通过视觉营销积累，机构的业务量迅猛增长，不到 3 年的时间，机构在不同城市增设了 3 个工作点，规模越来越大，机构内部分工越来越专业化。

表 1-1 记录了小 H 网络视觉营销之旅留下的足迹。表格中的数据是小 H 所在视觉策划机构在互联网时空中留下的信息片段，所选的发布平台有专业的摄影网站、视觉资源网站、社交网站等。平台不同会带来不同的人群，但他们都有一个共同的特征，这些群体多与视觉产业供应链的上下游相关。在这样一些平台上通过视觉，既可以在业界展现自己，提升知名度，又可以为需求方提供合作的入口，带来业务流量。

通过小 H 视觉营销的花絮，来体验新媒体时代，营销如何与视觉合体，如何吸引用户的双眼，使用户不断地靠近，直至合作交易在快乐中达成。

表 1-1 小 H 网络视觉营销之旅

序号	视觉营销推广平台	视觉营销推广平台简介	视觉营销推广活动受众	推广时间	视觉营销主题	视觉营销内容
1	微博	国内主流，极具人气的微博产品，随意记录生活	全国人民，热爱分享，热爱生活	2009 年 8 月	设计总监个人气质推广	兴趣、爱好、生活等个人气质营销
2	MOKO 美空	中国最大的网络红人服务商，汇集模特艺人网红群体	摄影师、模特、化妆师	2015 年 7 月	公司品牌形象推广	企业品牌形象与人气
3	花瓣论坛	国内优质图片灵感库，方便设计师分享与交流	设计师	2015 年 10 月	公司主营业务——静物拍摄服务项目推广	服装、食品、家具、菜谱拍摄
4	ZCOOL 站酷	中国设计创意行业大型社区，聚集专业设计师、艺术院校师生、潮流艺术家等年轻创意设计人群	专业设计师、艺术院校师生、潮流艺术家等年轻创意设计人群	2016 年 10 月	公司主营业务——原创摄影项目推广	人像摄影、MV、静物特写；内衣、男装、女装首页和详情页设计

序号	视觉营销推广平台	视觉营销推广平台简介	视觉营销推广活动受众	推广时间	视觉营销主题	视觉营销内容
5	太平洋摄影部落	中国原创数码摄影社区，为用户提供良好的使用体验	摄影师	2016 年 10 月	公司主营业务——人物拍摄服务项目推广	撞色大片
6	黑光论坛	黑光网旗下专业婚纱摄影、人像摄影论坛，是影楼业内人士发布、交流、营销专业论坛	专业人像摄影论坛	2016 年 11 月	公司主营业务——人物拍摄宣传	人像写真摄影大片
7	爱奇艺	中国视频行业的领先者，分享产品、技术、内容、营销等	企业、观众	2016 年 11 月	公司主营业务——视频策划拍摄合成等服务项目推广	企业原创宣传片

1.1 视觉营销基础

国内电商领域从阿里巴巴开始，经过近 20 年的蓬勃发展，平台、商家、消费者越来越适应商业交易领域信息化的发展步伐，反过来，又从各自的维度不断地促进、推动着电子商务的发展进程。视觉营销犹如电商的左右护法，伴随着电商从布衣草根走向各执一方门派的大咖，从青涩走向成熟。

1.1.1　视觉营销相关概念

1. 视觉

通过视觉系统的外在感觉器官（眼睛）接受外界环境中一定波长范围内的电磁波刺激，经中枢有关部分进行编码加工和分析后获得的主观感觉。通过视觉感知外界物体的大小、明暗、颜色、动静等信息，人体有 80% 以上的外界信息获取来自视觉。

2. 视觉心理

格式塔心理学（Gestalt Psychology），又称完形心理学，常作为构建视觉设计心理模型的理论基础。该理论主张研究直接经验（意识）和行为，强调经验和行为的整体性，认为整体不等于并且大于部分之和，主张以整体的动力结构观来研究心理现象。该理论认为感知到的东西要大于眼睛见到的东西。视知觉是一种经验现象，一种整体现象，成分之间相互牵连，构成整体。完整的现象具有它本身的完整特性，既不能分解为简单的元素，又不包含于元素之内。

基于格式塔心理学的视知觉形成如图 1-1 所示。

在相同的视觉场中，拥有同样的视觉要素、视觉环境，但打开时间的差异，观察者的需求差异、心理差异、所处的环境差异等会触发不同的先期经验与记忆，从而形成视知觉的差异。

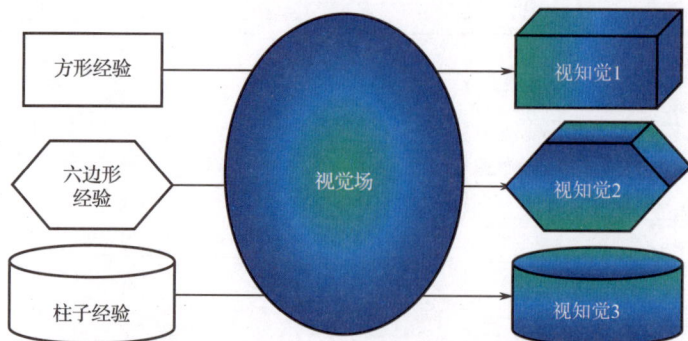

图 1-1 基于格式塔心理的视知觉示意

图 1-2 人脸 / 花瓶幻觉图

图 1-2 是著名的格式塔心理图片——人脸 / 花瓶幻觉图，通过主题 / 背景互换的两种图形，不同的观察者会得到不同的视知觉。

分析：观察者对轮廓或是外形的经验或偏好会导致对某一方面的加强。对于图 1-2 中的同一图形，一些人偏向于看成花瓶，一些人则更容易将其看成是脸庞。由此可见，不同的经验在相同视觉场的作用下会经由不同的信息路径形成不同的视知觉。从视觉场到视知觉再到个体行为发生一般会涉及以下几个步骤：

（1）接收。接收来自视觉场的整体信息。

（2）激活。外来信息激活人身心中的记忆存储，即经验积累。

（3）感应。首先，人体内积累最深厚的经验信息与视觉场中传递过来的相应信息对接形成感应。然后，视觉场过来的不同信息会对应个体内不同的记忆存储，形成不同能级的感应流。

（4）对接。个体需求与视觉场激活的感应流会发生选择性对接。

（5）决策。个体需求与感应流对接的吻合度，决定了个体后续的行为发生。

3. 营销

营销，指发现或挖掘准消费者需求，从整体氛围的营造以及自身产品形态的营造去推广和销售产品，主要是深挖产品的内涵，契合准消费者的需求，从而让消费者深刻了解该产品进而产生购买行为的过程。

营销目的：产生可持续性收益。

营销本质：抓住用户的需求，并快速把需求商品化。

营销流程：需求挖掘（需求点）→产品内涵挖掘（卖点）→痛点制造（买点）→氛围营造→需求导向→用户行为→商家后续行为。

营销信息：营销流程会伴随着相应的信息流程。流程中涉及的主要信息包括客户基本信息、需求信息、产品基本信息、产品卖点信息、客户与产品间的关联信息（买点）、用户行为信息、商家相关行为信息等。

4. 视觉营销

视觉营销（Visual Merchandising），即商品计划可视化。它以商品计划，即营销策略为核心，以消费者为目标群体，以商品为主，综合所有视觉要素，作为营销信息传达与展现的载体，实现品牌、商品或服务的特性及差异化。视觉承载卖家的营销策略，体现了卖家的产品营销技术与方法，同时通过买家的可视化体验，提高对产品或品牌的忠诚度与黏性；卖家以视觉冲击和审美视觉感观提高顾客潜在的兴趣，达到产品营销或品牌推广的目的。

视觉是一个创意过程，创意来源于灵感，灵感源自目标导向，来自能量集聚，而导向该目标的便是营销，是品牌，是产品，是客户，涉及方方面面的信息便是集聚能量的源泉。商家需要用视觉向消费者传递品牌、产品等信息进而达成营销目的，而消费者需要视觉来识别品牌、产品等信息进而达成消费目的，视觉营销中的信息流如图 1-3 所示。视觉是营销的载体，营销是视觉的灵魂。

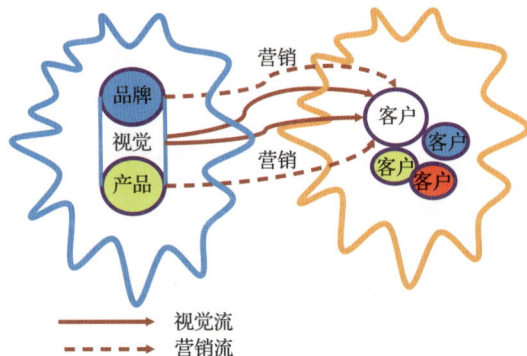

图 1-3　视觉营销中的信息流

由图 1-3 可以看出，视觉营销关系中有两股信息流，一股是显性的视觉流，一股是蕴含的营销流。视觉流由视觉符号、色彩、光感、场景等视觉要素构成，触动客户视感觉引发情感、意识等心理而产生的信息流，即视知觉。而蕴含在这股信息流中的产品、品牌、服务的系列特征信息便组成了客户感应到的营销信息流。不同的客户主体会触发不同的视觉流，形成差异化的营销信息流。所有可以触动视觉产生视觉流的视觉要素，都是传递营销信息流的载体与通道。视觉流是营销流的动态实现，营销流是视觉流的终极目标。

5. 视觉营销的目的

视觉营销涉及多个用户维度，不同维度的用户有不同的目标诉求，如表 1-2 所示。

表 1-2　不同维度用户视觉营销诉求

用户角色	目标诉求
商家	把商品的价值和效果最大化，并且通过凸显品牌之间的差异来提升销售利润
设计者	打造一个让目标顾客容易看、容易选、容易买的卖场时空，让商品与销售额产生直接连动，达到顾客与导购员双方在买与卖之间均可获得方便的效果
顾客	容易看到、看懂、选择与顾客购买有直接的联系，有一种身临其境的氛围与人物设定感
导购	商品容易看、容易体验等，有一种娓娓道来，引人入胜的意境，用户体验直接与销售相联系
品牌	容易形成品牌意识，品牌归属与信任，容易在终端产生销售

在视觉化商品营销中，商品计划（Merchandising）的比例一般占 80%，视觉占 20%。从比例中可以看出，视觉营销的灵魂重点在商品，在营销本质，视觉是一种手段，是让营销更进一步焕发生命活力的技术手法。

6. 视觉营销设计原则

格式塔原理广泛应用于视觉设计领域，基于格式塔学派最基本的规则有蕴涵律、闭合律、相似律、接近律、对称律、连续律。综合这些规律，可以归结出两个原则。

（1）完型原则。完型原则表明元素间的连接和共性，这种关联属性有助于引导眼球从一组中的一个元素看向另一个元素。统一的连通性会引导眼球关注有关连接侧的元素。

（2）延续原则。延续原则是关于元素朝一个方向持续运动的特殊原则。由于元素间的关联性，朝着相同方向同命运的运动元素会让眼球跟着它们一起运动。

遵循上述原则的视觉设计，可以形成视觉流，对客户的浏览查看起到引导效用。设计者可以把页面营销导购流程与视觉流暗合，达到视觉营销的目的。

7. 视觉营销内容

采用知名陈列师 JIMMY PO 收集的发达国家零售数据，抽取视觉营销关键元如表 1-3 所示。

表 1-3　JIMMY PO 视觉营销关键元

关键元	描述
空间	通过空间立体视觉效果营造品牌氛围
平面	通过平面视觉以及海报等作为一种视觉效应
传媒	通过推广形式来表达视觉营销的概念
陈列	完成内部的构造变化
造型	完善形象的优化整合

映射到互联网上的视觉营销，对应内容如表 1-4 所示。

表 1-4　互联网视觉营销关键元

JIMMY PO 陈列关键元	互联网视觉营销关键元
空间	网站 / 网店
平面	页面视觉、海报等
传媒	流量入口的各类主图、海报、文案等
陈列	首页、详情等页面中产品 / 服务信息的陈列；海报、主图中的产品展示等
造型	产品、品牌形象的艺术化呈现效果

视觉营销在国内可归类为三大部分：

（1）店铺空间设计与规划布局 SD（Store Design）。

（2）商品陈列形式 MP（Merchandise Presentation）。

（3）商品计划、商品策略 MD（Merchandising）。

8. 视觉营销表现形式

信息图、短视频、HTML5，还有眼下非常火热的 Cinemagraph（静态照片中神奇的细微运动技术）和 emoji（表情符号）都可看作视觉营销的一种形式。

> **知识小结**
>
> 视觉营销存在的目的是最大限度地促进产品（或服务）与消费者之间的联系，最终实现交易，让卖家卖好商品，买家买好商品。视觉营销既是提升视觉冲击，影响品牌文化的手段，也是提升用户购物体验的手段。

1.1.2 视觉营销案例

站在信息视角，海报传递给客户两股信息流：视觉流和营销流。在视觉营销欣赏过程中，透过视觉元素，挖掘蕴含在其背后的营销信息。

1. 朋友圈品牌内涵海报

图 1-4 是小 H 在朋友圈、论坛中发布的万相社企业宣传海报。

图 1-4　万相社企业宣传海报

描述：整图由冰雪半化的高山与深不见底的海水组成大场景，暗示着企业所处的行业大背景。海拔正向表示对外，行业业务的专业高度；海深表示向内，行业业务的专业深度。同时配比了刻度尺，从视觉上度量了不同业务的专业高度。标尺刻度上的数据，是企业联系方式，不同联系方式映射出不同的专业深度、合作深度。视觉焦点区域用大字号的"高度""深度"铭刻在象征行业坐标的原点区域，点亮企业的品位、档次。"万相社"作为企业品牌的聚焦缩影坐落在左下角区域，起到了压轴的效果。整体上实现了品牌营销与视觉的完美结合，一种低调中的高格调，沉静中的大气象，既达到了品牌的宣扬，也实现了企业经营范围、联系方式等关键信息的传递。

分析：海报中蕴含的营销信息提取如表 1-5 所示。

表 1-5　万相社宣传海报营销信息

企业中文名	万相社视觉策划机构				
企业英文名	MILLION VISION				
经营范围	视觉设计	电商视觉	短片制作	全案策划	定制摄影
联系方式	0579-82626591	18957970930		17757916603	
目标客户	对摄影、视觉设计有需求的商家、团体、个人			电商企业	

点睛：海报中蕴含的相关信息是海报的灵魂与意图，也是设计师进行视觉设计与实现的原点。这些原点信息需要运营或者营销策划人员给定。

2．网店首页产品海报

图 1-5 是小 H 的朋友小 Z 的淘宝店铺春节之前的一张店铺首页活动海报。

图 1-5　店铺首页活动海报

描述：整图以中国红为整体色调，以绵延的红色祥云喻示一波波年关购物浪潮，配以同色的红梅、红灯笼、红色橱窗、红色中国结……烘托出浓浓的年味儿，画龙点睛的"春"点明了时令特征。促销红包同样具有浓郁的年味儿，橱窗里的年货促销字眼，与火热的年前商家优惠活动很是协调，年的氛围营造兼具了时代的动感与传统的风味。时空场景由此铺开，年关铺货的节奏就此奏响。

分析：海报中蕴含的营销信息如表 1-6 所示。

表 1-6　年终大促产品海报营销信息

时令	活动主角产品		产品品牌	
年关，办年货，迎新春	黑糖姜茶		黑糖魔方	
目标客户	活动系列产品			
感恩价→老客户	年货爆款	零食礼盒	糕点礼盒	
活动策略				
感恩回馈	店铺优惠券			

点睛：时令信息是整个海报大场景铺设的原点，目标客户信息是海报的受众主体，产品及产品系列是活动角色，可以按主角、配角、群演的序列划分。活动策略则是活动主角在活动场景中动态呈现的细则。

　　海报设计中的信息可以分成哪几类？结合案例欣赏进行思考。

1.2　视觉传达基础

　　视觉场中，不同的视觉元素会与消费者不同的感知情绪暗合。比如色彩触发感官，光影映射心境，场景造就气度格局等。通过不同层面的视觉元素，会诱发各种心理因素，链接不同维度的情感。与此同时，情感的递进又会诱发形象记忆和情绪记忆，乃至更深层次的记忆，使视知觉沿着由表象走向意象的轨迹行进，由此诱发出体验情感、文化情感。不同的情感又反过来影响消费者情绪，而不同的情绪则是导致消费者产生后续行为的直接心理因素，购买行为的达成，通常是情绪正能量积聚高于某个阈值时的行为结果。

1.2.1　色彩情感传达

1. 色彩
　　自然界中色彩分为彩色系、无彩色系。

　　有彩色表现很复杂，基本属性可用色相、饱和度、明度三要素来确定，如图 1-6 所示。它们是色彩情感基础，也是应用色彩的基础。

图 1-6　色彩三要素

　　（1）色相（Hue）：是指色彩的相貌，即根据不同波长定义形成的色彩特征，如红色、绿色、紫色、黄色等各种不同颜色。

　　（2）饱和度（Chroma）：也称纯度，是指色彩的鲜艳程度或纯净程度。纯度越高，饱和度越高，颜色越鲜艳。

　　（3）明度（Brightness Lightness）：是指色彩明与暗的程度。

　　无彩色系，指黑色、白色、灰色。黑白灰三种颜色只有明度的属性。RGB 模式中，R、G、B 值均为 255 时，生成的颜色为明度最高的白色。R、G、B 值均为 0 时，生成明度最低的黑色。当 R、G、B 值相同且在 0 ～ 255 之间时，生成为不同明度的灰色。数值越大，明度越低。在 Photoshop 环境中，可以应用吸管工具吸取颜色，应用渐变工具设置渐变色彩，应用油漆桶工具填充颜色。在 Photoshop 环境中，单击工具箱中的"前景色 / 背景色"图标，弹出"拾色器"对话框，在该对话框中可对色彩三要素进行设置，如图 1-7 所示。

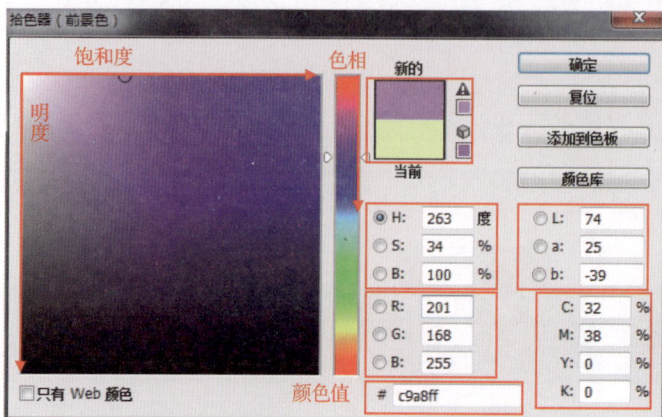

图 1-7　拾色器中的色彩三要素设置

设计师可以在"拾色器"对话框中选取不同的图像颜色模式如 HSB、RGB、CMYK、LAB 等来调整与设置颜色信息。通常情况下设置 RGB 模式，分别输入 R、G、B 的数值来设置，取值范围为 0～255。不同的 R、G、B 数值组合形成了大自然中多姿多彩的颜色，也可在"#"后文本框中输入 6 位十六进制数值来设置。

2. 色彩和谐

人类的内心，与生俱来有一种对色彩和谐的向往——"美就是和谐"。色彩和谐，是色彩各属性中对立面的对比互补协调，包括冷暖、明暗、色相、面积等属性的配比，包含着力量的平衡与对称。成功的色彩和谐作品，重在完整性，即色调的纯净一致，而非杂乱无章。平衡与秩序是色彩和谐的基本原则。色彩和谐的本质如图 1-8 所示。

图 1-8　色彩和谐的本质

3. 色调

色彩和谐度，反映在色彩的调性上。色调和谐是色彩感知过程中最关键的因子，左右着视觉场与人的需求之间的关系，影响着受众的情绪、情感，决定了后续的行为发生。

色调是对视觉作品整体颜色的概括评价，是指一幅作品色彩外观的基本倾向。明度、纯度（饱和度）、色相三要素中，某种因素起主导作用，就被称为某种色调。一幅作品虽然用了多种颜色，但总体有一种倾向，是偏蓝或偏红，是偏暖或偏冷等。这种颜色上的倾向就是一幅作品的色调。通常可以从色相、明度、冷暖、纯度四个方面来定义一幅作品的色调。

看到图 1-9，说是四季的图片，没有人会有疑义，若说是按照"春夏秋冬"四季排列，大家肯定疑惑了，这是哪个半球？是哪一个纪元的？

分析：地球上的四季，在人类的心里已有千百年的色调基因，春天是桃红柳绿，夏天是"接天莲叶无穷碧"，秋天是一片金色，冬天是白雪皑皑，最多色轮上色相有所偏转，不然便有时令错乱的感觉。由图片产生的视觉感知与受众内心的情绪不一致，情绪上未产生共鸣，所以就有了季节错色的感知。

春天

夏天

秋天

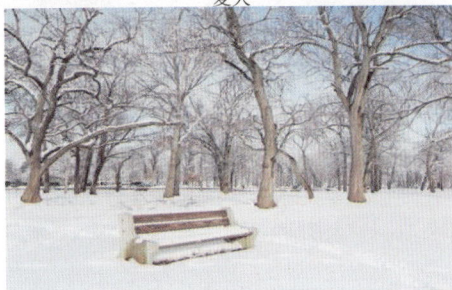
冬天

图1-9 季节错色

4. 色轮

色轮，也称色环，是一个将所有颜色按环形排列的圆，是色彩协调理论的基础。如图1-10所示，基本颜色位于色轮上三个等间距的点，常指红、蓝、绿三色，即RGB三原色。现代印刷中，RGB三原色被换成了青、洋红、黄，即CMY三色，再加入黑色来生成更暗色系的颜色，合成CMYK。

色轮上RGB三点之间，是三色两两混合得到的颜色，如红＋蓝→紫、红＋绿→黄、绿＋蓝→青、红＋黄→橙，理论上每种颜色都可以在色环上找到对应的点。

以色轮平面作为0平面，通过圆心上下方向坐标表示亮度，由圆心沿直径向外的方向表示饱和度，形成三维色轮，如图1-11所示。平面色轮上，离圆心越近，颜色越不纯；离色轮边缘越近，颜色的纯度越高。从三维色轮中可以看出，在色相的基础上，调色还可以增加颜色的亮度、纯度两个参数。

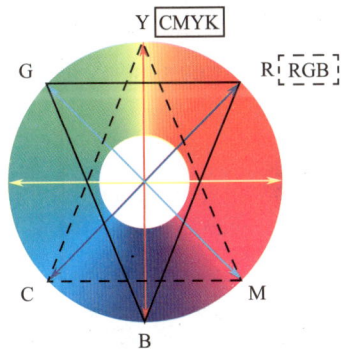
图1-10 色轮

图1-11 三维色轮

不过这两个参数的调整，并不会让颜色在色轮上的位置出现横向的偏移，只是影响颜色到圆心的位置。如图1-12所示，调整橙色的亮度，橙色可以从茶褐色变化到浅橙色，到暗灰色或者白色，但色轮上都属于橙色区域。

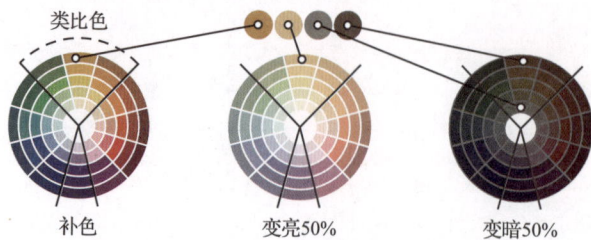

图 1-12　明度与饱和度对色轮位置的影响

5．冷暖色调

色彩生理与心理效应形成的冷暖差异，与物理上的热效应有关，吸收热量的为冷色调或冷色系，反射热量的为暖色调或暖色系。从亮度而言，黑色成分越多越冷；从色相而言，存在补色关系，如红黄色区域为暖色区，色轮上相应的青绿色区域为冷色区。色调冷暖区域图如图 1-13 所示。

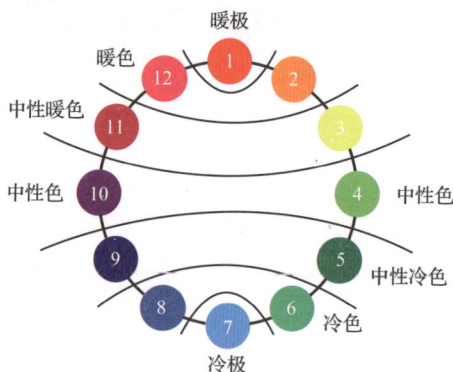

图 1-13　色调冷暖区域图

6．色彩协调

色彩协调的方式有多种，可以从色相、明度、纯度、色彩面积四个关键维度去控制协调，如图 1-14 所示。

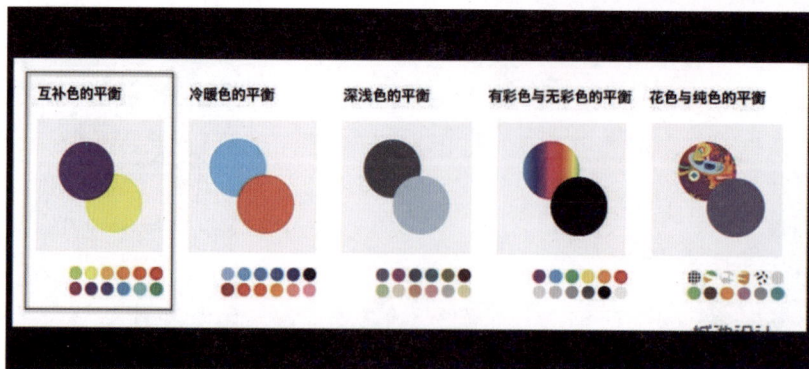

图 1-14　不同维度色彩协调

（1）确定主色调。从主色开始，然后选择搭配色。一个视觉场中，通常会由主色和辅助色搭配而成，颜色选择得当，可以加强画面整体的视觉感。主色通常会采用产品或主角的色彩，接着确定搭配色，由此整体色调风格就明确了，如图 1-15 所示的小黄人色彩设计。

图 1-15　小黄人色彩设计图

主色先确定为黄色，然后进行搭配色的选择，在色环上通过对比色得到，即"三角色"，颜色之间在色轮上夹角为 120°，如图 1-16 所示。

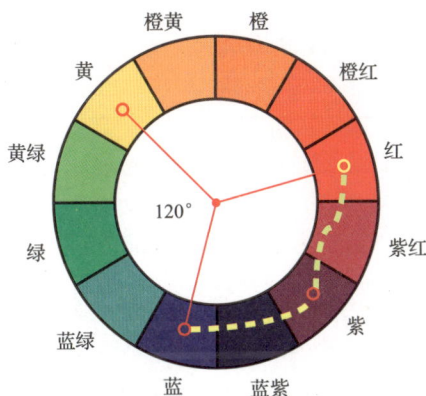

图 1-16　小黄人色彩协调搭配色选取

（2）确定搭配色。搭配色也称协调色，一般有 5 种色彩协调的形式，互补色、分补色、对比色、邻近色、四角色，如表 1-7 所示。

表 1-7　搭配色确定形式

互补色	分补色	对比色
1. 最基础的协调形式 2. 基色与协调色色轮位置成 180° 方位	1. 更好的颜色范围 2. 协调色位于互补色的两侧，是互补色的变种	1. 拉伸色彩协调范围 2. 颜色之间在色轮上夹角为 120°，三个等间距点
最大的张力 天才与魔鬼的方案	更小的张力 安全方案	应用于高光部分

续表

强烈对比→活泼/刺激 大量使用时，不易把握 突出重点时，效果不错	对比但不强烈，活泼又不失柔和	过量使用→颜色过多→过于活泼 色彩平衡处理，让一种主导，另两种配合，或者降低所有颜色的饱和度
邻近色	四角色	案例
1. 全色彩范围 2. 四个间距点，巧妙的两组互补色	1. 以一种颜色为主色调 2. 位于基色两侧相邻位置	上面小鹿斑比的图片，运用了多组互补色，突出了各个角色的特征，但没有大面积使用而造成视觉压力，增强了整体画面的视觉动感，体现目标客户群是充满生命力的群体
四个突出维度→多个突出元素→每个角色都吸引相同的注意力	相互匹配度好→平静、舒适的体验，但会有单调的感觉	

除邻近色，其他都属于互补色变种。同一视觉场形成统一与协调的色调与风格，会有更优质的视觉传达效果。对于初学者，建议设计图页面色彩不超过3种色相，按照"总体协调、局部对比"的搭配原则，配色黄金比例为70：25：5。其中，70%为大面积使用的主色调，25%为辅助色，5%为点缀色。网络上，平台活动或店铺活动很多，可以根据季节特征、活动主题、产品特征、用户群体特征等来确定主色，结合色轮选配协调色，综合考虑画面整体视觉色彩。

7. 色调与情感

色调的四个参数是明度、纯度、色相、面积的不同配比，参数不同会传达出不同的色调，会对接人类不同的心理情感，弹奏出不一样的视觉乐章，常见的有轻重色调、冷暖色调、气质单色调、经典黑白色调等。

（1）轻重色调。轻重感的形成，主要来自色彩能量带来的心理感应，感觉轻的色调与软而膨胀、放松的感觉相对应，感觉重的色调与硬而收缩、收敛的感觉相对应。轻重感觉与色彩要素对应关系如表1-8所示。

表1-8　轻重感与色彩要素关系

色彩要素	轻		重	
明度	浅色调	加白	重色调	加黑
色相	冷色系	变冷	暖色系	变暖
纯度	低	降纯	高	提纯

轻重色调的形成必须有两种以上色彩对比，需要一种色调氛围才能比较，单一孤立的色彩没有轻重之分。利用色彩的轻重感处理画面的均衡，会收到良好的视觉效果。从色相看，各颜色的轻重序列如下：

白→黄→橙→红→灰→绿→蓝→紫→黑

不同的色调搭配，会产生不一样的视觉重量。一个页面或画面中，若上素下艳、上白下黑，会产生稳重、沉静之感；若上黑下白、上艳下素，会产生轻盈、失重、不安之感。表 1-9 中的四幅图是通过"秘密花园"同一个底图，配色出的色调轻重分布各异的图片。

📺 **观察与思考**

　　四幅图中抓住你第一视觉力的有哪些东西？结合轻重色调中的影响因子，试着分析其形成原因。

表 1-9　不同色相轻重对比

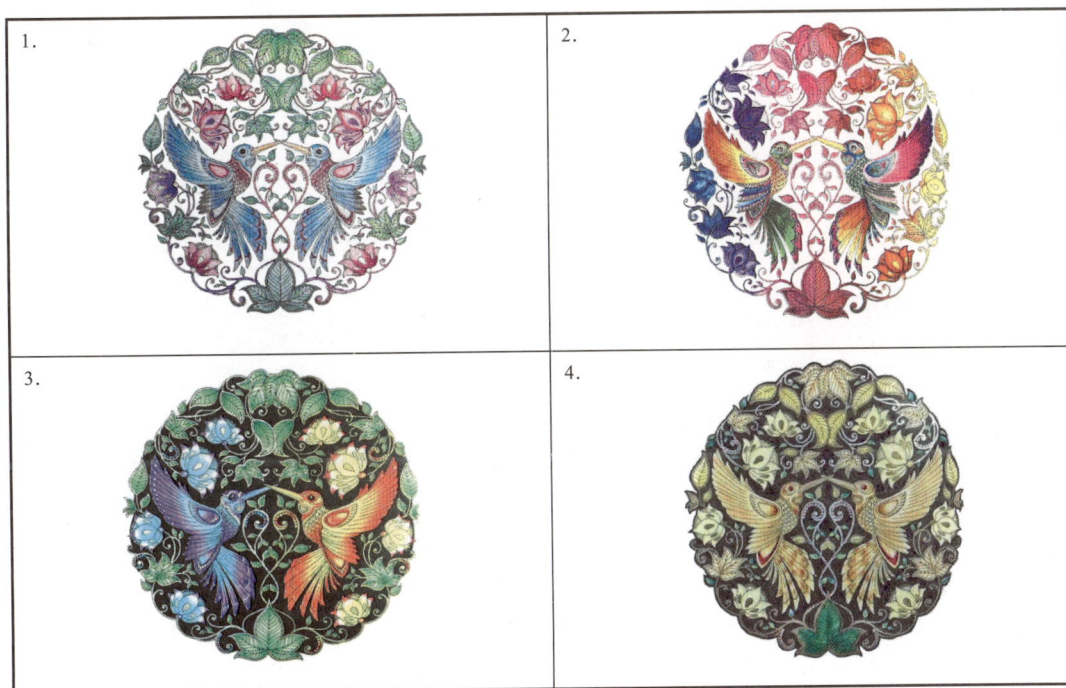

抽样调查：对由上面 4 张小图片组成的整体图进行第一视觉焦点抽样调查，样本年龄分布在 18 ～ 19 岁的 15 位同专业的学生，8 男 7 女，视觉目标为图案中的小鸟，调查结果如表 1-10 所示。

表 1-10　第一视觉焦点抽样调查结果

图号	1	2	3	4
人数	1	4	5	5
焦点域	两只眼睛顺带两个鸟头	两只鸟的翅膀	红鸟翅膀顺带全鸟	一对黄鸟

从抽样数据可以看出，1 号图作为第一视觉焦点被选中的概率为 $\dfrac{1}{15}$，2 号图概率为 $\dfrac{4}{15}$，3 号图概率为 $\dfrac{1}{3}$，4 号图概率为 $\dfrac{1}{3}$，同时每个图片的焦点区域各异。

分析：造成这样的视觉差异分布，与图片所处画面的位置，图片场景与主角的视觉重量差异有关。从视觉流规律看，1号图处于全景最佳视觉位置，但被视觉聚焦的概率却是最小的，占了主角的位置却扮演了配角的角色。下面就各图片本身，从色相轻重，着色面积上的对比来看一看色彩所起的作用，如表1-11所示。

表1-11　色相、着色面积对视觉焦点的影响

影 响 因 子	图1	图2	图3	图4
场景最重色与最轻色跨度	白→淡紫	白→深紫	黄白→黑	黄白→黑
前后景色调搭配	下轻上重	下轻上重	上轻下重	上轻下重
主角与背景/最近的大面积对比色的色彩跨度	蓝→紫 1级 黑→白 8级	黄→紫蓝 6级 紫→黄 6级	黄→红→黑 （7级+5级）/2=6级	黄→黑 黄→黄白 （7级-1级）=6级
主角色占的面积	主色蓝，但鸟身的红、紫与环境色中的红、紫相应，起到环境色的作用，被做减法；眼睛与整体环境色差大，但面积过小，力道不够	主色黄红占一只翅膀，紫蓝色占一只翅膀，与周围环境色形成一定的反差	主色黄+红组合占一只鸟，黄色有提亮作用，黄红二色效应叠加，与环境对比强烈	主色黄+白，占两只鸟，着色面积大，整体视觉分量重，但与环境色中的黄白相应，起到环境色的作用，被做减法

通过与环境色间的色差级数，着色面积对比等综合排序，图3红鸟与环境的色调轻重比差最大，焦点最集中；由于环境其他角色色彩相近，在原本角色与环境反差强烈的情况下，有所削减，因而反差高，面积大并没有让图4胜出，而图3的紫鸟在红鸟的反衬下，视觉牵引力也不弱，图2因两只翅膀的视觉牵引，胜于图1。图1两只蓝鸟，由于主色蓝色，而搭配色与环境色在明度、纯度、着色面积上相对均衡，反差小，因而第一视觉中，对眼球的牵引力不大，但在第二眼中，鸟眼的视觉牵引成为焦点的概率大大提升。

（2）冷暖色调。冷暖色调的形成，源自色相的冷色与暖色，明度上的明暗，色彩的冷暖对比与物理上光的热效应有关，波长长的红光、橙光、黄光，具有温暖感，而波长短的紫光、蓝光、绿光，具有寒凉感。越是接近黑色，吸收热量越多，越冷；越是接近白色，反射热量越多，越暖和。地球上的白天温暖，黑夜寒冷，便是来自大自然最真实的冷暖色调。色相间的冷暖序列与轻重序列相似。图1-17是日出图，由于刚好处于黑夜白昼交界，所以色彩层次非常丰富。冷暖色调、轻重色调都在这里表现得淋漓尽致。

图1-18是一张两季图，应用在女性保健食品详情页里，左侧是春暖花开，右侧是冰天雪地，通过组成冷暖色调在色相上的强烈对比，形成了双季视觉上的强烈反差，传递了不同生命状态的信息，产生了不一样的视觉效果，触发不同的心理情感，传达了温度、热量对于生命的重要性，形成了鲜明的对比。

图 1-17　日出图中的色调

图 1-18　两季色调对比

冷色与暖色除了温度上带来的冷暖色调，轻重色调，还衍生出干湿色调、长短色调、软硬色调等，如表 1-12 所示。

表 1-12　冷暖色调

色　调		冷　色	暖　色
干湿		干	湿
长短	远近	悠远、后退	迫近、前进
	宽窄	收缩、宽敞	膨胀、拥挤
软硬		清新、柔软	古朴、厚重
清浊		清澈、透明	浑厚、浑浊

色彩有通感的效果，各种感觉的对比几乎都可以通过色彩协调出的不同色调来表现。

（3）气质单色调。色调构成中，单色与黑白色是黑白灰色系的两种色调，属于无彩色系列。单色调只用一种颜色，明度与纯度上做调整，兼用中性色。由于色彩能量的分布专注于某种色调，因而单色调会有一种强烈的个人倾向，同时由于在色轮上都属于同一区域，容易形成十分和谐的气质感。若与其他色彩搭配都可获得气质又不失灵动的视觉效果。单色调加配色彩效果图如图 1-19 所示。

图 1-19 单色调加配色彩效果图

（4）经典黑白调。黑白两色可称为两级色，即极色系。黑白两色是经典色系，代表着全部色彩的情感，可以通过对方的存在显示自身的力量，传达着不可超越的虚幻与无限的精神。灰色是黑白两色的中性色。白、黑、灰的经典系色彩心理如表 1-13 所示。

表 1-13 经典系色彩心理

颜 色	色 彩 心 理
白色	明度高，有寒冷、严峻之感，明视度及注目性强，较能满足心理需求
黑色	全吸收，有深度、高贵、稳重之感，配色时能产生冲突感，适合与其他色彩搭配
灰色	中性色，有柔和、高雅之感，极有用处的色彩；利用灰色的不同层次变化组合，间或搭配其他色彩，既显气度，又避免沉闷、呆板和僵硬

单色调与黑白色调在当代设计中，成为经久不衰的流行色系，独立的应用色调，但在应用中必须注意不同色块面积的切割组合。黑白色调搭配色彩效果如图 1-20 所示，这张网站海报图重在场景意境的传达。通过明度变化的运用，使得黑白灰经典色调展现出一种时空的纵深与悠远，然后用彩色系以小面积点缀增色，经典中不失生机，历史的恢宏蕴含现代的科技，现代科技又融入历史长廊之中，彰显了企业的高端品质与实力。

图 1-20 黑白色调配色效果

8.色彩的情绪

色彩是一种物理现象，本身没有情感，但在有强度、有波长、有频率的光照射下，便映射出不同能量的视觉传达，与人类积累的各类情感经验、知觉经验相呼应，自然会生出许多的情感、情绪，影响着人的后续行为。色彩因色相频率不同，便有了自己独特的表情特征；当色彩纯度和明度发生变化时，这些表情特征又会随之变化。表1-14罗列了各色彩常见的情感特征及其适用的场合。

表 1-14　色彩情绪与适用场合

色　彩	情　感　特　征	适　用　场　合
红色	热情、主动、速度、愤怒、温暖、活力、警告、危险等	化妆品、婚庆、食品、季节活动等
橙色	振奋、健康、欢乐、信任、活力、新鲜、秋天、平衡、热情等	果蔬、食品、家具用品、时尚运动、儿童玩具等
黄色	明亮、辉煌、灿烂、愉快、高贵、柔和、活泼、智慧、喜庆、幸福、乐观、希望等	食品、高档物品等
绿色	清爽、理想、希望、生长、健康、生命、和平、宁静、安全、青春等	生态特产、护肤品、儿童用品、旅游产品等
蓝色	沉稳、深远、永恒、博大、理智、诚实、淡雅、洁净、可靠、和平、力量、冷静、专业、平静、稳定、和谐等	数码产品、科技产品、家电产品等
紫色	高贵奢华、优雅魅力、神秘庄重、神圣烂漫、智慧、想象等	化妆品、艺术品等
黑色	高贵、稳重、庄严、坚毅、科技、深沉、黑暗、现代等	男装、数码产品、音乐产品、科技产品等
白色	洁白、明快、纯粹、真理、纯朴、神圣、正义、光明、朴素、纯洁、清爽、干净等	
灰色	冷静、中立、诚恳、沉稳、考究等	

1.2.2　光影品质传达

人类生活在一个有光的世界里，光带来了明亮、温暖和色彩。光的存在，离不开影的衬托，光影是视觉元素的一种，视觉要素的表现离不开光与影的配合。光影效果体现在视觉营造与心理营造两个层面。通过光影创造视觉享受，可以使画面色彩变化、形体与层次表现、场景氛围营造更为丰富细腻与传神。相对于色彩，光影效果在视觉上更多地被理解为一种精神文化的传递，强调光影所激发出的一种情感回应，使之成为用户体验的核心部分，引领用户的视觉方向及精神感受，强化视觉设计中内涵信息的传达，提升视觉语言感染力，扩展视觉设计手法的多样性与生动性，从而实现产品/品牌内涵与品质的传达，让消费者产生情感心灵的碰撞。

在情感体现上，光是正面，影是负面，看到光就会联想到影，看到影就会去寻找光。通过改变视觉空间中光源位置、光谱成分、光通量、光线强弱、投射方向与角度、透过介质的明度、透射的材质等，就能产生色调明暗、浓淡、虚实变化多端的影，形成不同的品质感受。

　　不同的光源位置，会产生不同的光照角度，从而产生不同的光影效果。光源位置可以是视觉场内的，也可以是场外的，可以是一个光源，也可以有多个光源。光的种类分为自然光和人工光。图 1-21 是常用光位示意图。

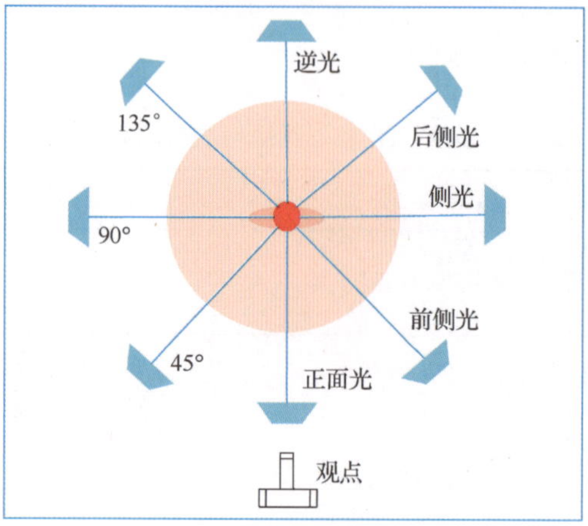

图 1-21　常用光位示意图

　　常用光位效果表现如表 1-15 所示。

表 1-15　常用光位效果

光　位	效　果
高光位，正面光	使人物消瘦；正面光，也称顺光，影调柔和，体现景物固有的色彩效果
前侧光	起到照明和塑形作用，凸显阴影细节，凸显立体感、表面质感和轮廓，丰富画面层次
90°侧光	有质感，充满个性，利于刻画人物，有明显的阴暗面和投影，对景物的立体形状和质感有较强的表现力
后侧光	硬朗立体感强

　　视觉设计中常用的光影手法有：投影手法、倒影手法、虚影手法、剪影手法、叠影手法等。

　　（1）投影手法。投影源自自然现象，影像来源于物体投射出的轮廓，如图 1-22 所示的投影模型。视觉创意中通过物象抽取相似影像，通过诉求点进行合理转换，转换中避开强硬置换，注重物影之间的自然连接。

图 1-22　投影模型

通过摄影技术、后期处理技术都可以产生投影效果。通过后期的图片处理，产品透射出来的影子很好地与背景融合，使产品晶莹剔透的水世界完美和谐地展现了出来，如图 1-23（a）所示。图 1-23（b）、（c）、（d）三幅图片则通过取景角度的选择，画面的取舍，摄影技术的运用构建了投影的创意画面。

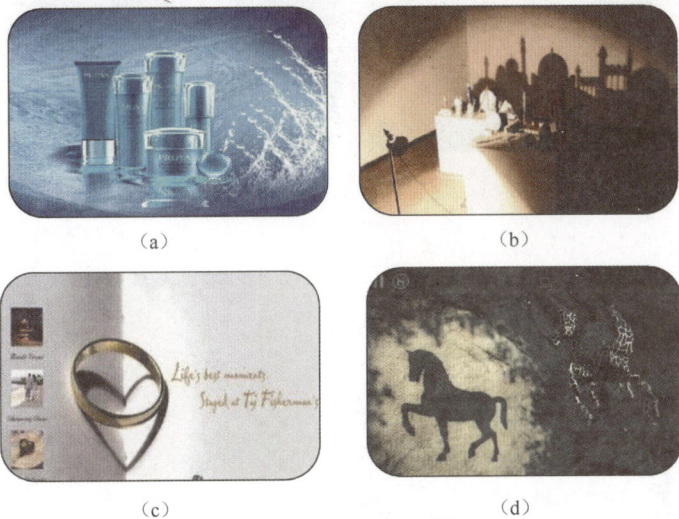

（a）　　　　　　　　　　　　　　（b）

（c）　　　　　　　　　　　　　　（d）

图 1-23　投影效果示例

如图 1-24 所示，通过投影，可以突出产品的细节、特征与视觉品质。

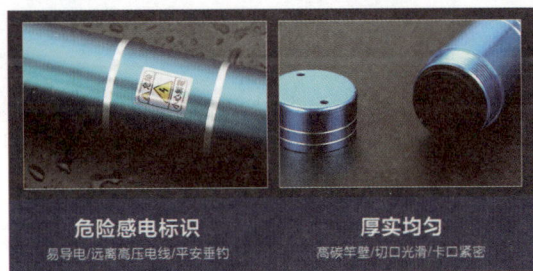

图 1-24　投影运用效果图

（2）倒影手法。倒影指垂直倒立的影子，如图 1-25 所示，反映出物象与影像处于不同的介质中，在形式上表现出两者的均衡或者对称。倒影可以开展许多视觉创意的设计，拓展视觉表意空间的层次，适合渲染画面在情感、心灵层面的传达。注重材质的画面中比较多见，如图 1-26 所示。

（a）　　　　　　　　　　　　　　（b）

图 1-25　倒影模型

（a）　　　　　　　　　　　　（b）

图1-26　倒影运用示例

（3）虚影手法。虚影是指模糊不定或者若隐若现的影像，更注重视觉空间的柔和效果，虚影是为强化实体服务的，通过虚化影像来增加画面的层次感与震撼感，给予消费者直达心灵的感受。虚影运用示例如图1-27所示。

图1-27　虚影运用示例

（4）剪影手法。剪影是指对物象作轮廓描写，是对主体特征信息的抽取，起到特征加强或氛围营造的作用。图1-28中荷花、城市、人、树的轮廓图案，就是运用了剪影手法。

图1-28　剪影运用示例

（5）叠影手法。叠影指运用与物象相同的图像，改变视觉要素，与原物图像部分重叠，目标是为静态画面增加动感效果、对比效果等。如图1-29所示，运动员与右侧的鱼竿就是用了叠影手法，增强了画面动感效果。

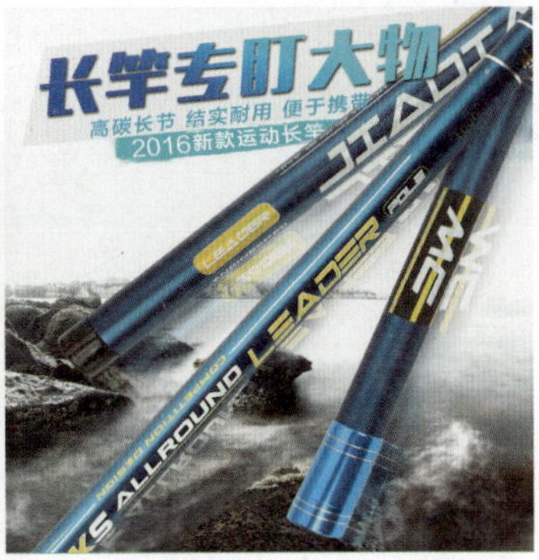

图 1-29　叠影运用示例

1.2.3　场景定向传达

1. 场景

场景，指在一定的时空（主要是空间）内发生的一定的任务行动或因人物关系所构成的具体生活画面，场景重心是人物的行动和生活事件。场景中承载的信息包含三个层面，对应的三个空间是三维物理空间、心理空间、时间空间。

（1）三维物理空间是可以触摸与感知的。视觉场里可以是由色彩、光影、人物空间位置等元素组成的集合。

（2）心理空间是物理空间承载的信息空间对应到观者内心的情感、意识等的集合。

（3）时间空间是物理空间对应到心理空间的时序流程的集合。

2. 场景定向

场景定向，不同的人物设定、事件、场景会组合出不同的信息传播指向，在不同的场景定向中，通过视、听、触等信息通道，激发特定消费者感同身受，触发其购买、分享、转发等信息传播行为。

营销场景定向是以广告主模型、买家模型以及买家与卖家之间的关系模型为数据基础，按照不同广告主的不同营销要求，对流量进行定性投放。不同人群会有不同的营销思路。表 1-16 为阿里系网店不同用户界定与营销思路。

表 1-16　阿里系网店不同用户界定与营销思路

群　　体	用 户 界 定	营 销 思 路
潜在客户	属于目标客户群，但未进入店铺，且没有收藏的用户	推店铺和镇店之宝，以曝光产品为主，增加品牌认知，介绍产品，建立信任
认知客户	90 天内进入过店铺或收藏过店铺与产品，但未发生过购买行为	推转化高的产品，突出产品质量、价格、服务等方面的优势，深化品牌认知，激发顾客购物欲望，促成成交
现有客户	90 天内在店铺内有购买行为	推新品，主题趣味活动、新品特价、限时折扣、优惠券，通过营销手段，促成交易
沉睡客户	曾有购买行为，但近 10 天没有发生购买	推精品，定期活动告知，用高性价比产品挽留客户；老客户专享活动，通过不断刺激，形成多次消费

从不同用户的界定与营销思路可见，即使同一家店铺的不同群体，推送的内容、产品都会有所不同，而产品的功能、适用人群又有区别。所以场景定向需要按照营销思路，针对所选群体、产品，设定事件场景。通过场景里视觉元素的运用，让物理空间在视觉元素的作用下，以合适的时间、空间打开消费者合适的心理空间，从而达成交易。图1-30为同家店铺同款产品的两张不同场景海报。

（a）

（b）

图1-30　同款产品不同场景海报

由图1-30可以看出，同款钓箱，图（a）陈列在店铺首页或者产品页头部，重点推出产品标配参数，通过极冷色调青蓝色系的山林水库，以相对宁静大气的方式出场，目的是展现。图（b）出现在产品页中部，重点强调产品的特殊性能，通过深色调的闪电雷雨场面，配以产品极具挑战性的橙色系作为海报的主色，呈现产品强大的抗暴品质，对进入产品浏览的客户视觉起到强化、震撼作用，目的是转化率。

知识小结

色彩、光影、场景是营销视觉中重要的视觉元素，带有丰富的感情色彩。带魔术效果的光影，内涵深刻的场景，是品牌文化、产品品质、消费者情感的重要抓手，是营销信息传达是否顺畅、是否到位的重要保障。

1.2.4　视觉传达美篇欣赏

海报在商家品牌、产品宣传等活动中占据重要位置。在视觉传达上承担重头戏，一般占据视觉流的焦点区域，因此视觉元素在海报中运用力度也会高于其他板块。在视觉营销美篇欣赏中，读者可透过视觉元素，挖掘它向消费者传递的不同情感因子。

1．新品宣传海报

欣赏：图 1-31 是某品牌钓具的新品宣传海报图。钓鱼有时间与地点上的要求。一般最理想的时间是不冷不热全天钓，烈日炎炎早晚钓，夏末秋初阴雨钓，寒冬腊月中午钓。海报对钓鱼的最佳时间与地点表现得恰到好处，海报大背景以含黑色成分的山水色系（暗青色系）为主，场景中人物角色的装束与装备也是以暗色调为主，斜射在脸上、身上的阳光，衣服上镶嵌的明亮橙色系，使得一种健康、活力的生活状态油然而生，使宁静的钓鱼场面充满跳动欢乐的气息。产品本身并不起眼，吸引眼球的是以产品为波源，散播开来的层层橙色系的波纹，显眼、神秘又充满诱惑，然后通过同色系的标签与放大的手机效果，揭开产品神秘的面纱。通过场景色彩、光影的效果营造一种宁静、神秘又有活力的整体效果，引发客户的兴趣，导向目标产品，通过视觉传达产品营销的目的。

图 1-31　新品宣传海报

分析：从色彩、光影、场景三个角度来分析海报是如何传达产品营销信息的。

（1）场景定向，聚焦主题。场景是一处视野辽阔的宁静水域，人物角色简单明了，装束专业化，场景与人物装束传递出主人公是位钓鱼高手。钓者的视觉方向，水面上一圈圈橙色波纹圈出了视觉中心，真正的主角产品若隐若现。整体场景通过写实而又充满神秘探寻的方式引导客户进入场景，更加走近产品。

（2）色彩搭配，传递情感。

配色：主色以暗青色系为主，如图 1-32 所示。

图 1-32　主色系

协调色：确定主色后，可以通过色轮配色。从色轮可见，该海报采用互补色进行配色，属于极有张力的一种色彩表现方式，如图 1-33 所示。

色调情感：暗青色系，即水绿色系，铺开了宁静、深远的场景，预示着钓鱼环境与钓鱼这件事的主调，通过极具张力的互补色橙色点亮了钓鱼是在宁静中带有欢乐、健康、活力的运动项目，一动一静，很好地展现了场景的意境。通过场景与色彩的搭配，整个画面的视觉焦点层次分明，主焦点集中清晰。

（3）光影突显，映衬主题。首先，整体采用来自人物角色正面的高位自然光，直指画面视觉中轴的、突出视觉重点的区域。整体画面影调柔和，体现了景物固有的色彩效果。视觉重点区域，则以人物角色的朝向，视角方向、手的朝向共同合成画面视觉第一焦点。第一视觉焦点又用光影交错的橙色同心圆再一次加强，如图 1-34 所示。光路引导的视觉流是主线，手机屏幕、文字都是画龙之后的点睛之笔，点明强调海报主题。

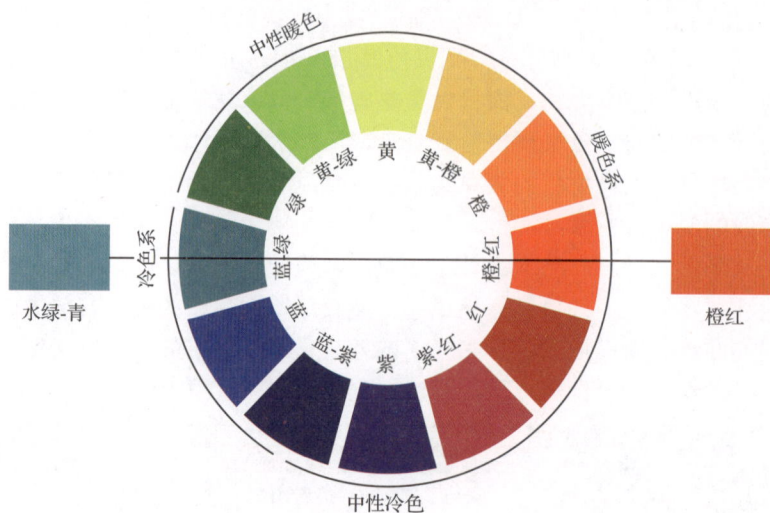

图 1-33　色轮配色

图 1-34　光路引导的视觉流

2．服装首页海报

西缺（复古偏执者系列）首页海报如图 1-35 所示。

图 1-35　西缺（复古偏执者系列）首页海报

欣赏：水墨山水，渔舟一叶，浓厚的古色古韵，旖旎的江南风景，曲深悠远，流淌着宁静而灵动的曲调文风，挥洒着店家亘古久远的文化探寻之旅。场景以经典的黑白灰为主，凝聚蕴含着喜爱复古的群体对古色古风的朴素情深，和着高山流水的古音，传达着遥远而不可超越，无限又依稀可见的知音可遇不可求的情怀。一叶小舟，指向融于水墨间的山水二字，字上藤蔓缭绕吐春意，既吐露了初春时令信息，又传递着遇到知音的欣喜之情，枝头两鹊，携店家惠语，指引客人进入世外桃源。整个海报调配了一种旷古觅知音，笑迎归乡客的淳朴店风。

分析：从色彩、光影、场景三个角度来探析海报是如何传达品牌文化的。

（1）场景定向，突显主调。场景是一处高山流水图，中间一带由深墨色近山绵延开去，化出水域与天光远近两片区域，暮色山水笼罩了整个画面，远处缥缈出几缕仙山，近处点化出一叶小舟，整体场景通过水墨写意传达了复古的品牌文化，山水二字上的几缕绿意，两鹊翘枝头的灵动喜气，土黄色的产品分类导航，萌动的春意，温馨的指引，生意在不经意之间悄然开启。

（2）色彩搭配，传递春意。

配色：主色以黑白色系＋墨绿色为主，如图1-36所示。确定主色后，可以通过色轮配色。从色轮可见，该海报采用互补色进行配色，属于极有张力的一种色彩表现方式，如图1-37所示。

图1-36 主色系

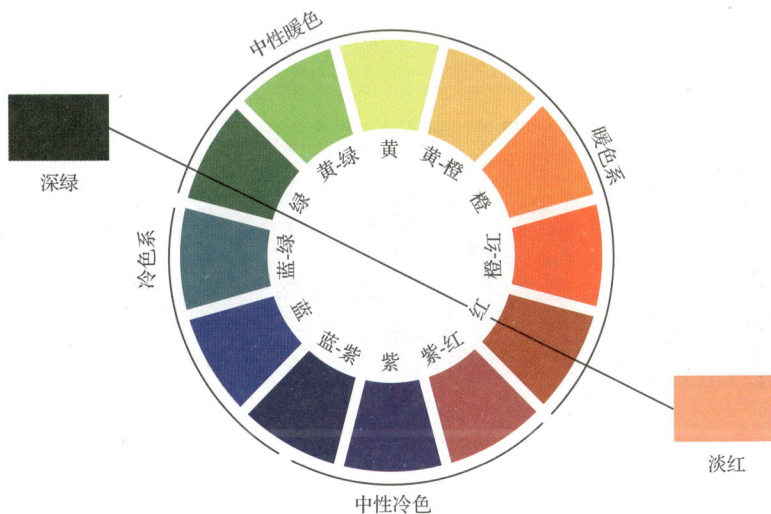

图1-37 配色

色调情感：墨绿色蕴含着古风古调，墨绿色系配上黑白灰色系的展现手法，铺开了静默、悠远而又灵动的场景，通过山水的意境预示着深远的文化时空，同时通过极具张力的互补色红色系，让原有静默的色调，漾起了浓郁复古情调中的温馨春意，山水二字上的罗蔓绿叶正好衬托这种春意，一种久寻觅知音的情调就此流淌开来。

（3）光影交错，辉映主题。整幅画作采用了剪影＋倒影造型手法。首先，海报横轴中线部位，岸上的风景通过剪影手法形成一种水墨效果，再用倒影手法；山水二字，也通过倒影造型，上下形成对比呼应；近右前方的一叶小舟，也运用了剪影和倒影造型。倒影造型造就了光与影的效果，天光水色交相辉映，融为一体，辉映出主题。

画面中亮色区域大于暗色区域，绵延山带与山水二字收缩处很容易成为收缩视线之处，成为视觉焦点。右下角的小舟、两只报春鸟也很容易成为视觉焦点。这些焦点将人们视线引向黄色区域，文字块是点睛之笔，点明海报主题，也是商品入口。光路引导视觉流的线路如图 1-38 所示。

图 1-38　光路引导视觉流线路图

3. 产品品质宣传海报

图 1-39 所示为一鱼竿的海报图。

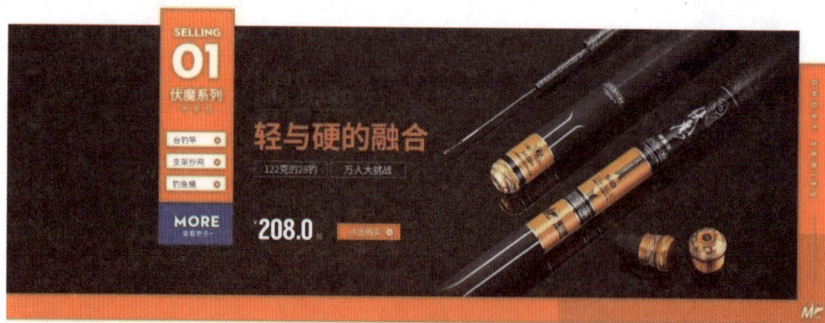

图 1-39　鱼竿海报图

欣赏：鱼竿海报图的整个画面充满了质感，产品品质跃然而出。

分析：从色彩、光影、场景三个角度分析海报是如何传达品牌文化的。

（1）场景定向，突显主调。场景是深灰色背景，通过光的明暗，光影的错落，突显一种尊贵与活力，产品主题明确。

（2）色彩搭配，彰显品质。

配色：主色以黑白色系 + 橙色为主，如图 1-40 所示。确定主色后，可以通过色轮配色。从色轮可见，该海报采用互补色进行配色，属于极有张力的一种色彩表现方式，如图 1-41 所示。

图 1-40 主色系

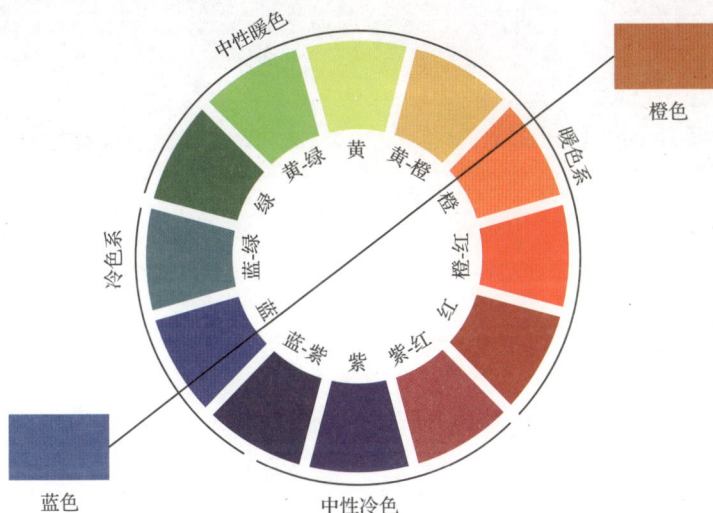

图 1-41 配色

　　色调情感：深灰色系表现出冷静、诚恳，沉稳中带着考究，彰显浑厚的内在品质；橙色则表现出轻快、热情，散发产品轻松活跃的气质。两者搭配的主色场给人感觉考究中带着亲切，再配一点互补色蓝色，视觉上平和自然，同时增添了专业可靠的元素。

　　（3）光影交错，辉映主题。整幅画面简洁，第一视觉焦点设置在"01"橙色标签，鱼竿采用了叠影的手法，画面的光源是左后侧高位光，叠影效果与高位光增强了视觉品质。通过明暗度的调节，暗色调的叠影增强了轮廓的硬朗，展现了其硬性品质；而亮色则提升了鱼竿轻质的效果，通过光影交错，辉映主题，突出轻与硬融合的产品品质。

　　本图第一视觉焦点，即最高频次视觉区，容易出现在三个蓝色线圈内的三个橙色区域。当第一视觉焦点出现在"01"区域时，视线会沿着橙色虚线箭头移动；当第一视觉焦点出现在"鱼竿"时，视线会沿着蓝色虚线箭头移动，如图 1-42 所示。而第一视觉焦点出现在中间文字"轻与硬的融合"时，会出现如图 1-43 所示的蓝色或橙色路径，也有可能从该第一焦点区域直接散射到另两个视觉焦点区域。视觉流向还会呈现其他因人而异的路径，但视觉焦点的聚焦层次都是相似的。下方的价格"208.0"也是第一视觉焦点的入选区域。

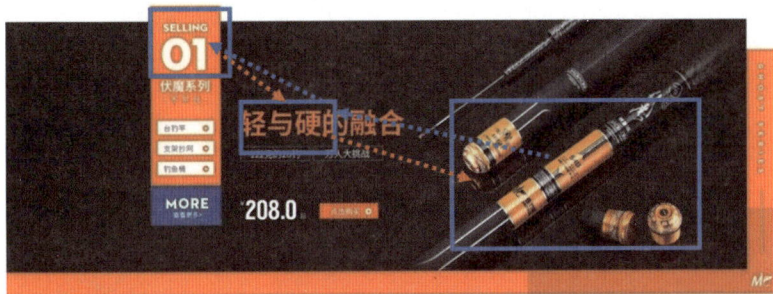

图 1-42 视觉流 1

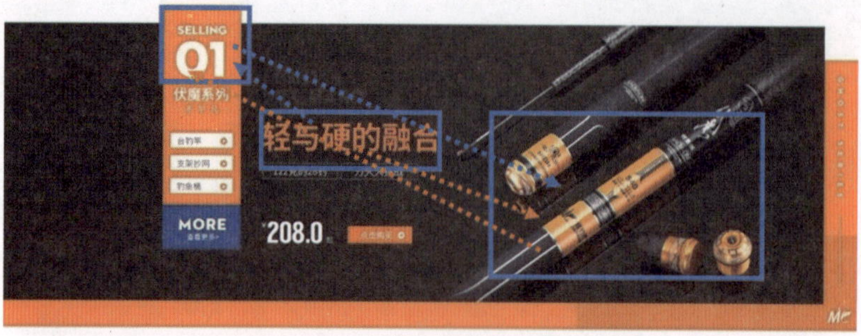

图 1-43　视觉流 2

📝 **思考**

1. Photoshop 中有哪些可以调色的工具？
2. Photoshop 中是如何为物体设置各种光影效果的？需要用到什么工具？
3. 构图与场景定向有关系吗？存在着什么样的关系？

1.3　视觉构图基础

构图，是造型艺术专业术语，是指绘画时根据题材和主题思想的要求，将待表现的形象适当地组织起来，构成一个完整协调的画面。不论是拍照，还是做视觉设计，如何实现比较好的构图，达到画面均衡，需要了解构图相关知识。

1.3.1　经典构图法

1. 中心构图

画面视觉中心位置是主体，是视觉营销主角，可以用"十"或"井"来划出中心位置，作为主体位。中心构图给人的感觉是聚焦、突出主体的效果，中心主体以饱满为好。图1-44是京东金华特产馆营销产品佛手的详情页产品信息部分截图，主体产品佛手在画面中间位置，营销促销文案在佛手所指的视线上，即画面右侧。

📺 **小技巧**

1. 第一视觉焦点，是视觉流的起点，也是营销信息流的起点。
2. 第一视觉焦点的不同选择，可以产生不同的视觉流设计。
3. 第一视觉焦点起到引领视觉流，即营销信息流的作用，必须要突出、明晰，不能多而杂。

图 1-44　中心构图

2．九宫格构图

　　九宫格构图采用"井"字划分画面，"井"中的四个交叉点处作为优先主体位。四个点位虚实配合使用，不全用于表示实体。九宫格构图有主体包含、指向的韵味。这种构图方式视觉主体突出、画面均衡和谐，是构图艺术中最常见、最基本的保守构图方式。如图1-45 所示美丽女主播现场图，"井"字形左边两点（1 和 3）位置以及右边两个点（2 和 4）的边缘分别坐落在画面中的栏杆与道路上，即场景的两个视觉方向上。这样既突出了人物主角，又使画面几个视觉重心得到了均衡。图 1-46 是参加聚划算的产品海报图，产品坐落在九宫格四个主位的 4 号位，与其产品的厚实稳重相符。

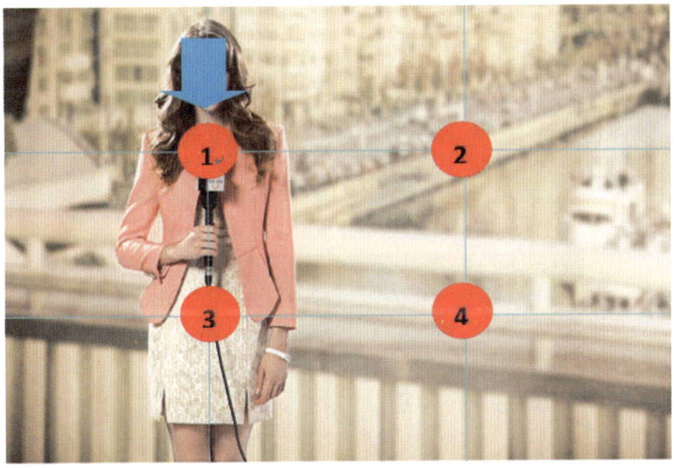

图 1-45　九宫格构图

3．三角形构图

　　三角形构图法，以三个视觉中心为画中角色的主要位置，由三个中心点构成几何三角形，可以有正三角、倒三角、斜三角等。其中斜三角较为常用，也较为灵活。三角形构图具有安定、均衡又不失灵活的特点，倒三角则突出紧张感，如图 1-47 所示。

图 1-46　九宫格产品图

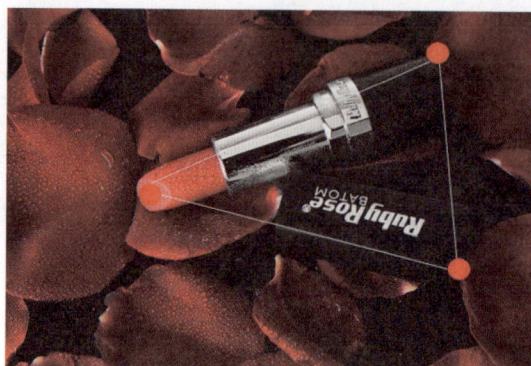

（a）

（b）

（c）

图 1-47　三角形构图

4．对角线构图

对角线构图，主体安排在画幅中两对角连线上，如图 1-48 所示，画面产生立体感、延伸感和运动感。由于对角线是矩形画框中最长的线，以它作为视觉引导线，对观众视线有很强的引导力，能带着观众视线遍历整个画面。

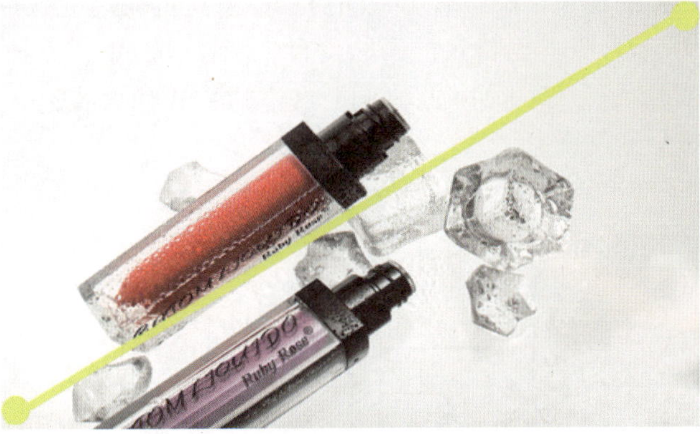

（a）

（b）

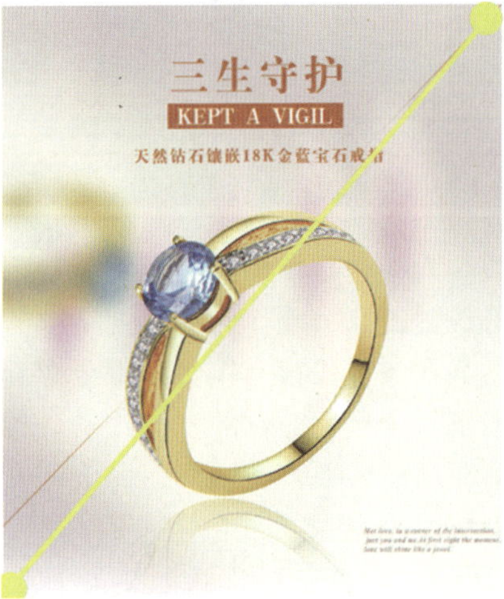

（c）

图 1-48　对角线构图

5. 黄金分割构图

古希腊数学家毕达哥拉斯在公元前 6 世纪发现了黄金分割法则。他认为，任何一条线段上都存在一点，可以使线段较长部分与全长的比值，等于较短部分与较长部分的比值，即较长 / 全长＝较短 / 较长，其比值约为 0.618，如图 1-49 所示，1.0/1.618=0.618/1.0= 0. 618。黄金分割法则是自然美的比例，蕴藏着丰富的美学价值。古代建筑物的设计中也存在类似的比例，如图 1-50 所示为雅典巴特农神庙的黄金分割设计。现代设计中，较有时代感的是中心分割，通常采用 $\sqrt{2}$，即 1.414 的比例，这样的方式让人感觉到更多的工业性和人为的痕迹，比自然黄金分割更有"人文科技感"。

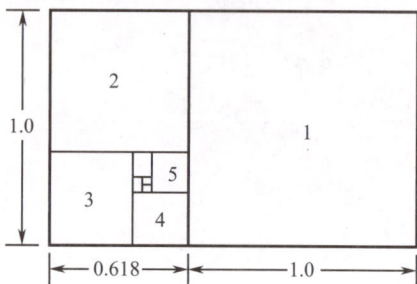

图 1-49　黄金分割法

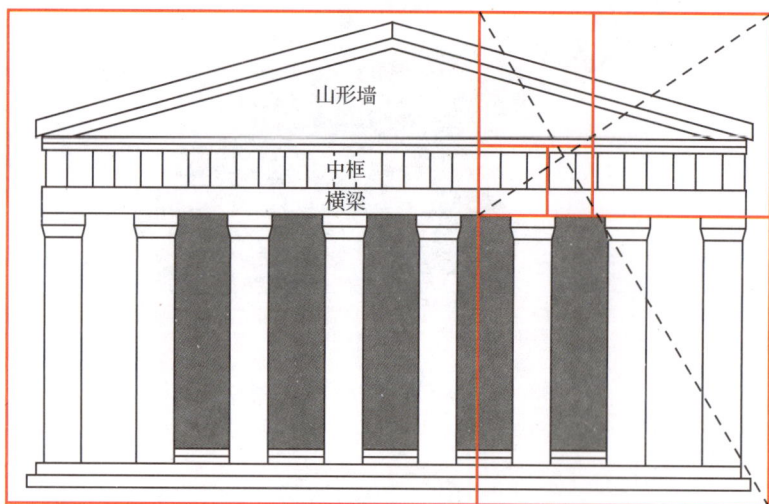

图 1-50　雅典巴特农神庙的黄金分割设计

黄金螺旋线是以正方形边长为半径延伸出的具有黄金数字比例的螺旋线。在黄金螺旋构图里，首先黄金螺旋线绕得最紧的那一端作为主体视觉中心位，并以此作为起点，画面的其他元素随着螺旋线分布，其线条很长很有生气。黄金螺旋构图通过那条无形的螺旋线条，吸引住观者的视线，创造出一个更为对称的视觉线条。相对于静态三分法，黄金螺旋在眼球捕捉画面时提供了一个流动的线条，在画面之内旋转，从顶部到底部，使画面的构图更加富于变化。如图 1-51 所示为黄金螺旋线应用示例。

黄金分割点，如图 1-52 所示，表现在对角线上某条垂直线上的垂足点，也是黄金螺旋的中心点，即黄金点必然是对角线上的点。

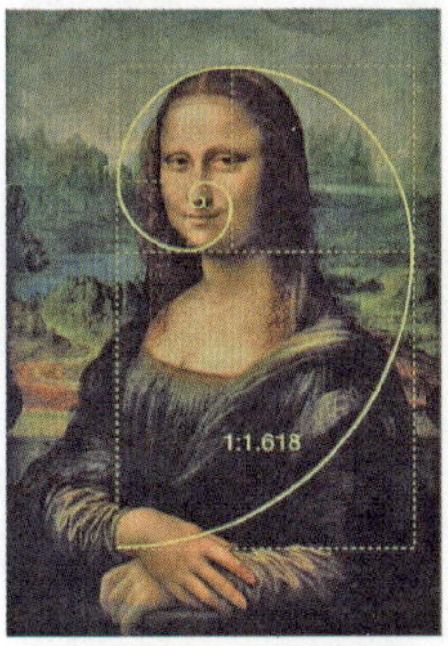

图 1-51　蒙娜丽莎与海螺的黄金螺旋线

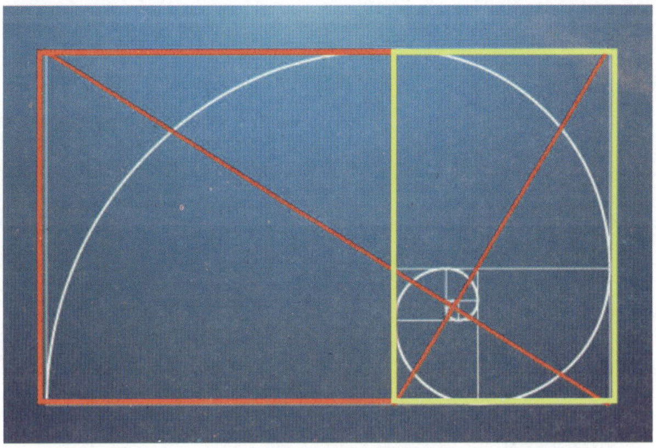

图 1-52　黄金分割点

　　根据以上黄金分割规律，可以快速地确定分割点，选取长宽比是黄金比例的矩形区域绘制黄色矩形。在两个矩形内分别绘制两条对角线，其垂足即为黄金点所在位置。从图 1-53 可以看出，右侧请柬位于黄金分割点区域。

图 1-53　黄金分割快速定位

　　思考
　　1. 图 1-53 中左侧请柬位于什么区位呢？试用构图法进行分析。
　　2. 要精确计算出黄金分割点是件麻烦事儿，你知道有什么工具可以帮助自己轻松达到"黄金彼岸"吗？ Photoshop 软件里有这样的工具吗？

🎯 1.3.2 常见视觉流设计

视觉流运用得好坏，不仅体现设计者技巧成熟的程度，而且直接影响到视觉营销的成效、客户进入视觉场后的体验。因此，视觉流设计在视觉营销中是必要的，尤其在大海报、首页版式、详情页及其他二级页面。视觉设计是从选取最佳视域创作第一视觉焦点捕捉注意力开始，规划视觉流程秩序，选择最后需要的印象留存，构成要素的空间定位。视觉流设计的关键环节是目光捕捉→信息传达→印象留存。

案例： 佛手图视觉流分析。

从图 1-54 可以看到，视觉流产生在眼球到画面之间的距离，它的三个关键环节是目光捕捉、信息传达、印象留存，三个环节之间不断循环。开启于第一个目光捕捉，终止于确认没有什么可更新的印象留存，来回循环数次，与需求、情感、心理等观众因素、画面信息的蕴含、表达方式、信息流的传达方式有关。

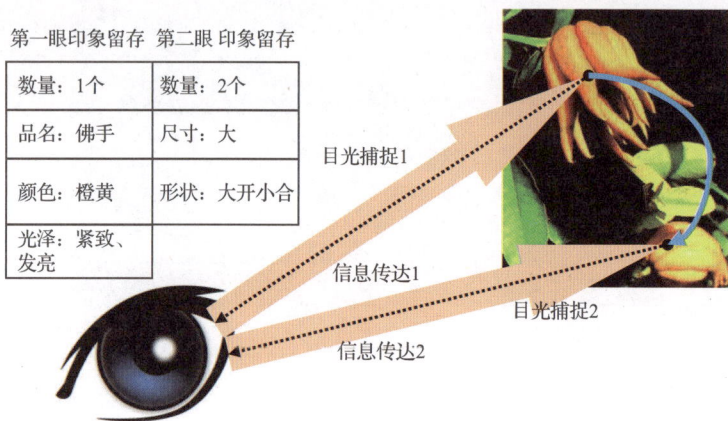

第一眼印象留存　第二眼 印象留存

数量：1个	数量：2个
品名：佛手	尺寸：大
颜色：橙黄	形状：大开小合
光泽：紧致、发亮	

目光捕捉1

信息传达1

目光捕捉2

信息传达2

图 1-54　视觉流的三个关键环节

（1）视域：视觉区域。范围与观众个体的感官心理与视觉场有关，但都会有发散与收敛两种变量因子。

（2）视线：眼睛观看对象时，眼睛与对象之间的虚拟直线。指向力度与观众个体的感官心理以及来自被视物的刺激有关。

（3）视觉流：视线在视觉场中的移动过程，是多维度的运动。这条贯穿页面的视觉流动线很容易被设计者忘记。

（4）视觉运动规律：视觉运动遵循格式塔规律，会受到外在的视觉场与内在的记忆经验、心智水平等共同作用，是可以引导的。页面上的一条垂直线，会引导视线上下的视觉流动；水平线会引导视线左右的视觉流动；二维合成的斜线，比垂线、水平线有更强的视觉诉求力；四边围成的矩形，视觉流动是向四周发散的；360°的圆形，视觉流动是辐射状的；三角形角的凝聚力，则会促使视觉流动随着顶角方向行进；图形按照尺寸大小、形状或颜色等属性渐层排列时，视线会强烈地按照排列方向流动。遵循视动规律，常用的视觉流程有 6 种，导向流程、单向流程、曲线流程、散点流程、重心流程、复向流程。

① 导向流程：通过诱导性视觉元素，主动引导读者视线，向一定顺序运动，按照由主及次的顺序，把页面各构成要素依次串联起来，形成一个有机整体。

特点：版面重点突出、条例清晰、发挥最大的信息传达功能。

表现形式：文字导向、手势导向、指示导向、形象导向、视觉导向等，如表1-17所示。

表1-17 导向流程

文字导向	手势导向

形象导向	

指示导向	

视觉导向	

② 单向流程：通过简明、清晰的流动线来安排整个画面。

特点：视觉整体简洁有力、视觉冲击力强。

表现形式：纵向流程、横向流程、斜向流程，如表 1-18 所示。

表 1-18　单向流程

③ 曲线流程：由视觉要素随弧线或回旋线运动而形成。

特点：不如直线直接简明，形式微妙而复杂，具有韵律感、节奏感与曲线美，如表 1-19 所示。

表 1-19　曲线流程

④ 散点流程：各视觉元素之间形成一种分散、没有明显方向性的编排。

特点：不如其他视觉流程严谨、快捷、明朗，但生动有趣，轻松随意，给人慢节奏的感受，如表 1-20 所示。

表 1-20 散点流程

⑤ 重心流程：以强烈的形象或文字独居版面某个位置或不完全充斥整个画面。

特点：主题鲜明突出，如表 1-21 所示。

表 1-21 重心流程

⑥ 复向流程：相同或相似的视觉要素做规律、秩序、节奏的编排。

特点：富于韵律、秩序美，如表 1-22 所示。

表 1-22 复向流程

（5）F 型与 Z 型视觉流程：流程形状如字母"F"和"Z"，属于单向流程的组合形式。F 型，由两条横向流程与一条纵向流程组成；Z 型，由两条横向流程与一条斜向流程组成。

由于单向流程具有信息传达迅速、简洁、简单的视觉特点，在海量的互联网信息页面阅读中，这两种流程最适合网络用户快捷的阅读方式，这也是为何网页点击热点图通常呈现 F 型的缘由。F 型与 Z 型视觉流程示例如表 1-23 所示。

表 1-23　F 型与 Z 型视觉流程

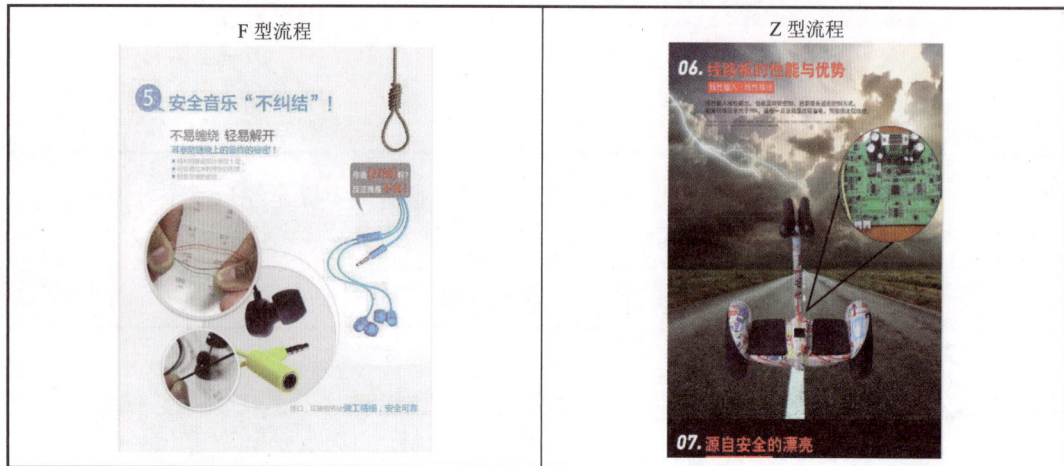

F 型流程	Z 型流程

观察与思考

试着用铅笔在表 1-23 中相应图片上描一描视觉流程。

1.3.3　视觉构图案例

1．海报视觉构图

如图 1-55 所示，该海报图的第一焦点橙色区域的胳膊动点坐落在黄金分割点 1 号位，眼镜、手机、执鱼竿的手、文字标签都坐落在黄金螺旋的轨迹周围。整图构图明朗、和谐，目标指向自然清晰，信息层次错落有致。文字标签在视线的后段出现，是观看者意味正浓的时候。探鱼器坐落在另一个黄金分割点 2 号位。

2．视觉流案例

如图 1-56 所示，图片整体风格温馨浪漫，由粉红、粉蓝组成整体淡色调系，图片题材就是画面的视觉焦点。画面有 6 个吸引眼球的视觉焦点区：左上角的"相遇"二字、右上角的情侣、左下角的情侣、中间的两个产品、右下角的花瓶。色彩、构图带来的整体视觉，像拂起窗纱的春风，飘洒着若隐若现的爱意。

分析：根据消费者视觉心理，第一眼会落在左上角，然后会优先向右或者向下看，这样就产生了两种视觉方向，蓝线先走下线，红线先走右线。右上角与左下角刚好是窗外光源进入视觉场的入口，这两点之间自然存在了一条通过画面对角线的光路，产品刚好位于光路两侧，视觉流经过这条线指向对方，然后由右下角的花瓶收住视线，导向产品的品牌"黑糖魔方"。其他一些彩色文字起到了色彩衬托的作用。画面视觉流程清晰，左上角粉红色的导航对飘逸的画风起到了控制和收放的效果。视觉流除了图示两种，经测试还有其他许多种，但总体上是关键视觉点没变，仅线路上有所变化，而图示的版式安排可以柔性对待各种视觉流线，带有散射、斜向等多种流线元素。

图 1-55　构图法分析

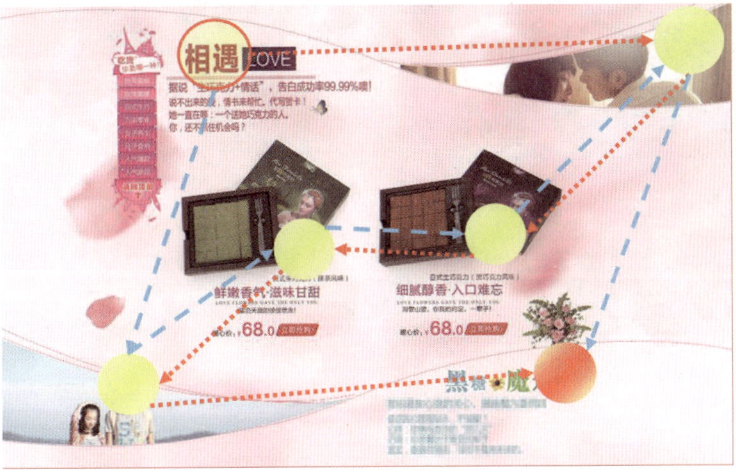

图 1-56　视觉流分析

同步阅读

创新型电子商务视觉营销教学系统（eBizTop）

电商视觉营销教学具有较强创新创业的"双创"教学特征，创业提供项目背景，创新提供思维，创新创业的融合需要多维度的技能背景，在教学实施上难度较高。创新型电子商务视觉营销教学系统（eBizTop）是一款融合创新创业，集成了电商视觉营销工作流程中多维度技能的电商视觉营销模拟实战系统。通过商拍酷宝、App 和教学平台三者相结合，模拟仿真电商领域视觉营销的工作流程，以电商视觉营销教学为中心，实现电商教学、视觉营销、服务于一体化，帮助教学落地，学生参与度高。

系统平台界面清晰、美观，人性化的图形导航，用户体验好，能让用户快速上手。系统的课程管理、实验管理、课件管理、教师管理等功能，再结合移动端的课程管理、专业拍照、图片美化和学生管理等功能，让教学变得轻松、高效。

eBizTop 提供多套应用方案，可根据专业需求灵活选择。图 1-57 是商拍酷宝和 App 配合实现产品图片的拍摄、处理及采集的操作。教学系统入口详见二维码。

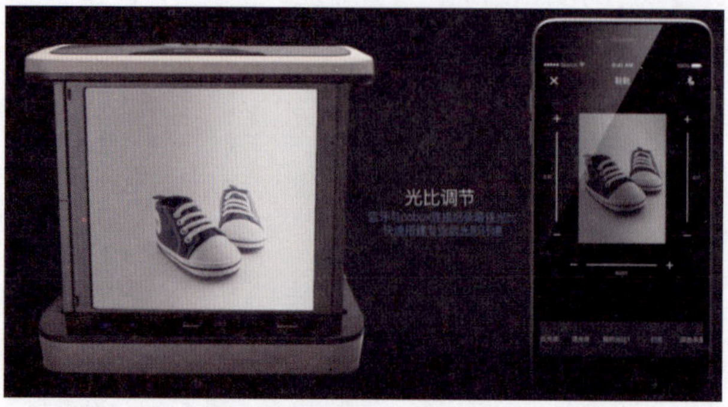

图 1-57　商拍酷宝和 App 配合实现产品拍摄

视觉营销教学系统

同步训练

1. 活动海报中营销信息的识别

（1）训练目的

以活动海报为载体，通过分析海报，识别海报承载的相关营销信息，包括营销活动中涉及的品牌、产品、目标受众、活动时间、活动主题等，学会阅读隐含在视觉中的营销信息，能明确地理解海报营销意图。

（2）训练内容描述

内容详见二维码同步训练 1。

同步训练 1

2. 活动海报中的视觉传达体验

（1）训练目的

以活动海报为载体，通过分析鉴赏活动海报，识别海报运用的视觉元素，能够从色彩、光影、场景三个层面欣赏海报，能够从色彩情感、光影品质、视觉流、场景定向四个维度分析海报对主题的阐释，对消费者情感走向的调动，能明确地理解海报的视觉意图，判断其与隐含的营销意图是否相契合。

（2）训练内容描述

内容详见二维码同步训练 2。

同步训练 2

3. 海报中的经典构图法

（1）训练目的

了解海报常用的构图方法，熟悉不同构图方法对主体位置的选择，灵活掌握分析海报构图的各种方法。

（2）训练内容描述

内容详见二维码同步训练 3。

同步训练 3

拓展训练

1．产品详情页营销案例分析

（1）训练目的

以宝贝详情页为载体，对页面进行视觉营销综合赏析。

（2）训练内容描述

内容详见二维码拓展训练 1。

拓展训练 1

2．配色玩家

（1）训练目的

通过搜索与调研在线配色网站，下载与玩转 App。感知色相、饱和度、明度等色彩三要素的基本属性；熟悉经典的配色方案设置，在轻松愉悦的 App 游戏中感知色彩、运用色彩。

（2）训练内容描述

内容详见二维码拓展训练 2。

拓展训练 2

3．页面中的常用视觉流设计

（1）训练目的

通过调研分析店铺首页或详情页视觉流设计，学会阅读视觉流走向，掌握分析与标注视觉焦点、视觉流的方法。

（2）训练内容描述

内容详见二维码拓展训练 3。

拓展训练 3

项目小结

本项目以视觉营销赏析的学习任务为中心，融入了视觉营销、视觉传达、视觉构图等理论知识与实操技巧，旨在培养学生运用视觉营销信息模型、视觉传达基本法则、视觉构图基本法则分析视觉营销案例的能力，以及提取营销信息和灵活应用关键视觉元素的能力。本项目在项目导入的基础上提供了完成该项目所需的相关理论知识、同步阅读、同步训练、拓展训练，理论测试题等内容，以逐步巩固、提高学习者的综合职业能力。

理论测试题

一、填空题

1．通过视觉感知外界物体的大小、明暗、颜色、动静等信息，人体至少有（　　）种以上的外界信息获取来自视觉。

2．（　　），常作为构建视觉设计心理模型的理论基础。

3．营销的本质是（　　）。

4．营销的目的是（　　）。

5．（　　）是营销的载体，而（　　）是视觉的灵魂。

6．视觉营销的重点在于（　　），视觉是一种手段，是让营销更进一步焕发生命活力的技术手法。

7. 色彩的三要素是（　　　）、（　　　）、（　　　）。

8. （　　　）是指色彩的鲜艳程度或纯净程度。

9. （　　　）、（　　　）、（　　　）是营销视觉中重要的视觉元素。

10. （　　　）是最常见、最基本的构图方法，采用"井"字形划分画面，"井"中的四个交叉点处作为优先主体位。

二、多项选择题

1. 黄金分割律，是自然美的比例，经典的人文艺术代表，蕴藏着丰富的美学价值，其比值＝较长／全长＝较短／较长≈（　　　）。

  A. 0.818   B. 0.728   C. 0.618   D. 0.6888

2. 营销场景定向是以（　　　）、（　　　）以及（　　　）为数据基础，按照不同广告主的不同营销要求，对流量进行定性投放。

  A. 广告主模型   B. 买家模型

  C. RFM 模型   D. 买家与卖家间的关系模型

3. 视觉设计中常用的光影手法有（　　　）、（　　　）、（　　　）、剪影手法、叠影手法等。

  A. 投影手法 B. 倒影手法   C. 虚影手法   D. 夸张手法

  E. 重叠手法 F. 虚化手法

4. 在互联网信息时空中，视觉是第一重锤，（　　　）、（　　　）与（　　　）结合，才能够吸引流量，提高点击率与转化率。

  A. 色调 B. 营销   C. 推广   D. 视觉

5. 搭配色也称协调色，一般有 5 种色彩协调的形式，（　　　）、（　　　）、（　　　）、（　　　）、四角色。

  A. 邻近色 B. 分补色   C. 互补色   D. 对比色

  E. 接近色 F. 三角色

6. 格式塔原理被广泛应用于视觉设计领域，基于格式塔学派最基本的规则有（　　　）、（　　　）、（　　　）、接近律、对称律、连续律。

  A. 闭合律   B. 对称律   C. 相似律   D. 蕴涵律

7. （　　　）是指色彩的相貌，即根据不同波长定义形成的色彩特征。

  A. 明度 B. 纯度   C. 饱和度   D. 色相

8. （　　　），是色彩各属性中对立面的对比互补协调，包括冷暖、明暗、色相、面积等属性的配比，包含着力量的平衡与对称。

  A. 色彩和谐 B. 色彩搭配   C. 色彩对称   D. 色彩明暗

9. 以下属于经典构图法的有：（　　　）、（　　　）、（　　　）、（　　　）、（　　　）。

  A. 中心构图法   B. 左右图中文构图法

  C. 左文右图构图法   D. 三角形构图法

  E. 九宫格式构图法   F. 左图右文构图法

  G. 黄金分割构图法   H. 对角线构图法

10. 基于信息视角，海报传递给客户的两股信息流是（　　　）、（　　　）。

  A. 文本流 B. 营销流   C. 视觉流   D. 价值流

三、判断题

1. 色彩、光影、场景是营销视觉中重要的视觉元素，是营销信息传达是否顺畅、是

否到位的重要手段。（　　）

2．剪影指运用与物象相同的图像，改变视觉要素，与原物图像部分重叠，目标是为静态画面增加动感和对比效果。（　　）

3．从色相上看，颜色的轻重顺序为黄→黑→白→红→紫→橙。（　　）

4．利用色彩的轻重感处理画面的均衡，会收到良好的视觉效果。（　　）

5．色彩搭配过程中按照"总体协调、局部对比"搭配原则，主色调、辅助色、点缀色配色黄金比例为 60∶30∶10。（　　）

6．色彩协调的方式有多种，可以从色相、明度、纯度、色彩面积四个关键维度去控制协调。（　　）

7．视觉承载卖家的营销策略，体现了卖家的产品营销技术与方法，同时通过买家的可视化体验，提高对产品或品牌的忠诚度与黏性。卖家以视觉冲击和审美视觉感观提高顾客潜在的兴趣达到产品营销或品牌推广的目的。（　　）

8．在视觉化商品营销中，商品计划占 20%，视觉占 80%。因此，视觉营销的灵魂重点在营销。（　　）

9．中心构图法是将视觉营销主角置于画面视觉中心，起到聚焦、突出主体的作用。（　　）

10．在拾色器对话框中，可以通过在"#"后文本框中输入 6 位十六进制数值来配置颜色。（　　）

项目 2
开启网店视觉营销工作

 **知识导图**

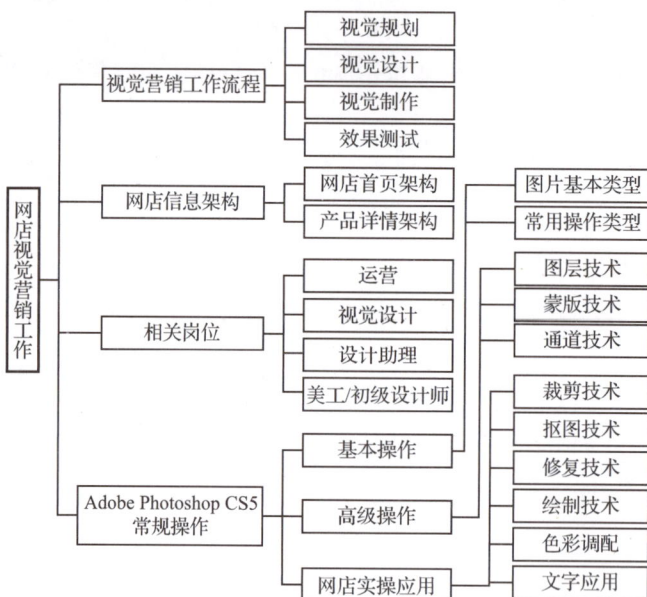

视觉营销工作流程 —— 视觉规划 / 视觉设计 / 视觉制作 / 效果测试

网店信息架构 —— 网店首页架构 / 产品详情架构 —— 图片基本类型 / 常用操作类型

相关岗位 —— 运营 / 视觉设计 / 设计助理 / 美工/初级设计师 —— 图层技术 / 蒙版技术 / 通道技术

Adobe Photoshop CS5 常规操作 —— 基本操作 / 高级操作 / 网店实操应用 —— 裁剪技术 / 抠图技术 / 修复技术 / 绘制技术 / 色彩调配 / 文字应用

网店视觉营销工作

 **知识点**

1. 熟悉网店视觉营销各相关工作流程。
2. 熟悉网店基本信息架构相关内容。
3. 了解视觉营销工作岗位相关内容。

技能点

1. 能够进行常规 Photoshop 基本操作与高级操作。
2. 能够灵活使用 Photoshop 完成网店图片处理各项工作任务。
3. 能够与人进行良好沟通并协作完成学习任务。

项目导入

案例

ZJ 电商服务公司网店视觉营销相关工作

ZJ 电商服务公司成立于 2016 年 2 月，是由 JH 市政府引进的，目的是为 JD 电商园区提供电商服务，为地区中小型企业提供一站式电子商务解决方案。该公司定位于专业化、区域化电商服务平台，扮演着电子商务资源整合专家的角色，专注于集电商培训、大数据分析、品牌策划、电商运营、仓储管理及电商其他配套服务为一体的电商产业园创新模式。作为服务型公司，当合作的企业、产品多了之后，严重影响了企业的响应速度，因此公司管理层在人力资源有限的情况下，进行了流程优化，规范了流程上各环节的分工与合作接口，充分挖掘企业、产品自身的力量，与地方视觉策划公司开展深度合作，以期完成日益增多、需求层次参差不齐的业务。

在电商企业中，运营与视觉两个角色之间的对接，尤其是所谓的"无缝对接"，存有较厚的壁垒。该壁垒，本质上是需求与设计之间在语义表达上的差异造成的。规范化是化解不同领域沟通障碍的最佳途径，而规范化的前提是工作流程的理顺，即抽取关键工作环节，确定关键工作环节的先后时序，环节之间的接口与交互信息，参与流程不同环节的角色及角色任务。通过规范化的工作流程，语义表达上的标准与统一，不仅可以理顺各任务之间的关系，而且提高了各环节之间的沟通效率。

产品实例

网店信息架构在整个视觉营销流程中，其核心框架是隐性的，信息流起到了框架桥梁的连接作用，使流程的环节分工、角色分工更加清晰、明确。

产品拍摄与图片的精修一般由专业拍摄机构承担。根据店铺的成长情况，如果店铺销售额高，定位提升，就需要设置专门视觉策划岗位。如果业务量大，还可以外包给电商服务公司或者视觉公司。

产品详情页

2.1　网店视觉营销工作流程

网店视觉营销的工作流程是电商运营中的核心工作流。运营决定视觉的定位，视觉反过来直接影响运营的成效。网店视觉营销基本工作流程如图 2-1 所示，工作流有两个闭环，闭环 1 表示运营、视觉大环节之间的工作流程，闭环 2 表示视觉工作环节开启后的内部工作流程。在不同的企业里，工作任务划分会有所不同。

常规情况下工作流程如下：

（1）由运营部门通过调研与数据分析，给出店铺、产品、活动的要求与定位需求。

（2）由运营与视觉相关人员针对运营环节给出运营需求与定位需求，经共同讨论后，进行整体视觉规划，风格定位，给出产品拍摄意见。

（3）由运营人员对产品拍摄进行跟拍。

（4）由设计人员进行店铺 VI 视觉设计、页面版式设计，以及海报图、推广图的设计。

（5）由美工人员负责摄影后期图片处理，根据团队设计好的页面风格、店铺定位、版式等进行页面制作。

（6）由视觉人员进行制作效果的视觉测试。

（7）与运营部门共同进行上线的运营测试，然后进行调整修正。

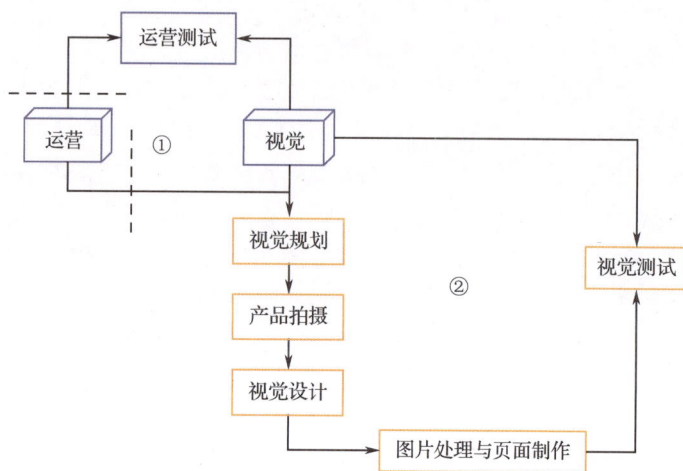

图 2-1　网店视觉营销基本工作流程

网店视觉营销的基本工作流程涉及图 2-1 中①、②两个环节。环节①是启动环节，同时也是回归环节。下面根据工作流程顺序进行讲解。

2.1.1　视觉规划流程

视觉规划阶段的任务要明确：做什么？给谁做？与竞争对手的差异是什么？

运营部门通过运营数据分析、活动策划给出视觉设计的需求、定位。该阶段由运营部门与视觉部门人员共同讨论完成，一般要经过竞店调研、目标客户群体特征调研、产品卖点分析、品牌定位、策略提案、产品拍摄建议等细节。

视觉规划基本工作流程由三个环节构成：数据分析、网店定位（需求定位）、视觉定位，如图 2-2 所示。每个环节的细节，会因视觉营销的时间、地点、事件等因素有所调整。活动策划是营销流程的起点与载体，品牌、产品等影响力通常以活动为载体进行扩散传播，可以说没有活动就没有营销。因此，数据分析具体包括自身数据、竞争对手数据、目标客户数据，还有活动方案数据。

2.1.2　视觉设计流程

视觉设计环节，主要考虑页面要做成什么样子；各种焦点图、推广图要做成什么样子。设计师根据视觉规划的需求与定位、产品拍摄效果，进行全店 VI 视觉设计，首页框架版式设计，焦点图、推广图创意设计，详情页版式设计等，具体与策划活动的规模有关。视觉设计基本工作流程如图 2-3 所示。

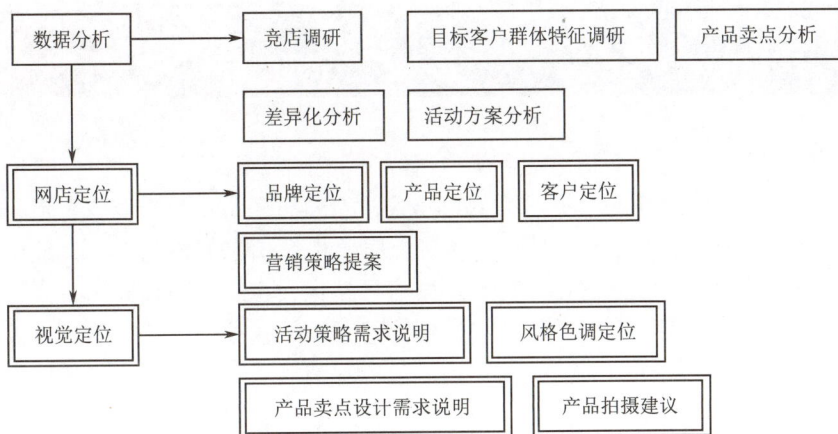

图 2-2 视觉规划基本工作流程

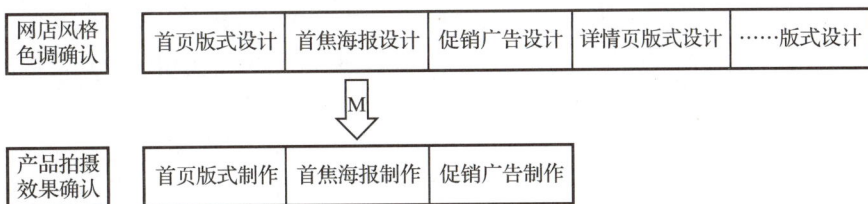

图 2-3 视觉设计基本工作流程

设计人员根据视觉规划中的风格色调定位确定方案；对产品拍摄效果进行筛选确认；根据视觉规划中的定位，进行 VI 视觉系统设计、首页版式设计、首焦海报设计、系列促销广告图设计、产品详情版式设计等。根据需要也会涉及图 2-3 中 M 流程的首页版式制作、首焦海报制作、促销广告图制作等。

2.1.3 图片处理及页面制作流程

图片处理及页面制作由美工人员承担，主要工作包括产品拍摄的后期图像处理，根据页面版式进行页面的制作。关键活动海报由设计师完成。

2.1.4 测试环节

测试环节包括视觉效果测试和运营测试两部分。

视觉效果测试主要由视觉部门负责。运营测试由运营与视觉两部门结合店铺、活动等营销活动实施在线测试。通过平台数据进行监测，根据监测结果调整店铺的风格、配色、文案等内容。

2.2 网店信息架构

　　网店本质上是网站信息系统，是呈现产品信息、营销信息的空间场。网店信息架构是网店空间场中信息的组织模式，不同的组织模式、不同的产品陈列，会带来不一样的视觉体验过程，产生不一样的效果。用信息结构图来表示网店信息架构图。从信息层次上，信息结构图可以划分为店铺总体信息架构、首页信息架构、产品页信息架构、其他二级页信息架构。信息结构是网店结构、页面结构规划的基础，是视觉设计部门创建设计的数据依据，也是页面结构、板块构图的辅助文件。运营对营销活动信息、产品信息结构是最清楚的，而视觉部门对此理解多少会存在一些距离，因此在做视觉之前，运营人员首先要把信息罗列清楚，建立数据库或数据模型，这样可以助力视觉效果更容易地趋于营销意图。

　　信息结构图是一种对业务需求进行信息建模的工具，通过该工具可实现对业务需求信息的分类、联结、架构，使自然语言描述的概念形成结构化的数据。信息结构图可用层次结构图表示，也可用时尚的脑图表示。在信息结构图中，集中考虑信息数据，需要深入考查商家、客户的需求，考虑产品卖点、用户需求、营销活动等。基于数据驱动产品的用户体验设计，通过数据切实有效地帮助设计师透过问题看本质，更客观、更科学地设计产品；帮助美工人员更清晰地理解图片处理与页面制作的意图。

　　根据电商平台提供的网店功能架构，信息架构包括网店总体信息架构、首页信息架构、产品详情页信息架构，以及其他页面的信息架构。

2.2.1　总体信息架构

　　总体信息架构，是网店的整体信息架构。首页是网店整体信息的控制枢纽，总体信息架构通常由首页来呈现，信息结构可以通过网店首页进行分析，绘制成信息结构图。信息结构图的绘制，通常从现有的店铺或竞店调研开始。如图2-4所示，以 ZJ 公司在京东平台上的中国特产项目的店铺首页为例，可以得到中国特产金华馆的网店总体信息架构，如图2-5所示。从中抽取可得到网店常用信息架构模型，如图2-6所示。

图 2-4　中国特产金华馆首页截图

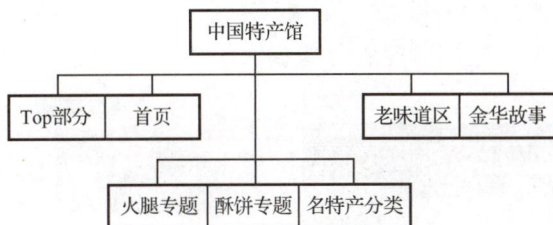

图 2-5　中国特产金华馆的网店信息架构

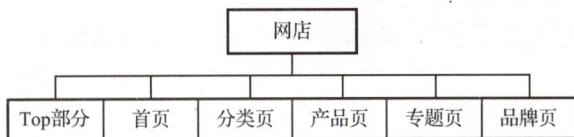

图 2-6　网店常用信息架构模型

由图 2-6 可见，Top 部分是整个网店头部公共的地方，包括 Logo、店招、店铺名、店铺收藏等店铺的公共部分，会出现在整个网店所有页面的顶部，是各个页面的通用模块。根据信息分层，店铺可以由首页、分类页、产品页、品牌页、专题页等二级、三级页面构成。最基本的页面是首页与产品页。

（1）首页：店铺整体信息架构的体现，整店信息的分类引流。

（2）分类页：店铺产品较多、活动批次较多时，可以增设一些有特色的分类页，便于用户查询。

（3）产品页：产品的详情页面，呈现产品活动、卖点、细节、服务等信息，是流量进来后转化率的发生地。

（4）专题页：就某类产品、某类活动等专题进行的专门介绍与视觉展开。

（5）品牌页：关于品牌、店铺整体的专门页面，展现客户关怀，呈现店铺文化。

2.2.2　首页信息架构

店铺总体信息架构通常由首页来呈现，同时首页又会在此基础上增加一些商家的热点热荐内容。下面，以图 2-7 所示的京东平台上中国特产金华馆的网店首页为例，讲解首页信息架构，如图 2-8 所示，店铺首页信息架构主要通过导航来呈现。

（1）Top 区的店标、店招是网店通用模块。店标与店招是店铺品牌信息的浓缩。

（2）导航部分，是整个网店信息分类的呈现区域，为客户在网店内浏览时提供指示作用。平台一般会把导航设在 Top 的店招下面，用户浏览店铺时，随时都有可能选择离开、跳转等操作，如果都要回到 Top 区，用户体验不佳，必然会带来许多跳失，所以店铺会设计出一些用户体验良好的导航方式，来实现信息区块之间的跳转，从而实现店内引流。

图 2-9 为部分非 Top 区导航分类样式。样式 1、样式 4 竖向排列，一般会以浮窗方式浮在页面左侧或者右侧不动；样式 2、样式 3 横向排列，一般会出现在页面的中间部位或者底部。

（3）首焦区域是客户进入店铺的首个区域，有着先入为主的战略地位，通常是大型的店铺海报区，是店铺的背景信息、品牌信息、店铺当季热点活动等信息的呈现区域，属于店铺内的广告区域，起到引导客户心理的作用。不仅是视觉上的第一焦点区，更是对后续客户行为起着关键性的作用，因此被称为首焦区。一般情况下，首焦区都会放置活动海报，如图 2-10 所示，也可以直接放置热推产品。店家根据营销活动的需要与进程来决定放置的内容。

图 2-7　京东平台中国特产金华馆网店首页

图 2-8　京东金华特产馆首页信息架构

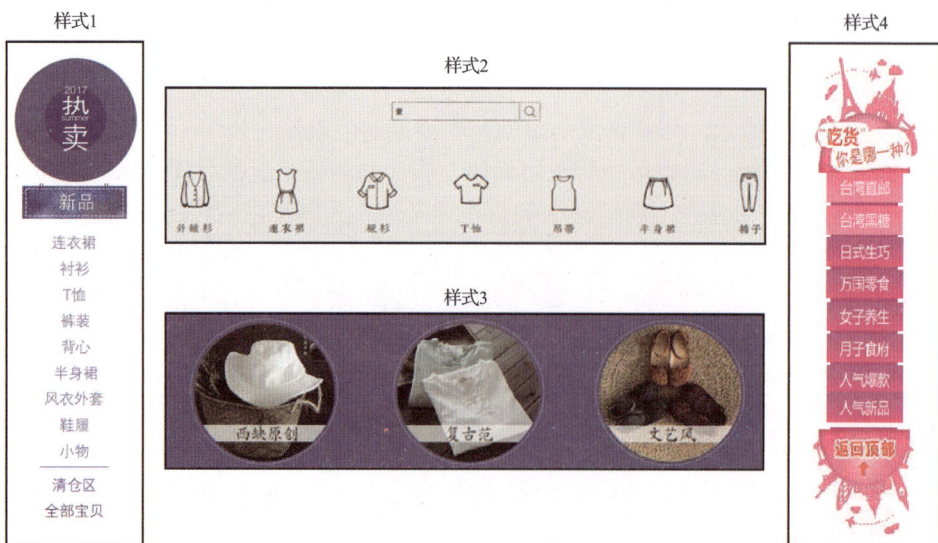

图 2-9　非 Top 区的导航分类样式

图 2-10　首焦海报

　　首页在网店中的地位，与实体店店铺相当，起到了店铺整体展示的作用。在 Top 区、首焦区后，店铺首页主要由各类产品橱窗、产品陈列、服务区、休闲区等组成。各信息模块的组合与设计，需要考虑店铺核心用户的心理喜好、行为特征、设备特征、活动方案等。

2.2.3　产品详情页信息架构

　　网店产品页信息架构取决于产品的类别，不同类别的产品拥有不同的产品功能与属性特征。图 2-11 是 ZJ 好友 NJL 京东店的一款黑糖产品详情页局部图。

产品实例

图 2-11　黑糖产品详情页局部图

以该产品详情为案例，分析得到产品详情页面的信息架构如图 2-12 所示。

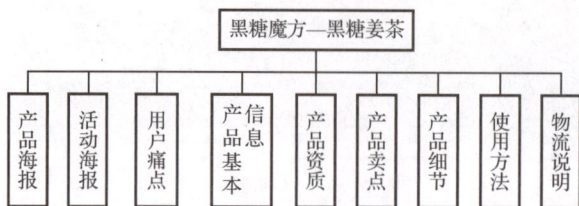

图 2-12　产品详情信息架构

产品详情信息架构的基本板块有：产品海报、活动海报、用户痛点、产品基本信息、产品资质、产品卖点、产品细节、使用方法、物流说明等。其中产品卖点可以根据客户的心理接受过程在多个板块重复出现，不断推进客户的需求强度。产品细节、使用方法、服务细节可根据客户对产品了解的需求，层层呈现，逐渐打动客户。

2.3　网店视觉岗位

视觉是网店运营中的重要工作环节，下面从工作流程的角度分析视觉相关工作岗位，明确视觉营销在网店运营流程中的位置。

图 2-13 中，带阴影矩形表示工作环节，带边框矩形表示涉及的工作岗位。视觉营销是涉及多个岗位、多个环节的系统工程。运营需求是视觉营销环节的需求方，视觉营销是网店运营流程中的一段子流程。视觉营销由运营部门与视觉部门共同完成，视觉部门岗位可以细分为总设计师、高级设计师、中级设计师、初级设计师（美工）、设计助理。

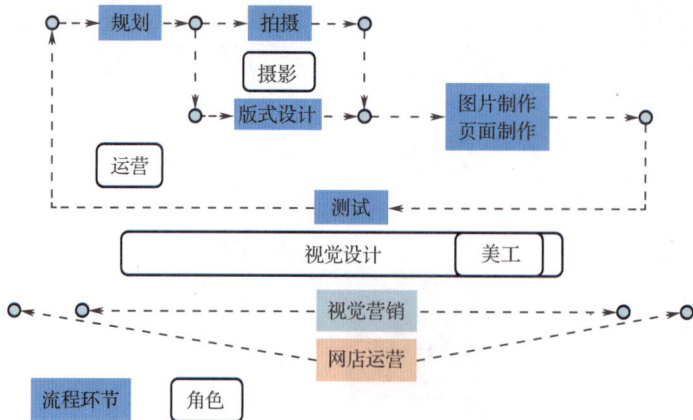

图 2-13　视觉营销相关岗位

汉语中，"设"的基本解释为布置、设立、筹划以及假设；"计"的基本解释为计算、测量、策略、打算。总而言之，设计就是根据一定要求，对工作预先设立目标，进行筹划、核算，制定图样、方案等。

不同分工情况下，视觉营销流程中的岗位设置有较大差别，岗位可能会重叠、交错。

在企业发展的初级阶段，所有工作综合在一起，由一个人独立完成，随着企业发展壮大，人员岗位也将细分化。

2.3.1 岗位职责

较成熟的电商企业，视觉营销流程中的相关岗位有运营、设计以及设计助理。运营主要提供运营部门的需求，如效果测试、验收，与设计师进行业务对接等。常见电商视觉部门岗位职责如表 2-1、表 2-2 所示。

表 2-1 设计助理职责

设计部职责		
岗位名称	设计助理	岗位在职人员姓名
工作职责	辅助设计师完成店铺设计	
职责与工作内容		
职责一	辅助设计师工作	
商品详情页制作	1. 根据中高级设计师的要求，及时开展文字排版、图片处理等基础工作	
	2. 根据设计师要求寻找设计素材，进行基本的贴标还价，加链接上传图片等后期装修工作	
	3. 利用稳定性强的存储工具（硬盘）对拍摄图片进行归类存储管理，做好备份	
	4. 根据品牌调性或店铺活动图片素材的需要，对商品主图进行相应的后期处理	
职责二	与其他岗位的交接管理	
团队协作	1. 根据公司规定，完成公司所有图片素材的后期处理及归类存储管理，随时供相关部门使用	
	2. 每周、每月、每季分析总结职责一的工作汇报，上报给项目组长	
职责三	淘汰机制	
其他	1. 三个月内能独立操作完成一个爆款内页的优化（可以在指导下完成）	
	2. 得到所协助设计师在技能与效率上的肯定	
职责四	团队成长	
其他	1. 能理解公司的价值观，并且以身作则	
	2. 积极主动协助团队完成繁杂的设计，保证进度	
附加职责	自愿任务	公司根据最新的需要与发展，会下发一些自愿性的工作任务，可按照兴趣与工作量来承担相关任务
备注：		

表 2-2　设计师工作职责

设计部职责			
岗位名称	高级 / 中级 / 初级设计师	岗位在职人员姓名	
工作职责	高级：店铺所有设计需求（配：私人助理）+ 自运营店铺整体视觉需求（品牌设计师）		
	中级：店铺所有设计需求（配：公共助理）		
	初级：店铺所有设计需求（无助理）		
职责与工作内容			
职责一	商品图拍摄与商品详情页的设计		
商品详情页制作	1.	高级：根据商品选择不同的布局环境来进行商品实物图（细节）前期拍摄工作的操作指导（自运营店铺需直接参与图片创意拍摄工作）	
		中级：在高级设计师与总监指导下，根据商品选择不同的布局环境来进行商品实物图（细节）前期拍摄工作的操作指导	
		初级：在高级设计师与总监指导下，根据商品选择不同的布局环境来进行商品实物图（细节）前期拍摄工作的操作指导	
	2. 把商品实物图与针对性的文案结合，设计制作出符合品牌调性、具有较强视觉竞争力的商品详情页并进行调试，最后对效果进行监测、总结、反馈		
	3. 利用稳定性强的存储工具对拍摄图片进行归类存储管理，做好相应的备份措施		
	4. 根据品牌调性或店铺活动图片素材的需要，对商品主图进行相应的后期处理		
职责二	店铺装修与各种页面的设计		
整店视觉设计	1. 综合参考策划部的调研数据、品牌调性以及自身设计理念，对店铺首页及各种页面进行基础的设计包装		
	2. 结合店铺营销活动的策划安排，保质、保量、按时完成页面的设计工作，并进行调试上传，最后对效果进行监测、总结、反馈		
	3. 设计店铺活动以及其他平台的推广宣传活动图片		
职责三	公司 VI 设计与印刷		
企业 VI 体系	1. 设计公司的网站、名片、工作牌、宣传册、辅料包装等对外宣传印刷产品		
	2. 负责公司宣传用品的印刷与购置（可寻求协助）		
	3. 根据公司安排，完成企业文化墙宣传图片素材的设计，并印刷上墙，做好后期维护		
职责四	与其他岗位的交接管理		
团队协作	1. 积极配合运营部门的工作，对运营部门所需的素材（直通车、钻展等推广图片、SNS 推广图片、活动报名所需图片）在不影响自身职务的情况下优先处理		
	2. 根据其他部门反馈页面错误信息以"第一优先级原则"及时按照上级要求做出修改		
	3. 根据公司规定，完成公司所有图片素材的后期处理及归类存储管理，随时供相关部门使用		
	4. 每周、每月、每季分析总结职责一的工作汇报，并上报项目组长		
职责五	团队成长		
其他	1. 能深刻理解公司的价值观，并以身作则，带动并影响团队中其他人		
	2. 能在业务上提出自己的观点，并且能够优化业务流程		
	3. 积极协助主管经理，帮助团队中其他人成长		
附加职责	自愿任务	公司根据发展需要，会下发自愿性的工作任务，可根据自身兴趣与工作量承担相关任务	
备注：			

2.3.2　设计工作满意度反馈

　　规范性的图表与数据记录，不仅方便不同部门、不同岗位、不同人员之间的沟通与交流，还可作为过程跟踪记录，成果可归档使用。表 2-3 是项目组设计工作满意度回馈表，可根据实际运营的相关数据给出反馈意见。

表 2-3　项目组设计工作满意度回馈表

项目组设计工作满意度回馈表					
设计大类	设计维度	满意	不满意	纠结中	运营参考数据（备注解释）
设	素材创意				直通车、钻展
	色彩搭配				点击率
	网页布局				停留时间
	字体排版				调试率
	图片处理				转化率
计	完成时间				超时次数
	完成数量				店铺承接数量
	采纳建议				店铺视觉发展计划
	调整次数				调整已确定计划的次数
	日报、周报、作品完成度				按时上传作品与清晰图片，素材归纳整理

2.3.3　岗位绩效考核

　　KPI（Key Performance Indicator）绩效考核，是通过组织内部工作流程的输入端、输出端关键因子，衡量工作绩效的一种量化管理指标，是把企业的战略目标分解为可操作的工作子目标的方法工具，是企业绩效管理的数据基础。建立明确、切实、可行的 KPI 体系，是做好绩效管理的关键。视觉设计的可能方案有多种，但从营销角度，"不管是黑猫白猫，会抓老鼠的才是好猫"。因此，可以通过相关的运营数据来评定视觉工作的绩效。表 2-4 是视觉营销岗位 KPI 绩效考核量表。

表 2-4　视觉营销岗位 KPI 绩效考核量表

奖项	KPI 维度	KPI 指标	得分	比例	考核依据	主管评语
绩效奖	基本工作完成率	岗位职责（是否完全胜任岗位职责内的工作事务）		10%	能否保质、保量完成工作	
		直通车点击率		6%	展现点击率 0.5% 以上	
		钻石展位点击率		6%	展现点击率高于同行	
		平均页面访问深度		6%	导航及搭配推荐的好坏	
		单页停留时间		6%	选图与排版的吸引程度	
		页面跳失率		5%	描述内容的质量	
		宝贝参数、描述等		5%	准确率	
		宝贝详情页		6%	制作效率和质量	
		活动海报制作		5%	制作效率和质量	
		图片处理的专业程度		5%	选图、修图	
		店铺装修		5%	每月不少于 2 次	
		专业知识（通过对图片处理等方面的专业知识考核判定，越优越好）		5%	基础素养	
		是否提出有益于团队发展的建议		5%		
		工作中是否有重大错误		5%		
		各类报表（工作周报等表格是否达标）		5%		
	团队精神	积极配合相关部门完成工作任务，具有责任意识		15%		

2.4　图形图像处理基础

　　Photoshop，简称 PS，是 Adobe 公司开发的专业级图形图像处理软件，广泛应用于网店装修、数码照片处理、广告摄影、网页制作等领域。Photoshop 软件功能主要有图像编辑、图像合成、校色调色及特效制作等，其主流版本有 CS5、CS6、CC 等。设计领域比较常用的软件还有 CorelDraw、Adobe Illustrator。CorelDraw（简称 CDR）是加拿大 Corel 公司开发的软件，具有强大的矢量绘图与排版功能；Adobe Illustrator（简称 AI），是非常好用的矢量绘图软件，主要应用于出版、多媒体和在线图像的工业标准矢量插画等领域。熟练掌握 Photoshop 裁图操作、绘制修饰、抠图技法、调色美化、文字编辑应用、特效合成等技术，以及 CDR 或 AI 创建矢量图形的工作方法与工作技术，是电商视觉设计、电商运营岗位人员需要具备的技能。

2.4.1　常用专业术语

（1）矢量图：用点、线或多边形等几何图元来表示的图像。矢量图的优点是进行无级缩放、旋转变形等操作都不会失真，缺点是难以表现色彩层次丰富的逼真图像效果。比较典型的矢量作图软件有 Adobe Illustrator、AutoCAD、CorelDraw、FreeHand 等。

（2）位图：由许多类似小方块的像素组成的图形，当无限放大图片时会失真。常用工具软件有 Photoshop、Painter 等。

（3）像素：组成图像的最基本单位。图像由很多个像素构成，当图像放大至一定程度时，可见的一个个小方块即像素。网页设计中，一般 1 厘米约等于 28 像素。

（4）分辨率：指每单位长度所包含的像素或点的数目，单位为 PPI（Pixel Per Inch）。分辨率越高，图像越清晰，文件所需空间越大，编辑与处理时间越长。

> 📺 **小贴士**
>
> 像素与分辨率的设置是影响文件大小与图像输出质量的关键因素。

（5）色彩模式：表示颜色的一种数学算法，通常指一幅电子图像用什么方式在计算机中显示或打印输出。常见色彩模式主要有 RGB 模式、CMYK 模式、HSB 模式、Lab 模式、位图模式、灰度模式、索引颜色模式、双色调模式和多通道模式。每一种模式都有其特定用途。RGB 和 CMYK 两大色彩模式为实际工作中使用最多的模式。

（6）选区：即选取范围，指待编辑的图像区域范围。当创建选区后，所有操作为针对选区，其他区域则处于被保护状态，不能被编辑。当无选区建立时，操作针对当前图层或整个文件。选区创建工具主要分为规则选区创建工具、不规则选区创建工具以及智能选区创建工具。

（7）容差：建立选区时所设置的颜色选取范围，容差值越大，选取的颜色范围也越大，其数值范围为 0 ~ 255。

（8）流量：指笔触作用到图像上的颜色浓度，流量越大，颜色越深，数值范围为 0 ~ 100%。画笔工具、橡皮擦工具、图章工具、历史记录画笔工具等工具选项栏中包含流量属性。

（9）样式：类似于动作，指对选区或当前图层定制的风格化编辑操作。

（10）滤镜：可实现图像的各种特殊效果。Photoshop 内置滤镜十三大类近百种，外挂滤镜可根据需要自由下载安装使用。可对选区、图层等应用滤镜效果。

（11）滤镜库：是管理滤镜的地方，提供了多种滤镜效果预览。执行"滤镜"→"滤镜库"命令，即可打开滤镜库对话框进行设置。

2.4.2　常见图片格式

图像文件格式包含图像各种参数信息，不同格式其参数也不同，常见的图形、图像文件类型主要有 BMP、GIF、JPEG、PSD、PNG、TIFF 等。

BMP 格式：是 Windows 操作系统的标准图像文件格式，特点是未压缩，图像文件较大。

TIFF 格式：是一种灵活的位图格式，主要用于存储照片和艺术图等在内的图像，使用广泛。

JPEG 格式：是将文件压缩到最小的一种编码格式，是目前网络上流行的一种图片格式。

PSD 格式：是 Adobe Photoshop 软件生成的源文件格式，它保存了图层等源信息，是一种无压缩格式。当 Photoshop 应用程序与 PSD 文件格式关联时，即可打开源文件进行编辑。

GIF 格式：是一种压缩位图格式，分静态与动态 GIF 两种。它体积较小，是网络上流行的图形文件格式。

> **小贴士**
>
> 网店装修中，GIF 格式动画常用于产品动态展示。Photoshop 软件可创作简单 GIF 动画，也可借助 Ulead GIF Animator、Easy GIF Animator 等专业级 GIF 软件创作动态店招、主图视频、详情页产品展示视频等。

2.4.3 Photoshop 常用操作

本节通过工作任务的形式回顾、提升网店美工课程中的相关技能，为视觉营销做好理论与实践的基础。

工作任务 1：Photoshop 基本操作。

任务描述：Photoshop 基本操作主要有图像新建、打开与保存；工具箱与辅助工具的使用；图像尺寸调整与缩放浏览；撤销与恢复操作等（详见二维码）。

Photoshop 基本操作

工作任务 2：Photoshop 高级应用。

任务描述：图层技术及应用；蒙版技术及应用；通道技术及应用（详见二维码）。

Photoshop 高级应用

工作任务 3：Photoshop 网店实操应用。

任务描述：图片裁剪操作；抠图技法应用；图像绘制修饰；图像修复技法；图像色彩调整；图像明暗调整；文字编辑应用；综合高级应用等（详见二维码）。

Photoshop 网店实操应用

同步阅读

拍照修图 App

美颜 App，以其强大的美颜、美妆、搞怪以及独特的滤镜等功能，为移动社交增添了色彩与趣味，是年轻女孩必备手机装机应用。美拍、美图、修图类 App 界面简洁，各种操作与特效通过简单设置即可完成。

速途研究院《2017 年第一季度移动美颜市场研究报告》显示：美图秀秀以 17.7 亿累

计下载量成为同类 App 中的引领者；美图旗下美颜相机以 10.9 亿次下载量位居第二；天天 P 图、360 相机、Faceu 激萌下载量均在 2 亿次左右。拍照修图 App 下载排行如图 2-14 所示。

图 2-14 拍照修图 App 累计下载量排行

美图公司深耕女性市场，除拥有强大的美颜技术外，运营团队还能根据不同地区用户使用习惯，挖掘更多贴合用户需求的功能，如美化图片、人像美容、拼图、荧光涂鸦、高品质滤镜特效等，至今移动端用户总数已突破 5 亿。美颜相机，是手机自拍神器 App，能一键美颜、磨皮美白、祛斑祛痘、瘦脸瘦身、祛黑眼圈、美化眼睛、亮眼，并支持快速方便分享至各社交平台。

天天 P 图是一款全能好用的美图神器，能一键打造精致裸妆，超智能五官精准定位。粉底、唇彩、腮红、鼻翼高光、修眉、染发，还有百款变妆可供选择。

B612 咔叽，集录像与摄影应用于一体的相机 App，2017 年 4 月推出。该软件能轻松拍摄激萌与搞怪的图片与视频，近百种美颜滤镜，近千种贴纸效果，还能实现头像更换、五官变形、场景替换、涂鸦等多种功能，让照片炫酷搞笑，更可一键生成个性化表情包进行实时互动分享。

小 Q 画笔、天天向商是好用的微商作图 App，支持同步一键分享至朋友圈。小 Q 画笔可简单高效地标注手机截图，一键实时清晰与朋友圈互动。操作界面提供箭头、形状、涂鸦、文字、剪切、马赛克等标注功能。天天向商是微商必备作图神器，集标签、水印、画笔、海报模板、长图模板、社区于一身，操作简单，适合新手制作精美宣传图片。

同步训练

1. 平衡车海报图制作

（1）训练目的

通过制作、发布海报图，掌握 Photoshop 环境下文件基本操作、抠图技法、文本创建与编辑、绘制修饰、调整色彩、调整明暗、图层基本操作等网店实操技能技巧。灵活地将视觉营销、视觉构图、视觉传达等方法应用于海报实战项目。通过项目实战，巩固基本实操技能，储备岗位核心能力。

（2）训练内容描述

训练内容详见二维码同步训练。

同步训练

2. 活动海报中的视觉传达体验

（1）训练目的

通过制作、发布海报图，掌握 Photoshop 环境下文件基本操作、抠图技法、文本创建与编辑、绘制修饰、调整色彩、调整明暗、图层基本操作等网店实操技能技巧。灵活地将视觉营销、视觉构图、视觉传达等方法应用于海报实战项目。通过项目实战，巩固基本实操技能，储备岗位核心技能。

（2）训练内容描述

训练内容详见二维码同步训练。

拓展训练

1. 佳钓尼网店信息架构绘制

（1）训练目的

以佳钓尼网店为载体，通过访问店铺，调研分析整店信息架构；通过绘制店铺首页信息架构，熟悉首页的作用，识别并理解首页各个区域模块及其作用。

（2）训练内容描述

训练内容详见二维码拓展训练。

拓展训练

2. 百草味网店信息架构绘制

（1）训练目的

以百草味网店为载体，通过访问店铺，调研分析整店信息架构。通过绘制店铺首页信息架构，熟悉首页的作用，识别并理解首页各个区域模块及其作用。通过绘制产品详情页信息架构，熟悉详情页的基本模块构成，理解各信息板块的作用。

（2）训练内容描述

训练内容详见二维码拓展训练。

项目小结

本项目从网店视觉营销工作流程、网店信息架构、网店视觉岗位、视觉营销技术实现等维度讲述网店视觉营销流程，旨在锻炼学生认知视觉规划工作流程、视觉设计工作流程、制作过程、测试环节等网店视觉营销工作环节、工作性质与工作内容。对整店、首页、产品页等信息架构绘制与实现方法做了训练，让学生熟悉网店视觉岗位的职责、设计工作满意度反馈、岗位绩效考核等相关岗位工作内容。通过典型网店图片处理工作任务，锻炼学生利用 Photoshop 进行图片裁剪、抠图、图像绘制修饰、图像修复、图像色彩调整、图像明暗调整、文字编辑等实操技能。

本项目在项目导入基础上提供了完成该项目所需的相关理论与实操知识、同步阅读、同步训练、拓展训练等内容，理论测试题可以逐步巩固、提高学习者的综合职业能力。

理论测试题

一、填空题

1. （　　　）工作流程是电商运营中的核心工作流，（　　　）决定（　　　）的定位，（　　　）反过来直接影响（　　　）的成效。

2. （　　　）负责摄影后期图片处理，根据团队设计好的页面风格、店铺定位、版式等进行页面制作等。

3. 视觉规划流程基本上由（　　　）、（　　　）、（　　　）三个环节构成。

4. （　　　）、（　　　）是测试环节中的两个环节。

5. 网店本质上是（　　　），是呈现（　　　）、（　　　）信息的空间场。

6. （　　　）是一种对业务需求进行信息建模的工具，通过它能实现对业务需求信息的分类、架构。

7. （　　　）是产品活动、卖点、细节、服务等信息的呈现，是流量转化率的发生地。

8. （　　　）是店铺整体信息架构的体现，能实现对整店信息的分类引流。

9. （　　　）是客户在网店内浏览时起指示作用的路标，是整个网店信息分类的呈现区域。

10. 视觉营销流程中的相关岗位有（　　　）、（　　　）、（　　　）。

二、单项选择题

1. （　　　）是用点、线或多边形等几何图元来表示的图像，放大或缩小时不会失真。

　A．矢量图　　　　B．位图　　　　　　C．对象　　　　　D 图形

2. （　　　），即选取范围，指待编辑的图像区域范围。

　A．像素　　　　　B．分辨率　　　　　C．选区　　　　　D．样式

3. 通过设置合适的（　　　）值可对选区边界做软化平滑处理。

　A．容差　　　　　B．羽化　　　　　　C．流量　　　　　D 颜色模式

4. 建立选区时所设置的颜色选取范围大小与（　　　）有关。

　A．透明度　　　　B．流量　　　　　　C．选区　　　　　D．容差

5. Photoshop 中可编辑的源文件格式为（　　　）格式。

　A．BMP　　　　　B．TIFF　　　　　　C．PSD　　　　　D．JPEG

6. 网店可支持的文件格式为（　　　）格式。

　A．PSD　　　　　B．PNG　　　　　　C．TIFF　　　　　D．BMP

7. 一种手动间接创建选区的方法是（　　　）。

　A．快速蒙版　　　B．图层蒙版　　　　C．剪贴蒙版　　　D．画笔工具

8. 执行（　　　）命令可调整图像色彩。

　A．亮度 / 对比度命令　　　　　　　　B．色阶命令

　C．仿制图章工具　　　　　　　　　　D．色相 / 饱和度命令

9. 执行色相 / 饱和度命令的快捷键为（　　　）。

　A．Ctrl+B　　　　　　　　　　　　　B．Shift+Ctrl+A

　C．Ctrl+U　　　　　　　　　　　　　D．Ctrl+M

10. 通过（　　）工具可为人物图像美颜瘦身。

　　A 钢笔工具　　　　B．液化工具　　　　　　C．魔棒工具　　　　　　D．橡皮擦工具

三、判断题

1. 裁剪工具无法实现图片校正倾斜功能。　　　　　　　　　　　　　　　　　（　　）

2. 图层蒙版是一种以保护原始图像为前提的图像间融合方式，蒙版层中可反复编辑。
　　　　　　　　　　　　　　　　　　　　　　　　　　　　　　　　　　（　　）

3. 毫米是组成图像的最基本单位。　　　　　　　　　　　　　　　　　　　　（　　）

4. 魔棒工具适合在颜色对比单一的图像选区创建，背景颜色单一程度影响着选区的精确程度。　　　　　　　　　　　　　　　　　　　　　　　　　　　　　　　（　　）

5. 快速选择工具适合创建边界为直线型的物体选区，优点是只需单击即可创建边界较为清晰的规则图像。　　　　　　　　　　　　　　　　　　　　　　　　　　（　　）

6. 按 Ctrl+L 快捷键，在弹出的色阶对话框中可调整阴影区、中间调、高光区的强度系数，从而校正图像的色调范围与色彩平衡。　　　　　　　　　　　　　　　　　（　　）

7. 执行"图像→调整"命令，可调整图像的明暗与色彩。　　　　　　　　　（　　）

8. 在 Photoshop 中，图层占据非常重要的地位，图像的所有编辑操作都离不开图层。为方便图像编辑与修改，应将不同对象置于不同图层中。　　　　　　　　　　　（　　）

9. 自由变换快捷键为 Ctrl+Shift+T。　　　　　　　　　　　　　　　　　　（　　）

10. 网店可支持的文件格式有 PSD、PNG、JPEG、GIF 等。　　　　　　　　（　　）

营造流量视觉引力

 **知识导图**

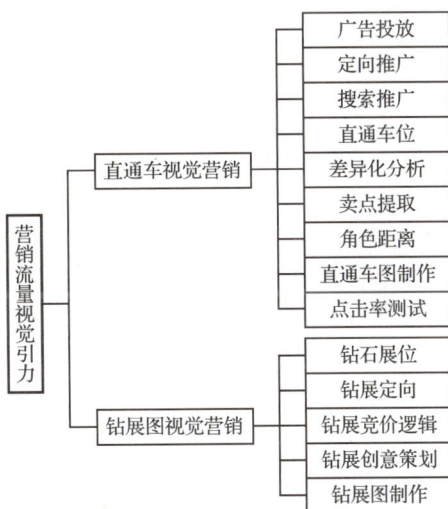

营销流量视觉引力

直通车视觉营销
- 广告投放
- 定向推广
- 搜索推广
- 直通车位
- 差异化分析
- 卖点提取
- 角色距离
- 直通车图制作
- 点击率测试

钻展图视觉营销
- 钻石展位
- 钻展定向
- 钻展竞价逻辑
- 钻展创意策划
- 钻展图制作

知识点

1. 了解广告投放与广告投放图的基本概念。
2. 熟悉直通车广告的相关概念与内容。
3. 熟悉钻展投放的相关概念与内容。

技能点

1. 能够运用信息建模方法与网络资源进行行业业务数据建模。
2. 能够运用差异化思维进行直通车推广图的策划。
3. 能够运用定向思维与头脑风暴法进行钻展图的策划。
4. 能够运用基本视觉元素进行推广图的设计。

5. 能够运用常用图像处理工具软件实现策划效果、测试效果。

6. 能够与人进行良好沟通并协作完成学习任务。

项目导入

案例

游戏鼠标流量入口视觉营销策划分析

小胡在龙腾市场经营一家电脑配件店，同时也在淘宝网上经营了一家电脑配件网店，主要销售鼠标、键盘、U盘等产品。最近，朋友有一新款"游戏鼠标"，想在小胡的网店里做推广。做了产品分析后，小胡准备上直通车做新品推广和钻展单品推广。小胡和朋友先做了竞品调研与分析，然后针对产品做了各种功能、性能等产品属性的比较，以及客户群体特征的分析，同时根据直通车图的推广要点和钻展图推广要点，给出视觉设计方案与产品拍摄建议，然后由美工完成后期制作，并上线测试。

直通车推广与钻展推广是做平台电商常用的两种推广方式，直通车图与钻展图是电商平台上的流量入口。众多流量入口中，可以被客户点击，靠的就是图片的视觉冲击、眼球聚焦、营销信息的传达等。影响视觉冲击并引发点击形成流量的因素是多方面的，涉及色彩、构图、文案、创意等视觉呈现元素。如何使用这些元素，要考虑投放广告的位置与周边产品的特点、目标客户群体的特征等。投放环境的差异化衬托，产品、客户特征的视觉传递，吸引视觉焦点，用户的显性需求与潜在需求，这些都是设计直通车图、钻展图等投放式广告图时需要考虑的基本要素。

3.1 直通车视觉营销

3.1.1 直通车相关概念

广告投放图是互联网空间常见的流量入口，在整个交易中的地位如图 3-1 所示。根据投放地点，相对广告主所在平台而言，分站外广告和站内广告。根据用户使用方式，分为定向推广、搜索推广等。从投放平台看，各类直通车图与钻展图都属于站内广告投放图。

广告投放是互联网空间电子商务流程的开始，客户观看广告图后，发生点击便会生成流量，然后进店浏览，根据产品与客户需求的契合度不同，会产生跳转、收藏、加购、直购，以及后续可能的回购等不同消费者行为。

从投放引擎、广告展现区周边竞争产品、客户需求等角度进行对比分析，可以得出定向推广图、搜索推广图策划设计的关键所在，如表 3-1 所示。

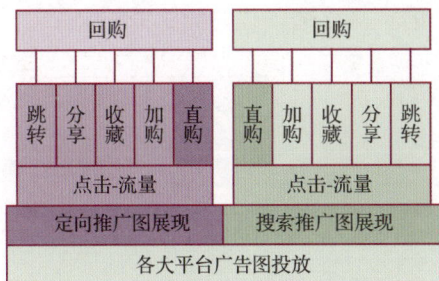

图 3-1 广告投放图在购物流程中的位置

表 3-1 定向推广图与搜索推广图设计关键点

推广类型 关键点	定向推广	搜索推广
投放引擎	客户标签	搜索词
竞争产品	不同类商品	同类商品
客户需求	客户历史数据	客户当前需求
推广图关键	广告创意与制作 + 需求精准	差异化：视觉差异、性能差异等

定向推广，主要通过分析客户在相应平台上曾经发生过的行为数据，做出有选择的客户定向投放。客户的历史数据是一种经验型导向。客户需求是多元化的，而该种场合的竞争广告图一般为非同类目产品，因此重在需求的精准定位、广告图的创意视觉效果，如各类钻展图、网站广告图。

搜索推广，主要根据客户在相应平台上的当前搜索词进行竞价、排名而作的广告投放，以客户当前需求数据为导引，属于需求直达导向。该种场合的竞争广告图多为同类目的产品，因此重在视觉差异、性能差异、卖点触动引燃等，如直通车图。

总之，在各大平台中，如何能够吸引消费者眼球，提高点击率，引入更多的流量，是做好推广的关键之一，是开启后续流程的先行环节。

直通车图，是指买家主动搜索时，在最优位置展示宝贝的图片。一般情况下免费展现，只有当买家点击时才付费。直通车主图是最常见的付费推广工具之一。其特点是精准度高，见效快，易操作。点击率的高低反映了买家对产品的关注程度。直通车客户访问流程如图 3-2 所示。

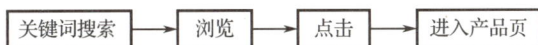

图 3-2 直通车客户访问流程

直通车位，是指通过关键词搜索，在搜索页面直接展现产品的几个关键位置。

【案例】通过查看用"游戏鼠标"作为关键词的搜索结果，了解直通车相关位置。

关键词输入：游戏鼠标

搜索结果：

（1）搜索页中的自然搜索排名位的第一排前三列位置称为"豆腐块"，如图 3-3 所示，作为新增位进入直通车抢位阵列。

（2）右侧"掌柜热卖"的单品直通车位如图 3-3 所示。

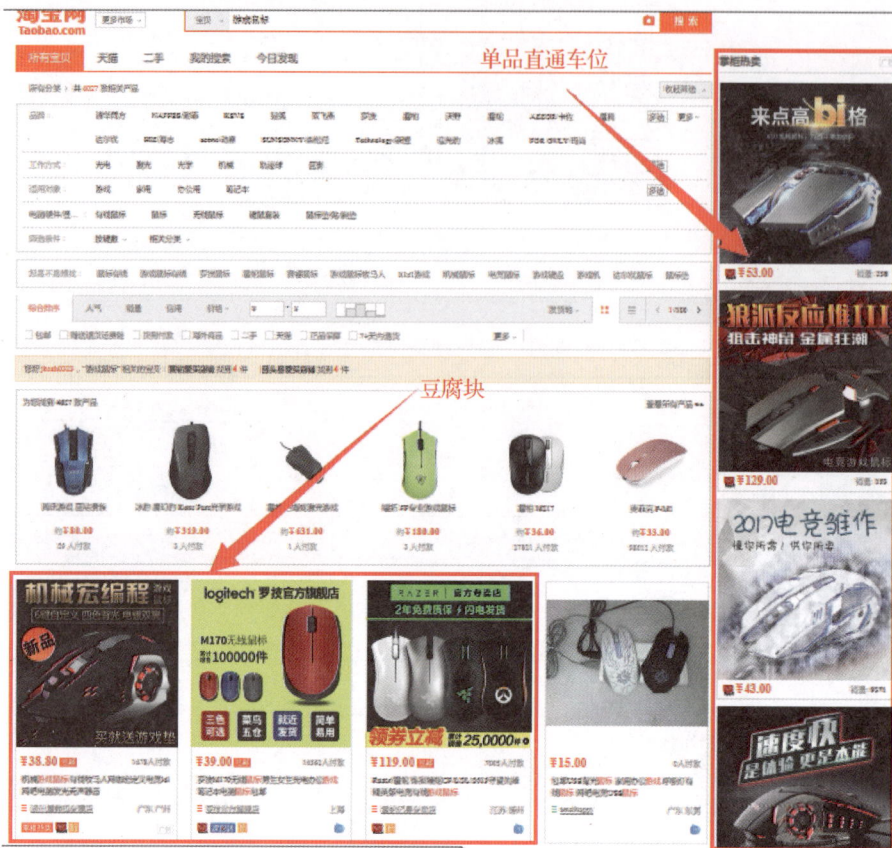

图 3-3 "豆腐块"与单品直通车位

（3）底部单品直通车位如图 3-4 所示。

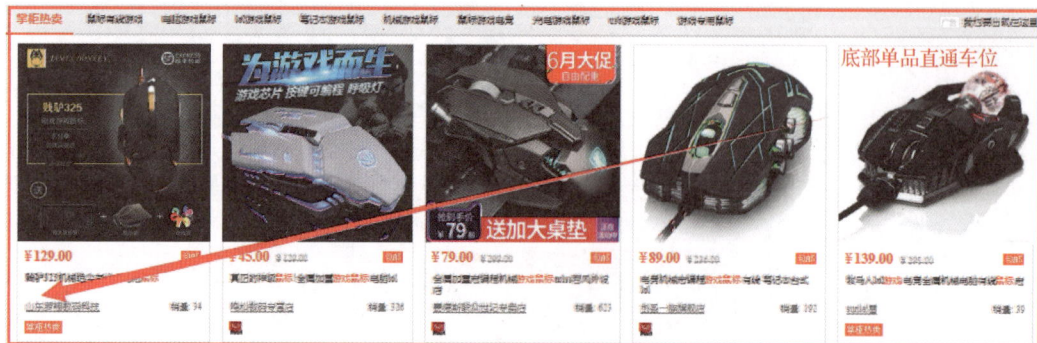

图 3-4 底部单品直通车位

（4）右侧"店家精选"的店铺直通车位，如图 3-5 所示。

搜索结果，按页、块、行、列的信息层次排列。因此，考虑直通车位首先考虑出现页，接着考虑出现的区域，最后考虑出现的行或列。对于一页搜索结果，直通车位的数据如表 3-2 所示。

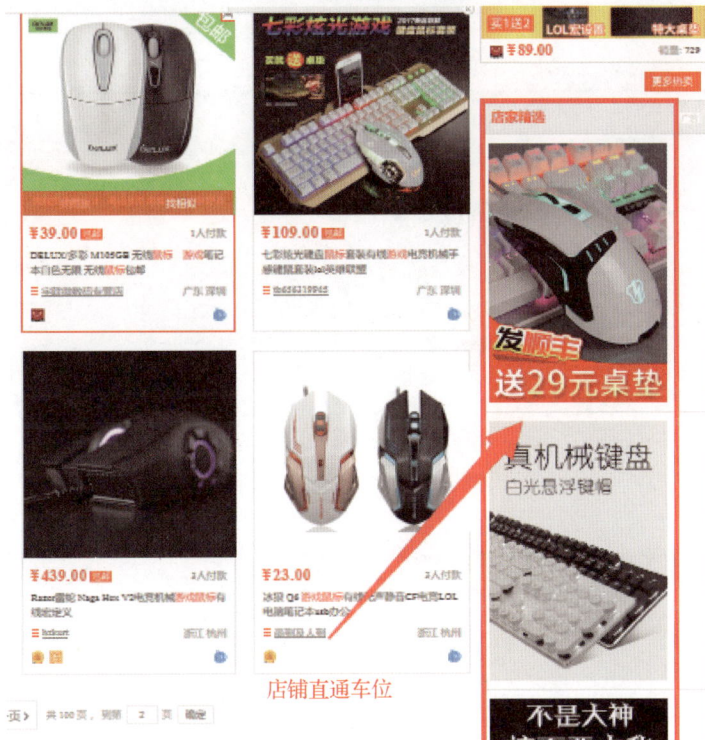

图 3-5　店铺直通车位

表 3-2　搜索页直通车位数据

名　　称	类　　型	位　　置	数　　量
右侧直通车	单品	右侧	12
	店铺	右侧	3
底部直通车	单品	底部	5
豆腐块	单品	搜索页第 1 页第 1 行前 3 个	3

　　单品直通车主图，直接链接至产品详情页，特别有利于打造新品、爆款。店铺直通车主图，链接至店铺中的某一个页面，适合于店铺与品牌的宣传。

　　直通车属于位置竞价，采用动态价格体系。不同的位置，会因为竞争程度不同，呈现出不同的价格排位。直通车营销模块如图 3-6 所示。

　　如图 3-7 所示，不同的关键词搜索，不同的推广位，不同推广时段，会有不同的价格，在展现量、点击量、点击率等指标上会有不同的作用效果。进入店铺后，在不同的产品图、产品页面的作用下，产生不同的客户行为效果指标，如点击转化率、收藏宝贝数、总成交金额等。可以通过直通车进行产品关键词竞价设置的操作（见图 3-8）。图 3-9 是关键词竞价淘宝排名搜索中的排名结果。

　　直通车竞价排名属于运营范畴的工作环节，排名抢位获取的是位置、时段的优势，之后的工作重心就是图片本身的视觉效果。总之，直通车视觉营销构成环节就是：位置选择＋时段选择＋图片视觉呈现的策划与制作。

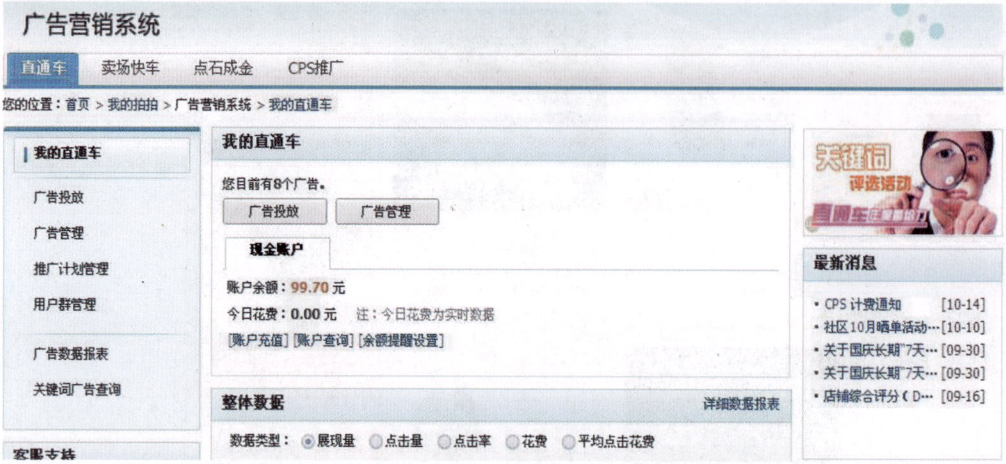

广告营销系统

直通车　卖场快车　点石成金　CPS推广

您的位置：首页 > 我的拍拍 > 广告营销系统 > 我的直通车

我的直通车

- 广告投放
- 广告管理
- 推广计划管理
- 用户群管理

- 广告数据报表
- 关键词广告查询

宣传专栏

我的直通车

您目前有8个广告。

[广告投放]　[广告管理]

现金账户

账户余额：**99.70 元**

今日花费：**0.00 元** 注：今日花费为实时数据

[账户充值] [账户查询] [余额提醒设置]

整体数据

数据类型：◉展现量　○点击量　○点击率　○花费　○平均点击花费

详细数据报表

最新消息

- CPS 计费通知 [10-14]
- 社区10月晒单活动…[10-10]
- 关于国庆长期"7天…[09-30]
- 关于国庆长期"7天…[09-30]
- 店铺综合评分（D…[09-16]

图 3-6　直通车营销模块

状态	关键词	质量得分	出价	展现量	点击量	点击率	花费	平均点击花费	点击转化率	总成交金额	收藏宝贝数	总成交笔数	投入产出比
推广中		9分	0.60元	27,698	1,035	3.74%	￥378.24	￥0.37	5.80%	￥5,676.39	53	60	15.01
推广中		-	0.51元	22,267	795	3.57%	￥197.66	￥0.25	0.75%	￥498.00	16	6	2.52
推广中		9分	0.19元	8,752	224	2.56%	￥80.08	￥0.36	8.93%	￥1,261.83	13	20	15.76
推广中		10分	0.40元	5,030	172	3.42%	￥71.39	￥0.42	2.33%	￥264.00	10	4	3.70
推广中		10分	0.26元	5,675	123	2.17%	￥42.43	￥0.35	4.88%	￥405.00	3	6	9.55
推广中			0.31元	3,685	82	2.23%	￥33.95	￥0.41	4.88%	￥243.00	7	4	7.16
推广中		10分	0.54元	3,170	102	3.22%	￥33.90	￥0.33	12.75%	￥907.00	6	13	26.76
推广中		10分	0.69元	1,019	58	5.69%	￥23.98	￥0.41	5.17%	￥264.00	3	3	11.01
推广中		10分	0.57元	2,185	45	2.06%	￥21.21	￥0.47	2.22%	￥88.00	3	1	4.15
推广中		9分	0.53元	937	29	3.09%	￥14.57	￥0.50	13.79%	￥269.00	1	4	18.46
推广中		10分	0.32元	2,209	44	1.99%	￥13.92	￥0.32	4.55%	￥88.00	7	2	6.32
推广中		10分	0.63元	631	47	7.45%	￥12.66	￥0.27	4.26%	￥143.00	0	2	11.30
推广中			0.55元	1,011	28	2.77%	￥10.31	￥0.37	0%	￥0.00	5	0	
推广中		10分	0.61元	1,360	28	2.06%	￥9.69	￥0.35	0%	￥0.00	4	0	0
推广中			0.58元	1,789	29	1.62%	￥9.61	￥0.33	0%	￥0.00	3	0	0
推广中		10分	0.44元	722	30	4.16%	￥9.55	￥0.32	0%	￥0.00	4	0	0

图 3-7　直通车关键词竞价搜索

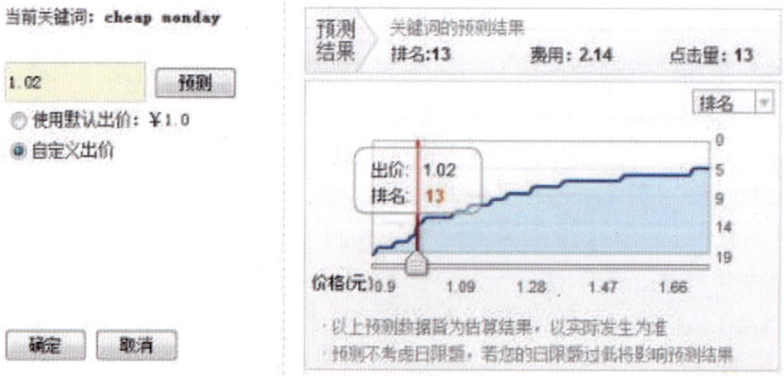

当前关键词：cheap monday

1.02　[预测]

◉ 使用默认出价：￥1.0
◉ 自定义出价

[确定]　[取消]

预测结果　关键词的预测结果

排名:13　　费用:2.14　　点击量:13

排名

出价：1.02
排名：13

价格(元) 0.9　1.09　1.28　1.47　1.66

0
5
9
14
19

· 以上预测数据皆为估算结果，以实际发生为准
· 预测不考虑日限额，若您的日限额过低将影响预测结果

图 3-8　直通车产品关键词竞价设置

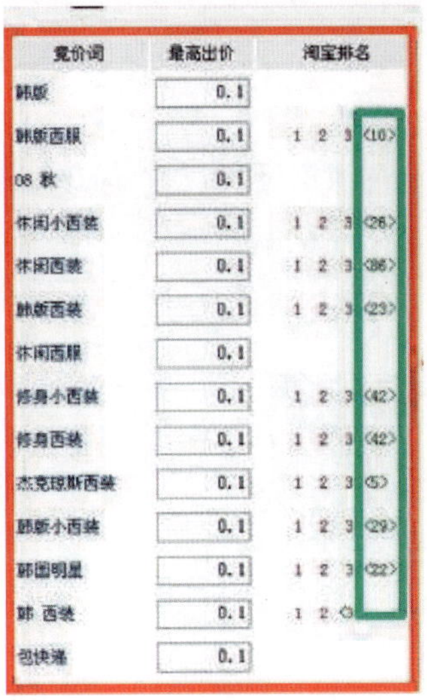

图 3-9   关键词竞价排名

3.1.2   营销方案

营造搜索点击类流量视觉引力的营销方案需要明确以下几个方面的内容。

（1）推广产品（What）。明确推广的产品，及产品的品牌、关键功能、特征品质参数、场景推荐等。

（2）目标客户（Who）。明确产品推广的目标客户群体，及群体的各类特征参数。

（3）活动（How）。针对目标客户制定相应的出价体系，商家要采用的方式、力度、途径，以及推广产品的时间段。

【案例】小胡根据年轻客户群体的需求，计划于暑假前夕推出游戏鼠标新品，并准备打造成爆款，带动店铺的整体销量。根据年轻游戏客户群体的购物习惯与网络行为习惯，小胡准备采用直通车推广引流。综合考虑竞价成本、广告位之后，小胡选定直通车推广方案，基本参数预定如表 3-3 所示。

表 3-3   直通车基本参数预定

活动产品	雷神机器手 007	广告位	第 1 页右侧 3～5 位
活动主题	暑假上新，爆款打造	搜索关键词	机械游戏鼠标
目标群体	游戏玩家		
核心卖点	机械双轨、精准操作、无声静音、1 000 万次微动（DPI 响应速度）、电竞、无线	产品颜色	烈焰红、炼狱黑、精英白
价格策略	价格区间：100～400 元 活动优惠：八折 优惠券设置：消费满 100 元领取 10 元，消费满 200 元领取 15 元；消费 300～500 元领取 30 元	品牌符号参考	
点击率预估	点击率：第一周 1 000	售后服务	顺丰，7 天无损退货

> ### 📺 小贴士
>
> 直通车图推广的目标是同类目下的竞争推广，因此在产品图创意基础上，产品的各类特征与周边同类产品特征的差异化要显著，优势要明显；针对的目标客户群体特征要突出。策划之前的竞品分析是首要的工作重点。

🎯 3.1.3 竞品差异化分析

直通车推广是搜索推广，搜索推广的核心是搜索关键词。直通车推广的竞争是相同或相似关键词搜索集合元素的竞争。点击率和转化率，是一定环境下的相比，由环境的反差促就，可以把竞争对手都视为环境的组成。

直通车竞品差异化分析的步骤如下：

步骤 1：关键词搜索"机械游戏鼠标"，查询结果如图 3-10 所示。

步骤 2：根据目标直通车位，进行竞品区域圈定，如图 3-10 方框所示。

步骤 3：竞品区域差异化分析。方框区域范围，为竞争排位的重点调研区域。竞品常规信息调研如表 3-4 所示。

图 3-10 关键词搜索排名

表 3-4 竞品常规信息调研

背景	纯色为主，场景较少；纯色中以黑白色使用频率最高，灰色次之
产品	造型设计感强、纯色为主
构图	大尺寸单品图片占据图片的视觉中心的构图居多
文案	以产品专业性能词为主，少量营销词，有 1/3 为没有文案的纯图片
热词库	游戏、英雄联盟、LOL、电竞、静音无声、机械微动、编程、超神装备、高 DPI、牧马人、3D 滚轮、六键控制、彩色呼吸灯、送鼠标垫……

分析要点：

（1）背景：相对各种丰富绚丽的场景设计，根据主体优先原则，主图设计中通常采用简洁的背景，常选用黑白灰作为产品背景色。选择纯色还是场景，可以结合竞价现场、广告活动进行创意。

（2）产品：一般选择设计感比较强、款式比较新的款式或经典款。经典款一般是品牌性比较强的产品，更易引起用户的共鸣。

（3）构图：主体优先原则，一般都会以大尺寸产品图呈现；构图灵活多变，可以与场景、文案等结合搭配。

（4）文案：文案起到落笔点睛的效果，有提亮的作用。品牌性强的产品，品牌标识是必须的。品牌是产品性能价值的凝聚体，具有高于产品的品牌力量；直通车主图作为广告图，文案是形成视觉引力的核心要素。

（5）信息分层：主图的视觉焦点集中，对视觉的吸引力更强，因此主图的视觉焦点不能太多，或者过于分散。当信息点较多时，可以进行信息分层设计，使散点信息以不同信息层次聚合成为统一的视觉场与焦点指向。不同层次信息的视觉表现可以通过字体大小、颜色、行距、间距等属性来调节。

（6）热词：指主图中常用的一些关键词，从表 3-4 竞品调研数据分析，大部分热词可以分为产品、促销两个大类。产品词可以细分为性能词、应用场景词等，促销词可以细分为折扣、优惠、赠送、活动等。热词常作为拍摄、策划、文案的创作点。因此，调研阶段应多搜集热词并分类，组成词库。

📺 **思考**

使用不同浏览器，为何相同搜索词得到的直通车排名结果不同？

技术分析：

（1）针对淘宝平台的数据访问高峰问题，淘宝网采用静态内容加速的 CDN Web Cache 服务器，CDN 节点尝试使用定制低功耗服务器来替换传统服务器，主要功能是在空闲时间，对静态的网页和图片进行读/写操作，保留副本。

（2）采用 CDN 优化技术的淘宝搜索结果，针对每种浏览器有相应的服务器结果缓存，因为各 CDN 服务器结果保存时间不同，比如 A 浏览器的查询结果和 B 浏览器的查询结果便会存在查询时间差，由于淘宝大数据，该时间差的查询结果存在数据差异。

因此，使用不同浏览器搜索相同关键词，搜索结果排名上会存在差异。

3.1.4　卖点提取

产品卖点一般通过对热词库中的词进行分类来提取，再结合自身产品的性能、品牌、活动、优惠、服务、客户等特征，作为卖点的提取来源，如表 3-5 所示。

表 3-5　卖点提取

产品特性	专业电竞游戏、机械双轨滑动、按键静音、金属电竞宏编程、正品保障……
产品应用场景	英雄联盟、LOL 等网络游戏、暑期……
促销与服务	买就送鼠标垫、顺丰速递、限时限量直降、火爆热销……
……	……

3.1.5　创意策划与设计

直通车主图的作用是在同类产品中竞争视觉焦点，因此需要考虑在同类产品信息中寻求视觉差异、信息差异，从而脱颖而出。常用的差异化设计法则如表 3-6 所示。各法则可以根据所选产品、直通车投放竞争排位等需求组合使用。

表 3-6　直通车主图常用的差异化设计法则

法则 1	主体优先→基本法则	产品是吸引客户的重点
法则 2	场景营造→吸金大法	场景营造氛围，激发顾客对产品的需求意向
法则 3	行为引导→高效之术	视觉元素引导客户行为
法则 4	"第一"→永恒经典	点亮客户潜意识中的产品需求欲望
法则 5	创意→制胜法宝	营造众多同类信息中差异化呈现、吸引视觉焦点，激发顾客点击欲的法宝
法则 6	促销→通用秘籍	暗合消费者在产品诉求中的价值诉求
法则 7	细节→必杀技	对应消费者更深维度的产品诉求
法则 8	文案→点睛之笔	主图创意、消费者心理的点亮之笔
法则 9	数据→透析数据	用客户测试数据的统计概率客观反映主图点击率的情况

相关岗位：运营、视觉设计等角色共同参与完成。

角色距离：对于电商信息系统而言，不同的岗位对应不同的岗位角色。而不同岗位角色因立足点不同，观测视角也不同，从而形成对同一问题的不同观点、思维方式与表达方式。角色距离是指针对同一问题，因角色立足点差异造成的观测视角差异，进而引发的思维方式、表达方式等方面的差异。如运营岗位角色与视觉岗位角色之间，店家与消费者之间，客服人员与客户之间等，都存在角色距离。视觉营销中，运营与视觉设计之间的角色距离会直接影响视觉传达效能，以及直通车图的不同点击效果。

关键环节：

（1）不同角色对业务关联的角色任务、角色术语都需要有基本了解，以便实现更准确、更深入的信息传达与沟通。

（2）策划设计之前，要有足够的竞店调研、目标客户定位与客户心理特征、需求分析等。

（3）在制作完成后配有测试环节，从消费者的角色体验进行视觉点击测试。

由于客户需求的不确定性,心理情感的深度,产品信息的维度,都给策划与设计带来了难度。所以在实际工作中,会进行不同侧重点的主题策划,生成不同款主图,如AB款测试。

AB款测试:一种最简单的直通车测试方法。策划时会出两款方案,分别定义为A款、B款,即对同一个产品进行两款创意、两款样式设计,通过测试数据优化点击率低的主图,然后再进行第二轮测试,不断逼近希望达到的点击率。表3-7是小胡根据营销方案完成的主图策划方案原型。读者可以根据测试数据在后续实训环节中对策划方案原型进行优化、创新和改进。

表 3-7　鼠标直通车主图策划案

	A 款	B 款
主题	黑白机械款	雷神炼狱款
风格	后现代设计风	激情炫酷风
创意灵感	游戏玩家内心对产品技术性能的刚性需求	游戏玩家内心对产品的用户体验需求
场景营造	采用灰色磨砂背景与产品黑白轮廓,勾勒出强烈的设计感	采用火山与雷电交融的场景,烘托出产品带来的强烈震撼感
差异化	富有新意的简约后现代设计风,与竞价排位周边的主图形成强烈的视觉反差	通过火山与雷电蕴含的强烈震撼力,与竞价排位周边的主图形成强烈的情绪反差
创意解析	借鉴简约风、后现代设计风,在五颜六色的炫彩中,以黑白经典色系,通过轮廓拓印手法,生成沉静而坚定的个性化张扬视觉效果,独具风格,吸引眼球,与游戏玩家内心的剑客侠道精神呼应,与产品特征词(机械、精准、无声静音、强响应速度)相呼应	借火山与雷电的大自然神力,与目标客户群体在游戏中沉着而激烈的情感交织;通过文案点燃交织的情绪;通过静音无声的产品特性点亮产品

⊚ 3.1.6　拍摄建议

为满足游戏玩家的消费需求,拍摄建议如表3-8所示,目标是突出产品的质感、沉浸感和代入感。

表 3-8　拍摄建议

拍摄角度	正面、背面、侧面、45度角等各个角度实拍	布景	金属质感模型、背景布、卡纸等质感背景、颗粒背景玩家游戏场景
	如有多种颜色,则每种颜色分别拍摄		键盘、游戏界面、鼠标垫、赠品
布　光	侧面光、正面光等多个方位光源准备		
细节拍摄	滚轮、金属烤漆面、尾部炫光、耐磨金属底部、零部件等细节		
	总体要求不背光、忌焦距过远、拍摄清晰、方便后期处理		
格　式	高清晰,JPG格式		

【开放式课堂练习】　机械游戏鼠标直通车视觉营销方案策划

问题描述:以"机械游戏鼠标"为搜索关键词,在淘宝、天猫平台上对相关产品直通车主图进行调研。

数据记录：

（1）记录前 3 页搜索结果，截图，并用框图分别在 3 个搜索页上标出牵动你第一视觉的图片，第一视觉图片可以不止 1 张。

（2）记录第一视觉产品。分别截取 3 个页面的第一视觉图片的放大图，并记录相应店铺名称、级别、产品品牌、产品关键词等。

数据分析：从背景、产品、构图、文案、信息分层、热词等几个要点对搜集的第一视觉产品进行分析。

方案策划：根据分析结果进行最吸引你的"机械游戏鼠标"直通车视觉营销方案策划，主要包括产品直通车推广基本参数预定，推广关键词设定，广告图背景（场景）选取，构图要求，广告图呈现的产品卖点、文案创意、视觉焦点设置、风格期望等。注意方案的整体排版效果。

3.1.7　直通车图制作

完成"游戏鼠标"项目营销方案、竞品差异化分析、卖点提取、创意策划与设计、拍摄建议之后，以"鼠标"为搜索词，从关键词、色彩、视觉构图等维度展开直通车主图创作深入调研，搜集素材，开启"游戏鼠标"直通车主图创作基本流程，更深刻地领会直通车图的创作意图。

图 3-11　直通车项目构成

1. 直通车项目构成

直通车主图的常规项目构成主要包含场景、模特、产品、文案四部分，如图 3-11 所示。场景，通常是指产品主体所在空间，常用"背景"，但背景更多适用于二维平面设计，欲使整体效果的空间维度更丰富，建议选用场景图。图片的主体通常由产品或模特构成，模特通常有指向、增强画面动态、增强产品表现力等效果。文案则对整体表现力起到了提亮效果，对主题起到点睛作用。

2. 直通车项目制作流程

直通车项目制作流程如图 3-12 所示。

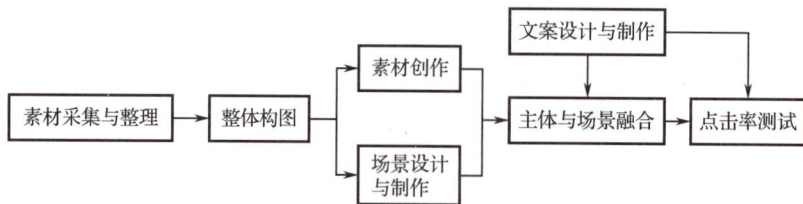

图 3-12　直通车项目制作流程

（1）素材采集与整理。

① 产品、模特的拍摄图，经过分类打包、初修处理。

② 背景、场景的图片，经过分类、处理。

③ 装饰元素，包括笔刷、形状、图案、光影效果等。

④ 字体，包括各种英文字体、中文字体等，除系统自带字体外，还可下载安装外部字体等。

（2）整体构图。

针对前期视觉营销策划案，进行产品图、背景等视觉元素的基本构图搭配、调试，形成草图方案。

（3）素材创作—场景设计与制作。

完成整体构图、素材收集与整理后，开始进行素材创作，包括产品图的精修处理，背景、场景图案的融合、特效等创作。

（4）主体与场景融合。

精创之后的素材与场景，进行主体与场景融合、调试。

（5）文案设计与制作。

文案设计与制作包括文案内容、字体、颜色、字号、位置等的设计与调试。

（6）点击率测试。

主图完成后，需要进行点击率测试。测试方式分为局部测试和上线测试两个阶段。

3．项目实战

如图 3-13 所示是"机械游戏鼠标"直通车推广效果图，制作步骤详见二维码。

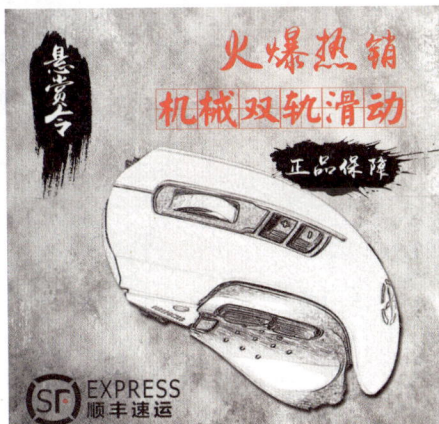

直通车主图制作

图 3-13　"机械游戏鼠标"直通车推广效果图

🎯 3.1.8　**点击率测试**

直通车的受众是顾客，点击率是顾客视觉取向的指标。根据比对团队内部测试、上线测试两个环节测试数据对图片进行优化。一般设置 A、B 两款，以点击率低的款作为改进款，进行对比测试并循环优化以提升点击率。顾客是上帝，学生本身就是一个消费群体，拥有顾客的基本要素。因此，可以将学生作为第一测试群体，进行视觉第一焦点与点击率的小样本测试。汇总结果后，可以进行深度调研，让学生回忆并描述用户体验过程。

1．内部测试

在课程班级内选择 30 ～ 50 名学生，作为顾客样本，进行点击测试，记录测试数据，分析数据分布，然后按点击率进行排序。大学生群体正是电竞的主流群体，群体需求与特征与所选鼠标产品的目标客户群体一致。现班级参加测试样本空间 40 人，测试图片 6 张，包含竞价排位周边的 4 款、团队自己设计的 A、B 两款。表 3-9 是测试图与点击数的测试结果记录。

表 3-9　局部点击测试结果

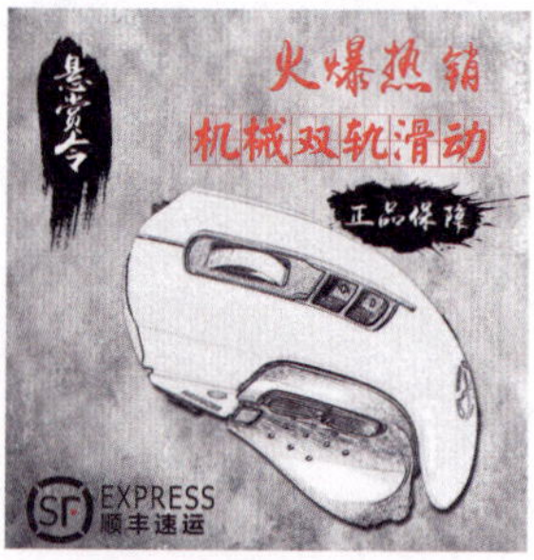 1 号：20 人	 2 号：2 人	 3 号：10 人
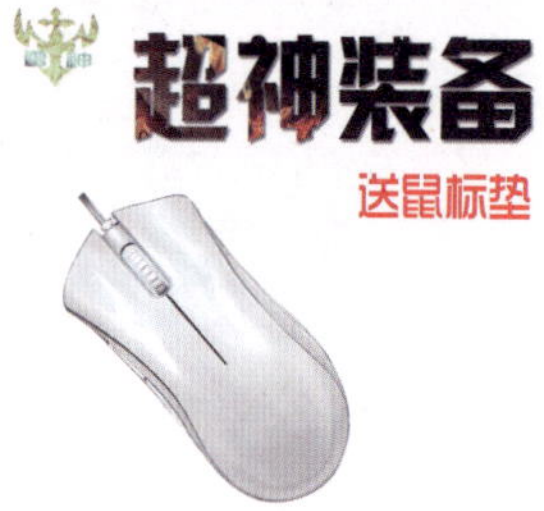 4 号：1 人	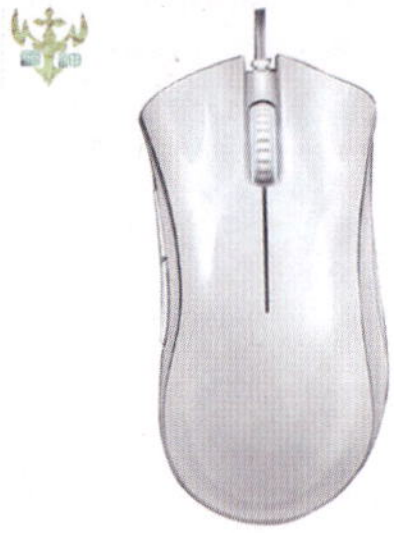 5 号：1 人	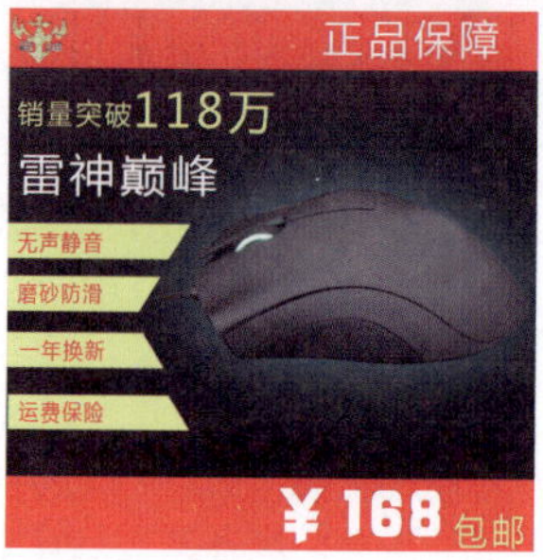 6 号：6 人

各组学生访谈、评析汇总：

选择 1 号主图：画面新奇，所以就点击去看了。

选择 2 号主图：文案具有吸引力。

选择 3 号主图：整体画面很震撼，超大的"静"字与超长的数字两个文案具有吸引力。

选择 4 号主图：产品颜色具有吸引力。

选择 5 号主图：产品颜色具有吸引力。

选择 6 号主图：文案、数字具有吸引力。

以上评析内容，来源于参加点击率测试的大学生群体。汇总数据后可以观察到，第三列是高点击率的集中区。如要深入测试，可调整图片位置，重新测试点击率，观察数据变化。

2. 上线运营测试

数据化运营是网店经营的核心，通过数据分析可以测试直通车主图的优劣。设计人员可以通过宝贝多张直通车主图的推广测试和数据对比筛选优质主图。优化直通车主图采用 AB 款测试法，测试流程如图 3-14 所示。每个推广的产品设置两套推广内容，分别对应两张直通车主图和两个直通车标题，将他们分别命名为 A 和 B。建议测试时间为 24 小时，通过 A 和 B 两个推广内容引发的点击率差异，对比一个时段的点击率，选择点击率低的设计方案进行主图再优化，优化后设为 A 款，原先点击率高的设为 B 款，进行第 2 轮上线测试。经过多轮测试、淘汰，反复优化，实现直通车主图点击率的螺旋式上升，最终选取最优质主图。表 3-10 是本项目进行直通车上线测试的 A 款和 B 款主图。

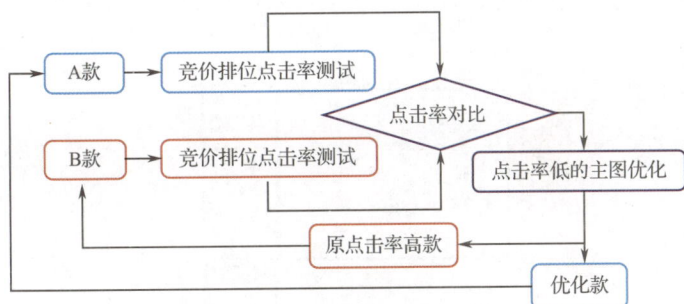

图 3-14　AB 款测试法流程

表 3-10　直通车上线测试主图

A 款	B 款
风格：黑白机械款	风格：雷神炼狱款

3.2　钻展图视觉营销

3.2.1　钻展相关概念

1. 钻展图

　　钻展图，指买家进入平台网站后，放置在钻石展位的广告图，如图 3-15 中的黑框内所示图片。钻展图是展示宝贝或推广店铺品牌的一种图片，主要目的是为店铺吸引新客户。随着淘宝推出"千人千面"后，产品营销系统又增加了一项挖掘的功能。店家可以通过人群定向，选取不同特征的人群进行广告投放，通过后台大数据的关联定向，理论上可以使广告投放的客户群体更为精准化。

（a）

（b）

（c）

图 3-15　钻展图

2．钻展定向

钻展定向是指将广告投向特定人群，按展现量收费，以千次展现计费。定向包括单品推广与全店推广，人群定向可以采用系统托管计划、系统推荐计划、系统推广计划、CPM展现扣费等方式。钻展定向流程如图 3-16 所示，钻展投放效果与选择的定向访客有着密切的关系。平台会根据客户的消费记录给客户贴上访客标签，客户标签多，竞争就激烈。不同访客需要的出价不同，出价高，意味着流量质量高。不过大量的定向活动，相同标签的人群容易透支，比如曾经展现的、加购等行为的客户，需求欲望已经透支。所以，钻展人群定向需要不断搜集数据，不停测试、转向。

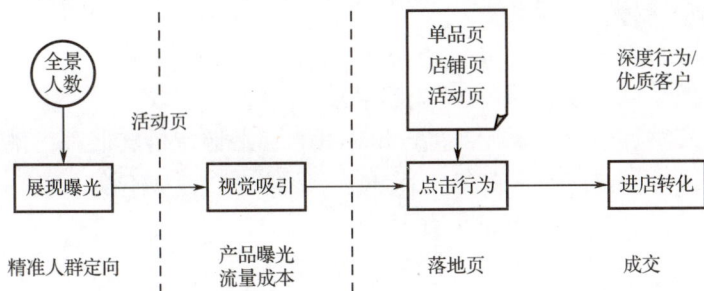

图 3-16　钻展定向流程图

3．钻石展位

在淘宝平台中，钻石展位众多且尺寸各异，仅投放大类就包括天猫首页、淘宝首页、淘宝旺旺、站外门户、站外社区、无线淘宝等，如图 3-17 所示。钻石展位对应的尺寸种类也很多，如图 3-18 所示。

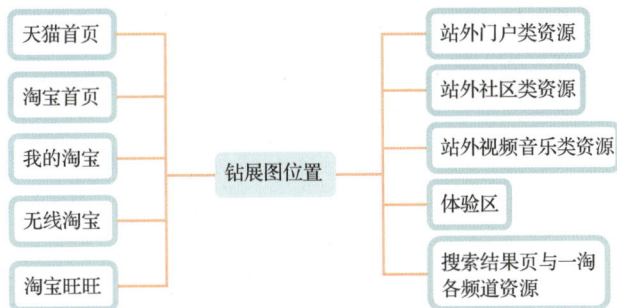

图 3-17　钻展投放位置（大类）

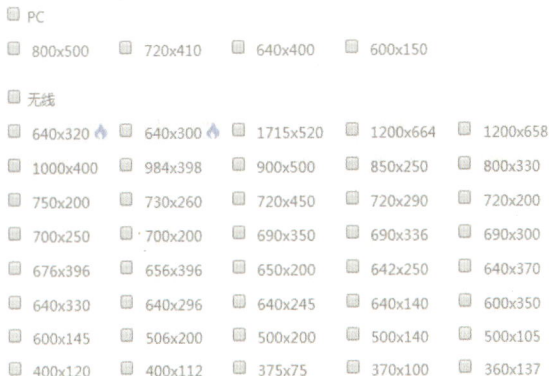

图 3-18　钻展图尺寸

4．钻展的作用

在平台海量的大数据里，产品以自然搜索排名的方式，想要在有需求的客户眼前展现好似大海捞针，通过定向使得店铺展现的目标群体更为精确；通过平台相关客户可能经过的区域投放广告，可以增加店铺的展现机会，挖掘潜在客户；曾浏览未下单，或者下单后不再光顾的客户，会因为时间流逝而淡忘商品，及时投放钻展，可以锁定犹豫不决或开始淡忘的客户。

5. 钻展的竞价逻辑

钻展的竞价逻辑是 CPM 模式与 CPC 模式。

（1）按展现收费（CPM）——精准化圈定人群。

CPM 模式即按照每千次展现收费，点击不收费。按照竞价高低进行排名，价高者优先展现。出价公式：出价 =CPC × CTR × 1 000。具体收费方法演化如下：

$$展现量 × CRT= 点击量 ①$$
$$点击量 × CPC= 消费量 ②$$
$$由①② → 展现量 × CRT × CPC= 消费量 ③$$
$$CPM= 消费量 ④$$
$$由③④ → 展现量 × CRT × CPC= 展现量 × CPM ⑤$$
$$由⑤ → CPM=CTR × CPC × 1 000$$

其中，CPC——平均点击成本；

        CPM——每千次展现单价（成本）；

        CRT——点击率。

例如，商家出价 10 元，那么广告展现被浏览 1 000 次收费 10 元，不满 1 000 次系统自动折算。展现次数由钻展系统自动统计，在钻展后台报表中可以查看。

$$实际扣费 = 下一名 CPM + 0.1$$

CPC 是自己在后台的出价设置，系统会参考创意的历史 CRT 来计算预估 CTR。然后用这个预估 CPM 去与其他商家竞争。CPM 价格高的优先展示，竞价成功后，按照下一名 CPM 结算价格 +0.1 元作为实际扣费的 CPM 价格。

（2）按展现收费（CPC）——点击成本可控。

CPC 模式即展现免费，点击收费。CPC 竞价模式，将"点击出价"折算成"千次展现的价格"。用折算后的 CPM 出价与对手竞争，价格高的优先展示。

$$CPM = CPC × CTR × 1 000$$

CPC 是店家设置出价，系统会参考钻展创意的历史 CTR 来计算预估 CTR。如果创意是新上传的，没有历史 CTR，则会参考同行在相同定向、资源位上的平均 CTR 作为初始 CTR；在投放过程中，用最新的 CTR 来修正预估 CTR。

总之，钻展是按展现率收费的，同等展现量情况下，钻展图片的点击率越高，单次点击成本越低，钻展的投入产出比越高。其中展位和人群是变量，唯有图片是相对确定的量，点击率直接体现在图片上。因此，钻展图片的视觉吸引直接影响着点击率，影响着钻展投放效果，从而影响店铺运营效益。

拓展与思考

根据钻展位的竞价特征可以得到钻展图的设计关键：【图】+【文】→【钻展图创意】

（1）图→产品信息→吸引眼球→细节要突出质感→带点反差

消费者购物，首先关心的是看到的东西与要买的东西是否密切相关；其次人们通常对一些反差、变化类的信息异常关心。所以，创意的关键是：跟消费者的关注信息有关，跟消费者常识产生反差。

（2）文→文案部分→吸引点击→文案要有利益点、跟客户有关

淘宝首焦每张图的轮播时间为5秒，因此网络消费者接收信息时间一般最多5秒，文案要精练、清楚、简单，短时间内直达客户内心。在这5秒钟的时间里顾客还要对收到的信息和经验信息进行即时分析、综合，做出判断与决定，顾客的经验信息会包含大量的竞争对手信息，产品的卖点信息，价格信息等。客户心里拥有一个产品卖点库，而这些卖点与客户内心的需求之间，有一个关联度序列，关联度最高的卖点，就是客户的痛点需求。

思考：如何运用图与文创出意，让客户浏览后生出意，是钻展图的使命。很多创意做得很是华丽，那么是不是要请一些专业的设计人员来做创意图？

分析：很多时候，这是一个误区，并不是图片越华丽、越有创意，点击率就越好。钻展创意的核心：发出一个信号，号召消费者赶紧行动购买！创意可以吸引眼球，驻足观看，但并不意味着后续的点击。但顾客需要一个点击理由，才会有后续的点击行为。文案创意：走心文案，抓住消费者的心，洞察消费者内心的秘密花园。

小贴士　5秒钟文案

钻展图展现的胜出点是时间。短暂的时间里产生很强的信息对撞，需要文案显身手：

（1）鲜明深刻的主题文案创意。

（2）熟读易记且让人过目不忘。

（3）文案与图形的完美统一。

思考：一个经常访问你店铺的人和一个"小白"，哪种人群的点击率更高？

分析：点击率跟定向人群有关。对店铺有好感的老客户都会习惯性进去看看，而小白客户，除非有特别吸引自己的东西，不然被选择点击的概率是很低的。

6. 客户群体定向

广告图投放的目标客户群体需满足某种特定条件，钻展推广重在客户群体定向。定向意味着圈定一个群体，但群体的需求是不断变化的，所以需要不断的检测定向，不断地进行数据收集，搭建定向库，不断更新客户群体。

7. 点击率影响因子

图、位置、定向目标、区域、时间、投放价格、促销活动等都是影响点击率的因子。图片对于点击率的影响很大，但图片点击率不好，并不单纯是图不好，也可能是在其投放过程中出现了问题。

8. 创意维度分析

整个策划制作过程中涉及的环节、要素都可以成为影响创意的维度，如图3-19所示。

影响创意点击率的因素，首先是选材，即素材本身的特质；其次是加工，即对选取的素材进行加工设计。

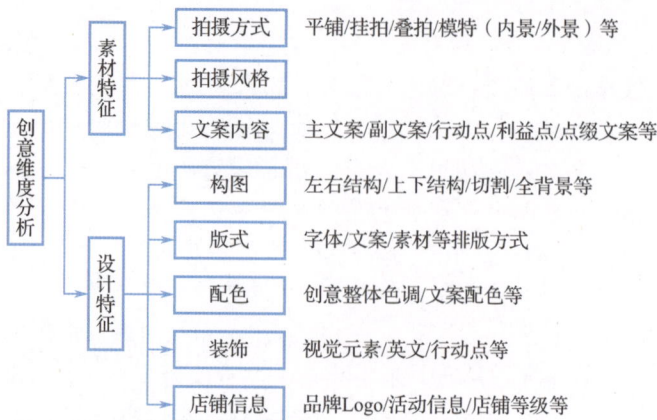

图 3-19　钻展创意维度分析

文案素材，可以从热词库、产品信息库中选词、造词。

文案与图片应整体构成，自成风格，画面简洁，可以在瞬间给人以强烈的印象，同时兼顾浪漫性、幽默性，文字与图形、图片应和谐统一。

版面整体应清晰，思路明确，明确是卖什么的，产品有什么特点。

3.2.2　营销方案

营造定向展现类流量的营销方案主要涉及以下几个方面。

（1）推广产品（What）。

明确推广的产品，及产品的品牌、功能、特征、品质参数、场景推荐等。

（2）目标客户（Who）。

明确产品推广的目标客户群体，及群体的各类特征参数。

（3）活动（How）。

商家应针对平台、投放环境、定向目标客户特征来确定投放方式、活动力度、投放地点、投放时间。

案例

小胡公司各部门展开头脑风暴，选取了如图 3-20 所示的经典商务办公鼠标进行策划与运营。综合考虑竞价成本、广告位、广告效果后，小胡选定 5 秒首焦位置的钻展推广方案，基本参数预定如表 3-11 所示。

图 3-20　产品选款

表 3-11　钻展基本参数预定

活动产品	雷神经典款	广告位	平台第 1 页首焦位
活动主题	暑期优惠活动推广	定向客户	近 1 周内搜索过鼠标产品的客户
目标群体	21 ~ 29 岁白领女性		
核心卖点	雷神品牌、简约设计、精准操作、无声静音、超轻超薄、无线、即插即用	产品颜色	黑底黄、魔域黑、精英白
价格策略	活动优惠：九折品牌优惠：雷神经典款	品牌符号参考	
点击率预估	第一周 1 000	售后服务	顺丰，7 天无损退货

小贴士

钻展图推广的目标是定向客户群体的页面视觉焦点竞争，竞争的不一定是同类目产品，也是视觉焦点、客户需求精准性的竞争。因此，在产品图创意基础上，注重的是整图视觉创意、客户需求的关键营销特征，点亮需求的文案，而不是产品细节特征。对比环境，可以在新奇、视觉差异上进行突出，针对的目标客户群体特征要突出。因此，提取产品自身亮点是策划钻展之前的首要工作。

3.2.3　卖点提取

通过网络、电商平台搜集产品的卖点词，构建热词库。然后通过分类提取热词库中的词，同时结合产品性能、品牌、活动优惠、服务等特征信息，提取产品卖点信息如表 3-12 所示。

表 3-12　产品卖点信息

产品特性	超薄、有线、无线、静音、小巧方便、无须电池充电、即插即用、移动性强、笔记本电脑最佳伴侣、激光跟踪引擎……
产品应用场景	女神必备、商务办公、笔记本、台式机通用……
促销与服务	7 天无理由包退包换、全国包邮……
……	……

3.2.4　创意策划与设计

小胡希望在短期内提高品牌知名度，公司运营部门准备布局钻展推广，与视觉策划部门共同策划钻展图，重点是视觉创意。常见的钻展图创意法则如表 3-13 所示。

表 3-13　钻展图创意法则

法则 1	主题明确→第一诉求	明确推广主题，快速吸引有效点击
法则 2	构图合理→必备功底	视觉焦点突出，强化客户点击欲望
法则 3	文案→神笔	点亮产品核心诉求
法则 4	促销→经典主题	促销氛围营造，提升点击率
法则 5	创意→最大玩法	差异化获取高点击率

　　上面几条创意法则在实际运用中，可以根据所选产品属性特征、消费者人群特点、产品核心卖点，从主题选取、构图设计、文案设计、促销氛围营造、差异化创意设计等需求角度策划钻展图。考虑到暑期客户的季节色彩心理，及夏天平台的色彩整体感，设计采用了较为清新的色彩作背景；同时为了凸显主体，采用了大产品图与大字体文案进行构图与配色，通过文案的搭配来进行创意组合。表 3-14 是雷神鼠标钻展创意备选方案草图，经过讨论后再定稿制作。

表 3-14　雷神鼠标钻展创意

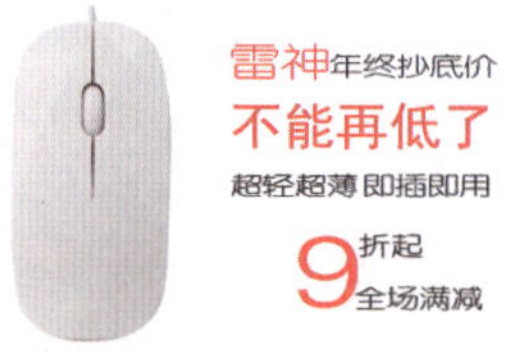

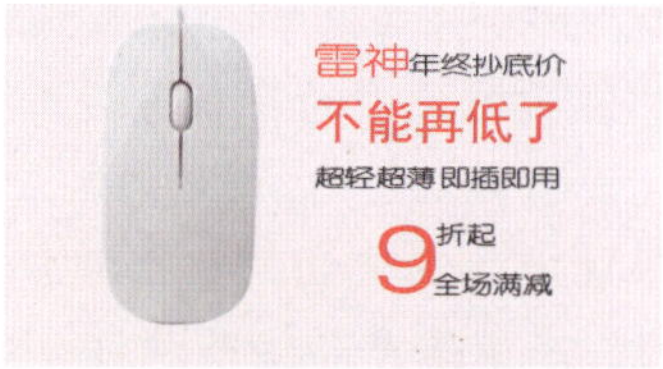

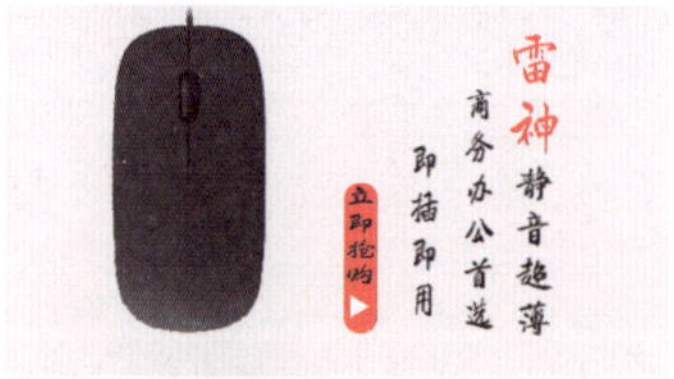

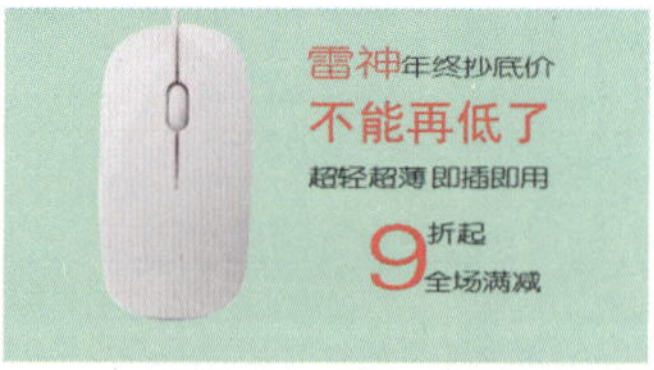

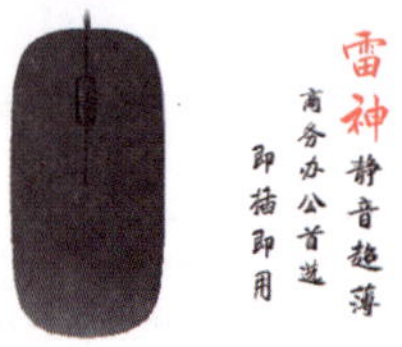

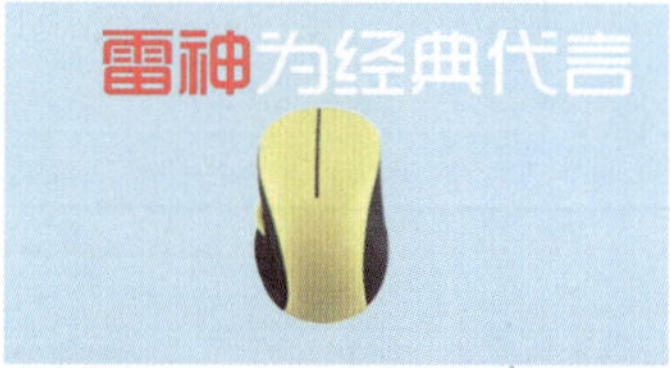

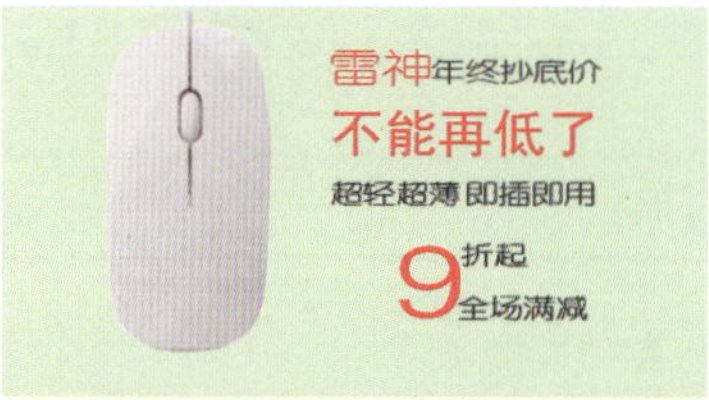

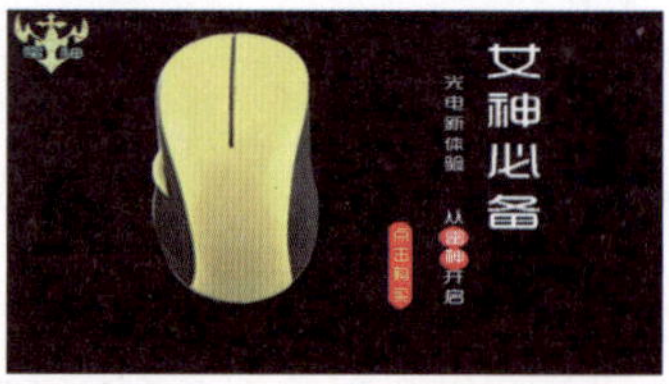

　　创意思路主要围绕产品大图、价格因素主导、夏季色彩搭配、突出品牌四点展开。通过内部测试，黑底女神必备版高票当选。从内部测试入选方案分析，配色、文案、构图是钻展营销必备神器。

分析:

(1) 品牌: 品牌是产品各项指标的凝练, 更是一种诚信标志。

(2) 产品: 鼠标是小件, 需要大尺寸、强对比色来引发客户关注。

(3) 配色: 通常设计会考虑天时, 即时令信息, 但当大家都考虑天时之后, 便要考虑地利与人和, 即在一样的天时氛围中寻找反差, 凸显个性。

(4) 文案: 为点睛之笔, 吸引眼球的文字信息有很多种, 价格促销是个火热的红色信息, 具有很强的吸引力; 技术指标是冷静的蓝色信息, 具有很强的定力; 而品牌客户级别则是内敛的紫色高冷信息, 具有很强的收摄力。文案信息在呈现上, 要从字号大小、字体颜色、字体选择等层面达到视觉分级。

(5) 构图: 无法同时表达多个主体的时候, 简约构图更能展现气场, 技术实现上也难度更低。

3.2.5　钻展图制作

"雷神经典鼠标"钻展推广效果图之一如图 3-21 所示, 具体制作步骤详见二维码。

图 3-21　"雷神经典鼠标"钻展推广效果图

钻展图制作

同步阅读

鼠标直通车店铺推广图制作

以猫鼠科技电子商务有限公司直通车店铺推广图策划与设计为例, 设计效果图如图 3-22 所示, 具体的设计思路与操作步骤详见二维码同步阅读。

图 3-22　效果图

同步阅读

同步训练

1. 直通车单品推广设计——竞品分析

（1）训练目的

以"音乐耳机"为搜索关键词，熟悉直通车位置，通过分析直通车单品推广图，识别直通车的要素构成，掌握高点击率的直通车主图设计应用法则，并且能够看出竞争对手主图中产品属性、营销属性等产品卖点信息。

（2）训练内容描述

训练内容详见二维码同步训练。

同步训练

2. 直通车单品推广设计——方案策划与设计

（1）训练目的

在熟悉直通车竞品分析的基础上，以"音乐耳机"为关键词，通过调研进行竞品差异化分析，能够建构关键热词库，能灵活运用高点击率的直通车图设计应用法则，能根据产品营销方案策划设计直通车推广方案。

（2）训练内容描述

训练内容详见二维码同步训练。

拓展训练

1. 直通车店铺推广设计

（1）训练目的

以"音乐耳机"为搜索关键词，熟悉直通车位置。通过分析直通车店铺推广图，掌握直通车的构成要素，能掌握高点击率的直通车主图设计应用法则；能看出竞争对手主图、品牌、营销属性等卖点信息。

（2）训练内容描述

训练内容详见二维码拓展训练。

拓展训练

2. 钻展图视觉营销策划

（1）训练目的

通过查看平台，明确钻展图位置。通过查看钻展位的各类图片，掌握钻展图的要素构成，以及高点击率钻展图的设计应用法则；能识别推广图中品牌、产品、营销属性等卖点信息；通过分析推广图，能识别同类产品的基本属性构成与创意组成。

（2）训练内容描述

训练内容详见二维码拓展训练。

项目小结

直通车图与钻展图是平台上的流量入口，是做平台电商常用的两款推广方式。展现量太高，点击率过低，整体质量得分会降低很多。不知道淘宝平台的实现理论，风险会比较大。本项目以直通车推广与钻展图推广为项目载体，旨在让学生了解站内引流的广告视觉营销方式，锻炼学生从营销方案策划、竞品差异化分析、卖点提取、创意策划与设计、拍摄、视觉实现到点击率测试全流程的项目化学习能力。本项目在项目导入基础上提供了完成该项目所需的相关理论与实操知识、同步阅读、同步训练、拓展训练、理论测试题，以逐步巩固、提高学习者的综合职业能力。

理论测试题

一、填空题

1.（　　）与（　　）是平台上的流量入口，是投放广告图的设计核心。

2.（　　）与（　　），是常用推广方式。

3.（　　）是最常见的付费推广工具之一，是指买家主动搜索时，在最优位置展示宝贝的一种图片。其点击率的高低反映了买家对产品的关注程度。

4.（　　）直接链接至产品详情页，特别有利于新品、爆款的打造。（　　）链接至店铺中的某一个页面，适合于店铺与品牌的宣传。

5.（　　）是指产品或服务区别于其他竞品的特色或亮点，产品性能、品牌、活动、服务等特征均可作为其提取来源。

6.（　　）指买家进入平台网站后，对特定人群按展现次数收费的一类图片，主要目的为展示宝贝或推广店铺品牌。

7. 同等展现量情况下，钻展图片的点击率越高，单次点击成本越低，钻展的投入产出比（　　）。

8. 根据所选产品的属性特征、消费者人群特点、（　　），从主题选取、构图设计、文案设计、促销氛围营造、（　　）等需求角度策划钻展图。

9. 直通车的受众是（　　），（　　）是客户视觉取向的指标。

10.（　　）是网店经营的核心主线，通过（　　）可以测试直通车主图的优劣。

二、判断题

1. 单品直通车主图链接至产品详情页，利于新品、爆款的打造。店铺直通车主图链接至店铺中的某一个页面，适合于店铺与品牌的宣传。（　　）

2. 定向推广是根据客户在相应平台上对当前搜索词进行竞价、排名而做的广告投放，以客户当前需求数据为导引，属于需求直达导向。（　　）

3. 直通车属于位置竞价，采用动态价格体系。不同的位置，会因为竞争程度不同，呈现出不同的价格排位。（　　）

4. 钻展是按展现率收费的，同等展现率情况下，钻展图片的点击率越高，单次点击成本越高，钻展的投入产出比越高。（　　）

5. 钻展图片的视觉吸引直接影响着点击率，影响着钻展投放效果，从而影响到店铺运营效益。（　　）

6. 钻展投放效果，与选择的定向访客没有联系。（　　）

7. 钻展的竞价逻辑分为 CPM 模式与 CPC 模式。（　　）

8. 钻石展位位置众多且尺寸各异，仅投放大类就包括天猫首页、淘宝首页、淘宝旺旺、站外门户、站外社区、无线淘宝等。（　　）

9. 产品卖点一般通过对热词库中的词进行分类来提取，再结合自身产品的性能、品牌、优惠活动、服务、客户等特征，作为卖点的提取来源。（　　）

10. 卖家应根据所选产品属性特征、消费者人群特点、产品核心卖点，从主题选取、构图设计、文案设计、促销氛围营造、差异化创意设计等需求角度策划钻展图。（　　）

项目 4

增强产品视觉感染力

知识导图

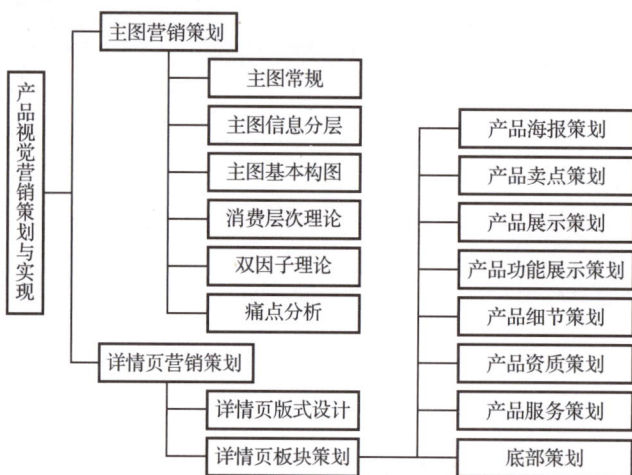

- 产品视觉营销策划与实现
  - 主图营销策划
    - 主图常规
    - 主图信息分层
    - 主图基本构图
    - 消费层次理论
    - 双因子理论
    - 痛点分析
  - 详情页营销策划
    - 详情页版式设计
    - 详情页板块策划
      - 产品海报策划
      - 产品卖点策划
      - 产品展示策划
      - 产品功能展示策划
      - 产品细节策划
      - 产品资质策划
      - 产品服务策划
      - 底部策划

知识点

1. 了解产品主图的规范、位置及类型。
2. 熟悉产品主图信息分层、基本构图等内容。
3. 掌握产品详情信息架构、版式设计的基本内容。
4. 掌握产品卖点分析、客户需求分析的基本内容。
5. 熟悉产品痛点提取的常用方法。

技能点

1. 能够运用信息建模方法与网络资源进行业务数据建模。
2. 能够运用功能结构图对产品详情页进行信息架构。
3. 能够运用线框图进行产品详情页的版式设计。

4. 能够运用画像方法进行初步的客户画像与产品画像。
5. 能够运用场景、活动对产品进行视觉营销策划。
6. 能够运用常用图像处理工具软件实现策划效果、测试效果。
7. 能够与人进行良好沟通并协作完成学习任务。

项目导入

案例

跳绳产品视觉营销策划分析

随着老百姓物质生活水平的提高，健康需求逐渐增长，健身类目下产品种类越来越丰富，产品性能、品质也不断升级。位于浙江五金之都永康的索维尔健身器材店铺（索维运动专营店铺网址 https://suoweiyd.tmall.com、索维尔旗舰店铺网址 https://suoweier.tmall.com），是一家以销售中小健身器械为主的，批发零售一体的品牌公司，产品品牌"索维尔"，公司始创于 1996 年，主要销售高端健身器材，产品畅销全国以及北美、澳洲、欧洲市场。

暑期是中小学生健身与减肥的旺季，是体育中考备战的有利时期。针对即将到来的暑期健身热潮，为了提升产品搜索的自然流量及转化率，运营部与视觉策划部于 6 月初对相关产品的主图与详情进行策划，希望通过几款热销产品进一步提升店铺的流量与销量。2018 年 6 月 15 日以"跳绳"为关键词进行了热词调研，后台 7 天的热词搜索 Top18 排行数据如表 4-1 所示。

表 4-1　淘宝跳绳搜索热词排行

排行	热词	搜索人气	排行	热词	搜索人气	排行	热词	搜索人气
1	跳绳	42 224	7	儿童跳绳	5 638	13	竹节跳绳	4 362
2	跳绳成人	15 466	8	跳绳小学生	5 470	14	跳绳健身绳	4 327
3	中考专用跳绳	9 832	9	钢丝跳绳	4 789	15	跳绳钢丝绳	4 104
4	跳绳计数	6 680	10	跳绳幼儿园	4 752	16	长绳	3 834
5	跳绳中考	6 313	11	跳绳儿童	4 726	17	无绳跳绳	3 793
6	计数跳绳	6 018	12	跳绳健身	4 539	18	培林跳绳中考专用跳绳	3 720

分析：用"跳绳"作为关键词在平台上搜索出产品数据近万条，入口流量，转换率至关重要。主图是消费者通过自然搜索进入商家店铺的第一眼视觉，优质主图是提高自然搜索流量的有效引擎，高品质的产品详情页是提升转化率的有效载体。主图是详情页的精华所在，是整个详情页的缩影，主图决定了点击率。详情页是消费者进入产品页后，最直接的营销导购页面，承载了产品的性能、卖点、外观、尺寸、颜色等属性特征。详情是主图的细化与补充，详情决定了转化率，决定着订单是否能够达成。首先，场景主题对产品有

很强的提升力与烘托力，是产品策划的创意源泉；产品卖点提取与运用是详情策划的重点，文案、素材、构图、质感、场景化营造等视觉要素都围绕于此。前期的产品规划、产品优劣分析、品牌定位是详情策划的必备功课；产品策划定位，详情页逻辑结构设计、整体布局设计等是详情页实施前的设计基础；形象海报图、产品卖点图、产品展示板块、功能展示板块、细节展示板块、资质板块、服务板块、链接区是宝贝详情页的基本模块。

4.1　产品需求分析

4.1.1　消费主体

消费行为引发流程如图 4-1 所示，首先要有未满足的消费需求发生，然后消费需求要转变成消费动机，而消费动机是引发消费行为的引擎。

需求　产生　动机　引发　行为

图 4-1　消费行为引发流程

需求源自用户，用户就是上帝。因此，做消费需求分析时首先要确定与用户相关的系列问题：

（1）产品的用户是谁？产品系统中的用户角色是谁？

（2）消费者、用户、顾客、客户有什么区别？是同一个概念吗？

产品的用户是产品/服务的终端使用者。用户角色是根据相关特征分类聚合后的用户类型。下面用一个案例进一步说明如何确定用户角色。

【案例】小红今天要在天猫超市挑选一根跳绳，准备备战中考。

数据分析：

（1）用户：小红。

（2）用户角色：中考跳绳群体，与小红年龄相当，有备战中考需求的跳绳者。

用户、消费者、顾客、客户等名词的概念不完全相同，其内涵与范围略有差异，具体参照表 4-2 中的解析。

表 4-2　相关名词解析

消费者（Consumer）	国际标准化组织（ISO）定义：以个人消费为目的而购买使用商品和服务的个体社会成员。使用产品，但不一定付钱，可以通过赠送、奖励等渠道获得，不存在转卖、营业的性质
用户（User）	国际标准化组织（ISO）定义：产品或服务的使用者。用户是使用产品的终端消费者，不一定付钱，可以通过赠送、奖励等渠道获得
顾客（Customer）	国际标准化组织（ISO）定义：接受产品的组织或个人。商业服务或产品的采购者，可能是最终的消费者、代理人或供应链内的中间人
客户（Client）	通过购买产品/服务满足其某种需求的群体，指跟个人或企业有直接的经济关系的个人或企业，在此限指消费客户。除了顾客消费关系的属性外，还有洽谈商议的关系，更强调一种双边来往关系的属性，关注未来的再次交易、合作与交往，比如建立会员关系，层次比顾客、消费者高

用户角色（User Ruler）	对产品用户按照系列属性抽取的用户模型，即用户类型；是产品营销过程中常用的面向产品与服务的对象模型
客户角色（Client Ruler）	对产品客户按照系列属性抽取的客户模型，即客户类型；是产品营销过程中常用的面向企业交易的对象模型

以上概念有交集，也存在差集。交集是指产品或者服务的终极指向相同；差集是指购买或使用上存在的差别。消费者与用户重在使用，是面向产品与服务的，消费者有时会多一重购买属性。顾客、客户重在购买，是面向商家企业的，而顾客与客户又因商家的态度而有所区分。客户不一定是终端消费者，可以是生产—销售—消费链上的某个中间环节（此处以终端消费的客户为对象）。消费环节中各个角色的关系如图 4-2 所示。

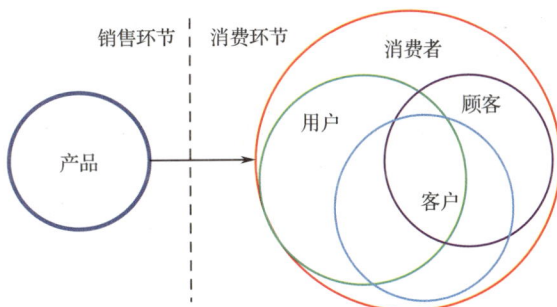

图 4-2　消费环节角色关系

表 4-3 用举例的方法进一步说明不同角色之间的关系。

表 4-3　用户、消费者、顾客、客户关系举例

描　述	解　析
十足超市销售心相印纸巾。十足超市是心相印的客户，而不是顾客或者用户，也不是消费者。王一在十足超市购买纸巾送给赵四。王一是十足超市的顾客或者客户，赵四是心相印的用户或者消费者	顾客 / 客户不一定是用户
巴菲特的黄金搭档查理芒格讲过一个故事，说他看到有个卖渔具的商人制作了许多颜色各异、闪闪发亮的鱼饵，他问商人："鱼会喜欢这些鱼饵吗？"商人说："我可不是把鱼饵卖给鱼的！"	用户通常不是客户
麦肯锡创始人马文·鲍尔说："我们没有顾客，我们只有客户。"这是什么意思呢？他认为，顾客只是普通商品和服务的使用者，而麦肯锡是提供专业服务的	在卖方眼里，客户的层次比顾客要高

客户思维：传统商务中以"客户为中心"思考问题，即以发生价值交易方为中心的思维，可能是终端消费者，也可能是中间商、渠道商等。客户时代的核心是价格与利益。

用户思维：价值链各环节都以"用户为中心"思考问题，这是互联网思维，消除了信息的不对称，滤掉了各级中间商，直接拉近了产品与用户之间的距离。在商业价值链中，离终端用户越近越有价值，越容易形成产业链的控制力。用户思维的基本路径是：市场定位→品牌与产品规划→粉丝吸取→用户体验打造→社群经济。用户思维的主要环节可以用表 4-4 做进一步说明。

表 4-4 用户思维主要环节

市场定位	确定目标用户
品牌与产品规划	确定目标用户需求，突出用户的主体感，策划粉丝
粉丝吸取	用户参与融合到品牌建设与宣传之中，通过兴趣点聚集朋友圈、粉丝圈，营造粉丝经济
用户体验打造	考虑如何满足目标用户的需求，给粉丝用户提供多样化、个性化商品和服务，提升用户黏性
社群经济	在用户体验基础上，推荐与粉丝互动，实现社群营销

客户思维与用户思维，是企业关注终端消费者态度与方式上的调整，如图 4-3 所示。

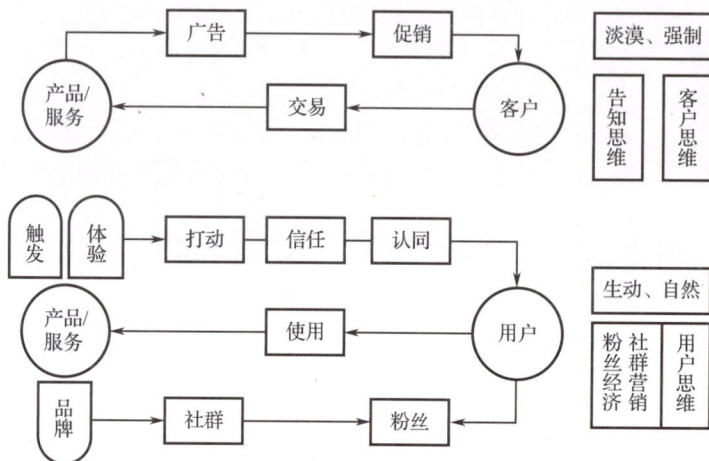

图 4-3 客户思维与用户思维

客户购买了产品，而用户是产品的最终使用者。传统的客户思维，体验是客户与商家发生了交易之后才产生的；而用户思维则是从用户开始关注产品时，体验就已经产生了。用户思维模式，就是通过持续不断地体验，从关注到产生兴趣，再到成为使用者，然后变为粉丝，最后形成社群。从用户思维角度，企业更关注用户关心的使用价值。以客户为中心，营销策略是有效的，而以用户为中心，体验才是最关键的，用户体验是用户思维的核心。产品推广策划过程中，会接触到以用户为主的客户，也会遇到非直接用户的客户。互联网时空中，产品价格接近透明，用户角色是产品与服务需要考虑的第一关键点。因此，用户角色是需求分析的出发点，策划的基准点。

4.1.2 消费需求层次理论

1. 需求层次

消费需求与用户类型及其需求相关，用户类型影响消费需求的取向。以产品 / 服务作为用户需求的横向依据，美国著名的心理学家马斯洛提出的消费需求层次模型作为划分用户类型的纵向依据，得到"用户思维—需求层次"模型，如图 4-4 所示。

因用户所处需求层次不同，其思维起点与走向也不同，对产品 / 服务的价值取向自然不同。如图 4-4 所示两个箭头，分别代表起点为温饱层的用户与起点为富裕层的用户。思维起点，考虑需求优先序列的不同走向，需求序列不同，对产品 / 服务的要求自然不同。用户思维的需求模型是视觉营销思考问题、分析问题的基点。不同需求层次对应产品不同的层面，从产品功能到产品性能、产品个性、产品精神、产品主张，从被动需求上升到主动需求。表 4-5 是两个关于需求层次的案例。

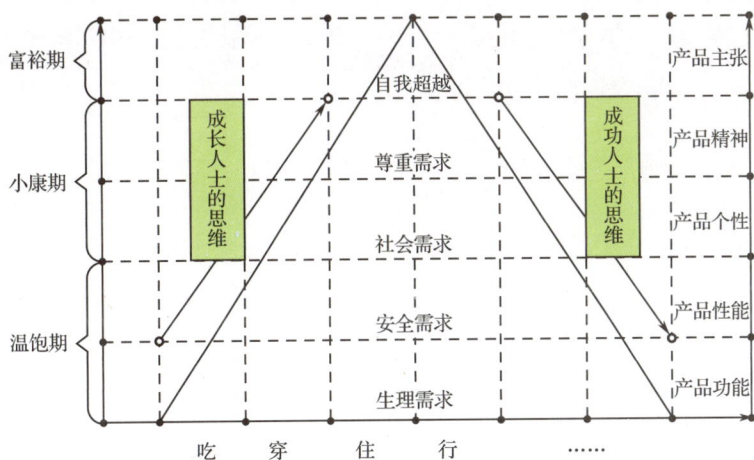

图 4-4　"用户思维—消费需求层次"模型

表 4-5　需求层次案例

案例1：有三个人要被关进监狱三年，体验生活，监狱长给每个人一次提出需求的机会		
	需　求	三　年　后
美国人	爱抽雪茄，要了三箱雪茄	第一个冲出来，嘴里、鼻孔里塞满了雪茄，大喊道："给我火，给我火！"原来他忘了要火柴
法国人	爱浪漫，要一个美丽女子相伴	第二个出来，手里抱着一个小孩子，美丽女子手里牵着一个小孩，肚子里还怀着第三个孩子
犹太人	要一部与外界沟通的电话	最后出来，紧紧握住监狱长的手，说："这三年来我每天与外界联系，我的生意不但没有停顿，反而增长了 200%，为了表示感谢，我送你一辆劳斯莱斯！"
分析	潜藏在内心深处的文化心理，对需求的影响是至深的，所以文化是研究用户体验需求的一个重要维度	
思考	搜索美国人、法国人与犹太人的资料，并结合马斯洛需求层次理论模型，分析上面三位体验者的需求层次	
案例2：渔夫与金鱼的故事，是普希金的著名童话故事。故事讲述了一位捕鱼的老头儿因救小金鱼而获得回报，但家里老太婆的要求不断升级，从木盆→房子→贵妇→女皇→海上霸王，最终一切恢复原态的故事		
分析：需求层次是会变的，与主体在需求层次金字塔模型中所处的位置相关		
思考：请分析老太婆各阶段需求的内在心理		
要求	需求层次	
木盆	生理、生活的基础需求	
房子	安家乐业的安全需求	
贵妇	社会认同、社交的需求	
女皇	被社会尊重，至尊的需求	
海上霸王	权力野心，自我实现的需求	

2. 消费需求达成

交易达成的前提是消费者满意，消费者满意的前提是消费需求与消费期望的达成。客户消费需求达成流程如图 4-5 所示。

图 4-5　客户消费需求达成流程

3．消费需求构成

消费需求内容可以分解为产品与服务，需求层次可以分解为平均期望、品牌期望与期望外需求。消费需求构成如图 4-6 所示。

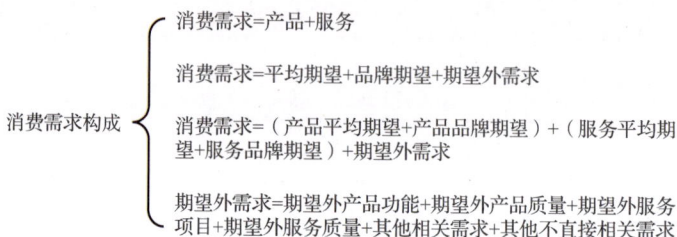

图 4-6　消费需求构成

4.1.3　产品消费需求双因素识别

需求层次理论，说明同样的产品功能需求携带不同层次、不同侧面的多重需求。那么，诸多需求如何影响消费者的消费倾向呢？美国著名管理学家赫茨伯格的双因素理论提供了划分需求的理论依据。

（1）客户激励理论。

赫茨伯格双因素理论是著名的激励理论之一，主要内容为导致工作满意的因素与不满意的因素是有区别的。其中，导致满意感的因素称为激励因素，导致不满意感的因素称为保健因素。激励因素给人们带来满意感，保健因素只能消除人们的不满，但不会带来满意感。满意的对立面不是不满意，不满意的对立面不是满意。

（2）双因素理论在视觉营销过程中的应用。

视觉营销是企业营销力与产品竞争力的展现，是用户体验的核心环节。视觉营销过程，是消费者以视觉为载体传递的营销信息中感知需求被满足的过程。作为商家首先要消除客户的不满意感，然而客户并不会因此而感到满意，此时客户只是不拒绝购买，并不意味着产生购买，处于可买可不买的惰性状态。保健因素反映了产品的使用价值。其次，在视觉营销中适当加强客户激励因素的表现力，使客户感到产品/服务的差异性，如果差异感达到满意阈度值，就可以达成购买。激励因素反映了产品的交换价值。

（3）双因素识别。

双因素识别与产品市场发展程度有关，可以从客户需求、客户心理感受去识别。保健因素是当前竞争者都可以做到的，属于基本因素，激励因素是各个竞争者独有的，差异化的，属于竞争因素。保健因素与激励因素的综合效果，影响着客户的行为取向。产品竞争力双因素理论常规性的划分关键词如表 4-6 所示。

表 4-6　产品竞争力双因素理论常规性的划分关键词

保健因素（基本因素）	激励因素（竞争因素）
基本功能	附加功能、配套功能、可维护性……
合格品	优质品、可靠性、工艺性、外观性
习惯价格	成本低廉
通常提货期	供货提前期（特殊安排）
	售后服务、用户培训、特别优惠、赠品……

提高产品竞争力的指导思想是重基本、重差异。常用的行动方法可归纳为人无我有、人有我优、人优我廉、人廉我快。

（4）主图产品消费需求双因素识别。

首先进行消费需求因素搜集，基于用户画像基础进行竞店产品调研，搜集相关产品消费需求因素。产品最本质的因素是性能与价位，因此采用同价位竞品调研与同功能竞品调研两个调研方案。调研结果如表 4-7 所示。实际工作中调研竞品数量会达到数十家乃至全网同品，有可能还会通过其他途径与方法进行深度调研，然后再用双因素法将需求因素划分为保健因素与激励因素。

表 4-7　竞店产品主图调研

本产品相关词	59 元	智能、无绳
产品关键词	金华，索维尔天猫旗舰店 跳绳、计数、成人、专业运动健身器材、学生中考跳绳、电子无线负重、无绳跳绳	
视觉关键因素	1. 索维尔、精准计数、不漏计、不多计、仪表盘图 2. 无绳跳绳、送长绳、无绳图 3. 跳绳只需 1 平方米、室内窗前模特跳绳图 4. 一绳多用、换上长绳、室外也能跳、室内房间图、室外草地树林图 5. 负重铁块、效果更显著、产品剖面图	
调研产品	同价位竞品	同功能竞品
取　样	广州，狂健天猫旗舰店，58 元	金华，天猫旗舰店，29 元
产品关键词	狂健无绳跳绳、电子计数、专业、成人、女性家用、负重、减肥健身器材、无线跳绳	电子计数、无线无绳，成人智能健身、减肥，绳子
视觉关键因素	1. 现货出售，领券下单立减 3 元，糖果色（粉红、粉绿）两款无绳产品大图（带狂健图标） 2. 一绳两用高性价比，秒换长绳，室内外两用摆脱空间束缚，随时随地，想跳就跳，无线、有线两款产品图，室内客厅落地窗图 3. 高清显示，背光显示屏，夜间也能看清，控制面板图（体重、圈数、卡路里、时间、设置、开关／重置、增加、减少） 4. 磁控计数，铝合金轴承，核心技术剖面图 5. 专利产品，仿冒必究，实用新型专利证书	1. more 标识（more to life、more to love），不挑空间／不伤人，无线电子计数跳绳，计数，卡路里，客厅跳绳背景无绳跳绳大图 2. 2017 款电子芯片，计数更精准，显示更清晰，数字芯片背景无绳跳绳大图 3. 高清 LED 显示，计数／计时／卡路里／脂肪，面板功能技术说明图，实物功能面板区 4. 一绳两用，换上备用长绳秒变有线跳绳，无绳、有绳对比模特图 5. 空白背景无线绳大图

① 产品关键词分析：产品关键词与主图形影相随，分析主图信息的时候必然面对产品关键词。通过调研搜集竞店竞品的产品关键词构成词库，在词库中通过词频排名，排在前面的词，一般都是主关键词，由主关键词与其他特征词构成长尾词，因此保健因素可以从高频词中选取。激励词表现在差异化上，可以对照低频长尾词选取激励因素。如上述索维尔的专业跳绳，同档次的跳绳是竞争对手，另外作为跳绳大类中的其他产品也是强大的竞争对手，参照关系调整的情况下，保健因素与激烈因素都会有相应的调整。

② 视觉关键分析：视觉与产品关键词有交集，又有其更充分的信息表达空间，可以通过 4 ~ 5 帧图文并茂的视觉空间传递信息。如今的网店系统，更增设了 9 秒钟视频的动感信息空间，来丰富产品的动态信息表达。保健因素与激励因素划分选取原理与产品关键词相同，表达更充分、更形象，同样的原理也适用于后续产品详情页的视觉营销中。表 4-7 中的调研结果通过双因素法分析后可以得表 4-8 的结果。

表 4-8　双因素法需求划分

	保健因素	激励因素
产品关键词	无绳跳绳、电子计数、成人专业、运动健身	女性家用、无线负重、负重减肥、智能健身减肥、学生中考
视觉关键	1. 电子计数 2. 无绳跳绳，长绳 3. 一绳两（多）用，换长绳，无绳、有绳对比模特图 4. 控制面板（仪表盘）	1. 首图模特 + 产品大图 2. 室内外两用摆脱空间束缚，只需 1 平方米，模特场景跳绳 3. 高清显示，背光显示屏，夜间也能看清，控制面板图 4. 精准计数，不漏计，不多计，0 误差，数字芯片，磁控计数，铝合金轴承，核心技术剖面图 5. 专利产品，实用新型专利 6. 负重铁块，效果更显著，产品剖面图

由表 4-8 的分析可以看出，保健因素属于视觉营销中必要的表达因素，而激励因素属于视觉营销表达更为充分的提亮因素。从双因素分析法可见，"学生中考"可以归为激励因素，通过点明相应的消费者群体，从视觉上引发客户对这类需求的关注。

4.1.4　用户的消费动机

从"用户思维—需求层次"模型中可以看出，身处不同层次的消费者，立足基点有别，图中成功型与成长型消费者，其思维方向路径完全不同，而思维是行动背后的动力源，因此前者更偏向于主动型、精神型消费，后者则以被动、物质成分的需求为主。通常由消费者内心需求与环境刺激相互作用而形成消费动机，人的内心需求由外界环境激活的内在条件，就是动机。所谓动机，是引起并维持人们从事某项活动，以达到一定目标的内部动力。人的需求积累到一定强度并转化为动机后，才对消费行为产生动力作用。如果该动机在一定环境的助力诱发下触发了消费，即是消费动机。"需求—动机—环境"动力模型如图 4-7 所示。

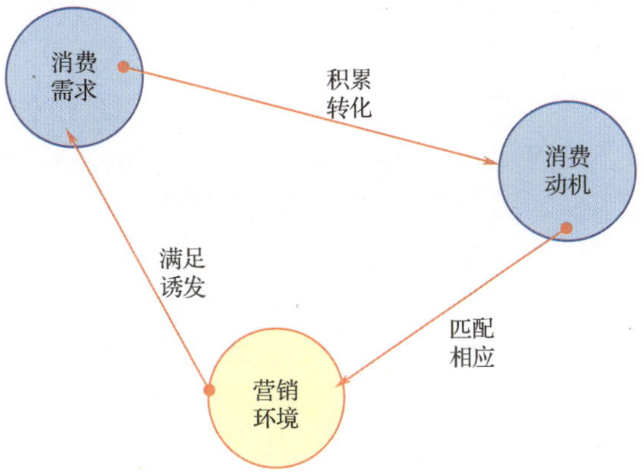

图 4-7　"需求—动机—环境"动力模型

1．消费心理定位与消费动机

为了让需求可以积累量变成动机，关键需要把握消费心理，需要进行心理定位，只有合适的心理促进才可以促使消费需求向消费动机方向转化。美国著名营销学家杰克·特劳特的定位理论，清晰地把消费者的心智作为营销主阵地，常见的消费心理定位与消费动机如表 4-9 所示。

表 4-9　常见的消费心理定位与消费动机

消费心理定位	消费动机	解　析	案　例
价值心理	价值	相比同类产品拥有更大的价值	可口可乐以"正宗""原创""品牌感"使消费者相信其无可替代的价值 取胜的不是使用价值，而是潜在价值
标准心理	标准	符合某种人们共同恪守的标准	"有机环保"是生态农业的一个标志性名词，自国家环保局成立有机食品发展中心以来，有机农业在国内就成了农业发展新态势，引领了新消费
习气心理	习气	长期养成而一时不易改变的行为喜好	北方人喜面，南方人喜米；北欧人好啤酒，南欧人好葡萄酒……品牌忠诚其实就是培养一种生活方式，形成一种消费习惯
身份心理	身份	营销中的身份原理，让品牌成为消费者表达自我身份的有效武器	高档服装，高档汽车……通过衣食住行的消费彰显身份
情感心理	情感	消费者喜好或者厌恶某种产品的情感自然流露	各类粉丝经济

市场经济经过 30 多年的发展，广大消费者已趋于成熟和理性，市场呈现出"买方市场"的特征，营销工作逐渐趋于理性、科学、更高、更细、更深，但关键都在于"需求、心理"两个方面。商品应既满足消费者的真正需求，又把握消费者的购买心理。常见的消费动机与消费心理如表 4-10 所示。

表 4-10　常见消费动机与消费心理

消费动机	消费心理
价值	害怕"被宰""欺生""敬畏"心理，求实心理……
标准	从众心理、崇权心理……
习气	文化心理、地缘喜好……
身份	盼望被重视的心理，品牌自豪心理……
情感	求美心理、求自尊心理，面子心理……

通过消费动机与消费心理的定位分析，商家在制定营销策略时可以更清晰，目的性更为明确。商家通过视觉营造氛围，通过消费动机、消费心理的定位研究，设计不同的广告语，挖掘不同的卖点，进行不同的品牌定位，更好地引爆消费动机的需求信息的传达，营造心理氛围。

2．主图产品用户的消费动机

从表 4-8 中抽取部分消费需求进行探讨分析，观察消费需求的背后是否对应相应的消费心理，是否可以导向相应的消费动机。索维尔无绳跳绳的消费动机及消费心理分析如表 4-11 所示。

表 4-11　索维尔无绳跳绳消费动机及消费心理

消费需求	消费动机	消费心理
无绳跳绳	价值＋标准＋身份	与旧版绳子相比，多了无绳跳绳的功能，拥有更大的使用价值；同时作为一种新兴流行运动趋势，符合一种新标准，符合运动时尚达人的身份标识
电子计数／高清显示／0 误差	价值＋标准＋身份	电子计数、高清显示、0 误差都是功能上的增强，物有所值；同时是一种新的技术标准，与老版跳绳相比，使人在功能、理念、身份方面都有充分的自信
女性家用	情感	女性爱美心理需求的敏感词汇
无线负重	价值	增强型，锻炼效果更有效
负重减肥／智能健身减肥	价值＋标准＋情感	负重、智能突出了性能，又代表了产品发展的技术水准；健身、减肥是一种潮流趋势，社会需求发展的趋势
学生中考	身份标识	清晰的身份标识
一绳多用／室内室外两用	价值＋情感	功能多样化，使用场景多元化，具有很强的使用价值；很新、很强、很时尚
专利产品	标准	专门机构认定，独特性

4.1.5　网络消费者行为

消费者行为，是消费需求在营销环境中得到满足，激发消费动机，在视觉营销环境中，消费者的消费动机与环境中的感觉因子相契合，从而激发消费。消费动机激发之前，会经历来自环境中的刺激反应，内心的决策分析，感官到心智的消费体验三大过程。消费需求有直接的显性需求，还有潜在的被环境唤醒的需求。当刺激信号强的时候，潜在被唤醒的需求也可以转换成直接显性需求，不然会作为一种新的需求被存储记忆。

对于显性需求，由于消费者内在信息阈积累比较充分，直接通过搜索或点击广告到达产品页面、活动专题页面或店铺首页，主动意识较强，可以很清晰地通过环境中的感官因子做出行为决策，是跳失、继续浏览、收藏，还是加购、直接下单付款等，可以通过后台跳失率、停留时间、收藏、加购、订单等数据来查看。由于消费者做出行为判断的依据都是个体化、经验性的，若要引发消费者积极地行为决策，营销策略与环境架构可以"兵分两路"，一路做好保健型需求，使得基础性需求信息地传达清晰、简洁、形象、生动；另一路通过激励型需求信息刺激、积聚、引爆消费者的消费动机，使其达成积极地消费行为。激励型需求信息的表现是创意空间最大、最自由的，视觉表达方式应适合网络消费者的思维习惯与心理变化。网络消费者思维原则与心理需求如表 4-12 所示。

表 4-12　网络消费者思维原则与心理需求

用户思维原则	用户心理需求
简单原则	想要看到的
懒惰原则	想要知道的
着急原则	想要更快的
易变心原则	想要简单的
占小便宜原则	想要免费的
	想要好玩的

消费行为是消费者感性冲动与理性分析判定的矛盾综合体，当引发的感性冲动与理性分析方向一致时，是好的视觉营销与行为导向。通常，在保健需求与激励需求的基础上，营销会加入一些催化引爆的元素，制造稀缺和期许价值，比如确定性需求、限时性促销、限量性促销、优势性攀比等。从需求引发，到动机再到行为，视觉营销起到了全程导航与催化的作用，如图 4-8 所示。

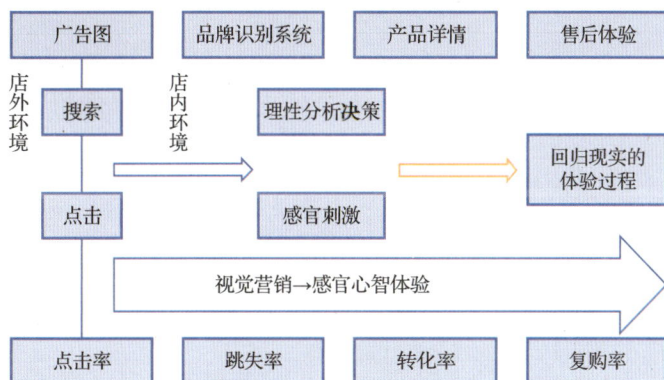

图 4-8　视觉营销全景图

视觉营销助力产品销售，不仅要对比站内竞店竞品，也要对比其他电商平台的竞店竞品。消费者除了品牌印象外，其他的感官刺激与理性分析信息，皆源自各平台竞店竞品的视觉营销对比。

主图在视觉全流程中，处于广告图阶段，任务是引发多级点击率，因此主图的策划与设计核心是点击率。主图主要有产品主图、直通车图、钻展图三大类，其他场合平台上出现的主图设计原则与此相似。

4.1.6　痛点分析

痛点是客户需求与产品特征属性产生撞击的点。内外相关信息产生碰撞，才会使客户的内心情感产生"痛"，撞击的面积就是"点"的面积，撞击的力度就是"点"的深度，因此痛点是个多维度的交合体。

根据痛点的内外成因，痛点分析需要从产品与客户两个角度入手，其他环境因素分化到产品与客户两个对象集合中进行考虑。常见痛点分析数据模型如图4-9所示。在痛点系统里，产品与客户是客观存在的两个实体对象，两个对象之间通过属性集之间的对接，对客户生成痛点集，对产品生成卖点集。痛点与卖点是产品主图视觉营销策划与详情策划的信息基础。

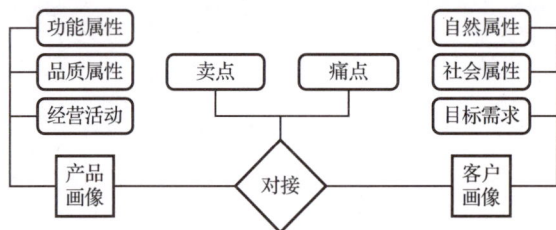

图 4-9　痛点分析数据模型

痛点思维是指以客户思维为基础，建构产品与用户之间关系的一种思维，是痛点分析的逻辑指引。用户思维是客户思维的核心，随着生产力的充分发展，客户思维与用户思维的重合率会越来越高。

1．产品画像

产品画像是通过产品的相关信息描述产品及相关经营信息的数据建模方法。根据痛点分析数据模型，产品相关信息可以分为功能属性、品质属性、经营属性三个信息层次。

（1）功能属性。产品功能指产品所具有的特定性能，即产品的功用和用途。简言之，即产品能够做什么，能够提供什么功效。

产品功能是客户需求的第一层信息，例如，汽车代步，冰箱保鲜，空调调温等都是客户对产品的基本功能需求，不能错位。

（2）品质属性。产品品质指产品所具有的稳定性、可靠性、性能及感官等，包括产品内在品质与外观品质，如品牌影响力、服务品质、产地、资质、设计感、外观品质、材质、工艺质量、稳定性、可靠性、抗破坏能力等信息。

产品品质是客户需求的高层次信息，是产品功能满足的基础上多层次的价值体现。

（3）经营属性。经营属性是指在营销过程中，附加在产品上的经济、活动类信息，是客户在功能满足的基础上需要考虑的第二层因素，通常需结合产品的品质属性、客户的相关属性来定位考虑，如价格、优惠、折扣、会员级别、赠品、节日活动、包邮、退换货等信息。

2．客户画像

客户画像是通过客户的相关信息描述客户对象的数据建模方法。根据痛点分析数据模型，客户相关信息可以分为自然属性、社会属性、需求属性三个信息层次。

（1）自然属性。自然属性是指客户的性别、年龄、身高、体重、肤色、性格等先天赋予的属性。

（2）社会属性。社会属性是指客户的地域、民族、教育程度、工作岗位、喜好、习惯等后天形成的属性。

（3）需求属性。需求属性是指客户当下对产品种类、品牌、数量、功能、性能、品质、价格等与产品相关的属性。

3．痛点提取

商家可以通过画像法进行数据建模，进行痛点提取，进而生成卖点。画像法数据建模操作步骤为：信息收集→信息分类→找联系，如表 4-13 所示。

表 4-13　画像法数据建模步骤

序号	步骤	分步骤	相关数据
1	信息收集	平台数据收集	平台搜索热词及点击量、转化率等；竞品调研，在主图、详情页中收集卖点、痛点相关信息；价格信息；产品各类参数信息；客户评价信息；客户分布等
		相关信息收集	产品功能说明；产品相关质量经济参数；技术背景、应用背景、地理历史等背景信息；客户各类属性信息等
2	信息分类	产品画像	从功能、品质、经营等方面分类
		客户画像	从客户自然、社会、需求等方面分类
3	找联系	对接客户与产品	从产品信息集合与客户信息集合寻找关联，找到客户痛点，形成产品卖点

【案例】无绳跳绳的痛点提取与卖点生成。

（1）信息收集。

热词搜索是用户在流程中的事前环节，而用户评价是事后环节，是用户需求信息的重要来源；竞品是对手更是先行者，积累了许多经验信息，竞店调研可以获取竞争对手的产品情况、目标客户群聚焦、活动策划方案等信息；相关调研是在前述调研基础上深入细致的详细调研，补足前述调研中存在的不足。四类调研可以根据商家现有的情况平衡重心，形成自己的信息收集方案，如图 4-10 所示。

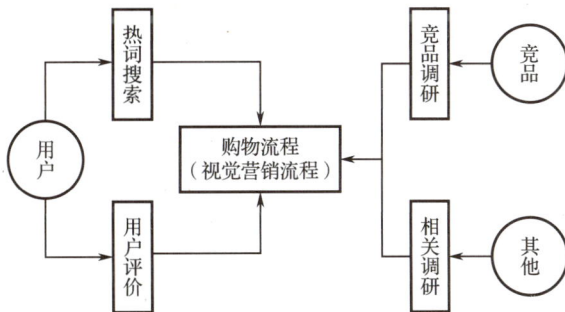

图 4-10　信息收集方案

① 热词搜索。在淘宝宝贝搜索栏中输入关键词"跳绳"，平台会自动跳出图 4-11 所

图 4-11 搜索热词

示的搜索热词，进入搜索关键词后出现的搜索页如图 4-12 所示。"你是不是想找"栏目是平台根据大数据统计出来的 Top 关键词，即搜索热词，与图 4-11 所示热词重合度很高。从后台热词搜索统计结果可以看出，搜索高频词有：跳绳搜索热词（跳绳、跳绳儿童、跳绳成人、跳绳健身减肥、跳绳计数、跳绳中考、跳绳小学生、跳绳钢丝绳、跳绳儿童小学生、跳绳儿童幼儿园……）。

在图 4-12 页面中还可以收集相关品牌、跳绳种类、适用年龄、适用对象、健身效果、长度、价格区间、物流付费、退货保证、店家及地址等产品相关信息。

图 4-12　跳绳搜索页

② 用户评价。用户评价调研包括自己产品、竞品的用户调研，热词搜索是口碑效应，而用户评价是用户体验效果，同时也将汇入口碑信息流，因此用户评价是很重要的用户数据收集对象。用户评价可以收集到用户感受、情绪，以及产品真实效果图、功能评价、性能评价、价格、物流等各类用户关心的信息，不仅是后续客户的参考，更是商家提升服务，调整方案，改善视觉效果的良药。用户评价中的有用信息如表 4-14 所示。

表 4-14　用户评价中的有用信息

③ 竞品调研。竞品调研包括同款产品调研、类似产品调研、大类下 Top 销量的产品调研。调研对象包括主图、详情调研。具体调研之前，需要先进行整体调研，可分两步进行：第一步，自然搜索前两页调研；第二步，自我定位预期页面调研。

自然搜索首页共显示 44 行，每行 4 列，共 44 个产品，按销量排序，整体信息如表 4-15 所示。首页自然搜索排位天猫产品 29 种，占 66%，非金皇冠产品 3 种，其余 12 种为金皇冠家产品。

表 4-15　跳绳自然搜索首页产品关键信息

1 行	天猫	天猫	天猫	品牌	7 行	大跳绳	天猫	儿童无异味	天猫
2 行	天猫	天猫	天猫	天猫	8 行	竹节达标非金皇冠	学校力荐多色	低价格	天猫
3 行	天猫	天猫	特低价，非金皇冠	天猫	9 行	天猫	天猫	花样竹节多色买送	天猫
4 行	天猫	买一送一	天猫	天猫	10 行	天猫	木把白底大图	花样竹节品质送达标	天猫
5 行	购物节	天猫	天猫	飞花专用	11 行	天猫	天猫	中考指定专用品牌，非金黄冠	颜色,包邮,买送赠品
6 行	天猫	迪士尼公主系	天猫	天猫					

自然搜索首页以天猫与金皇冠卖家产品为主，其他级别产品若要出现于此，除了各种推广，视觉营销起到很大的作用。分析进入首页的黑马产品，都有其特点，有以价格低取胜的，有以特定产品指向取胜的……因此，做整体调研时，收集相关的主图词是必要的，可以建立产品主图词库，为后续视觉策划提供信息基础，同时可以不断扩充词库内容。接下来就可以根据颜色相近、款式相近、功能相近、价格相近等进行产品分组，进入相关产品的详情页，调研系列主图和产品详情了。

（2）信息分类。

主图、详情页的词库信息繁多杂乱，需要对其进行分类。分类依据有：品牌词、功能词、品质词、价格词、用户词、场景词等。以"跳绳"为关键词进行的产品信息收集分类如表 4-16 所示。

表 4-16　产品信息收集分类表

词　类	常　见　词
品牌词	品牌标志，品牌名
品质词	结实，棉绳，亚麻绳，牛津绳，抽身不疼，不飘绳不绕绳，防绕设计，轴承跳绳，无异味，加粗加重，就是这么"韧"性，加粗加重棉芯，结实易跳，钢丝跳绳，万向轴设计，轴承设计，竞速钢丝绳，耐磨 PVC 绳，旧款钢丝 0.7 毫米，新款钢丝 1.56 毫米，坚固牢靠，防缠绕、低摩擦，寿命更长，升级品质，升级加厚泡棉手柄，握感好，高弹减震，吸汗防滑
功能词	减肥瘦身，有氧运动，瘦身负重，健身房专用，电子计数，1 分钟定时技术，无线电子跳绳，二代减肥，长度可调，转速更快，负重随意切换
价格词	包邮，买一送一，买二送一，亏本特卖，升级不加价，满 300 减 10，跳断终身免费换新，活动价，9.9 元
场景词	中考专用，初中毕业生体育考试指定，中小学生达标训练，不挑空间不伤人，美国锦标赛专用绳，适合水泥地、柏油地等多种粗糙地面，健身房专用
用户词	儿童专用，儿童安全跳绳，中小学生达标训练，初中毕业生体育考试指定专用，成人减肥瘦身

视觉营销

分析词库中的词，可以基本定位用户人群、购买人群、产品价位、产品功能、产品品质、使用场景。相关信息提取如下：

用户人群：初中生、小学生、减肥瘦身的成人、竞赛人群、达标人群。

购买人群：中小学生家长、学生、健身者、竞赛者、竞赛队伍、竞赛举办方等。

产品价位（首页占比）：10元以下（28%），10～20元（52%），20～30元（11%），30元以上（9%），销量前8位有7位价格在9.9～20元，1位价格在20～30元，3位价格在9.9元。

场景：家中、办公室、操场、考场、赛场、健身房、公园、路边等。

功能：计数、定时、长度、转速、负重、无线。

品质：轴承设计、万向轴设计、防绕设计、抽到不疼、加粗加重、钢丝绳、泡棉手柄、吸汗防滑、棉绳、亚麻绳、牛津绳、无异味。

（3）找联系。

在产品信息点与用户需求点之间寻找联系，提取痛点与卖点。通过寻找联系可以建构许多以用户为本的痛点案例，如健身房减肥用绳，加粗加重，定时或计数，吸汗防滑等；家中用绳，无线不受空间限制；表演用绳，万向轴设计，转速快等。产品信息与用户需求点之间的关联信息为后续主图与详情设计提供了策划与创作方向。

（4）主题场景策划。

互联网平台上，主图、详情不再是一个简单的产品陈列与产品说明，而是面对客户的一种叙说、交互。用户的需求、疑惑都被主图、详情以人性化的方式化解，同时以自己的魅力吸引客户，激发客户下单。因此，采用以某类用户为主角的主题场景模式更容易让客户有想象空间，更易被客户所接受。而用户画像思维是主题场景模式的逻辑起点，通过用户主体，把痛点分析数据模型中得到的各类信息集成在主题场景中。

用户画像思维：用户画像（User Portrait），即用户信息标签化，通过收集与分析消费者社会属性、生活习惯、消费行为等核心信息数据后抽取的一个能表征用户商业全貌的数据模型方式。在痛点分析数据模型基础上，采用用户画像思维进行视觉营销主题场景建构。

用户画像构建三部曲：Who → What/Why → How。

● 明确产品真正的用户是谁（Who）；

● 在明确用户是谁的基础之上，挖掘他使用产品的动机是什么（What/Why）；

● 用户是如何通过产品实现自己的动机的（How）。

基于前面调研数据，选取索维尔公司的智能专业无绳跳绳作为活动产品，进行该产品的用户画像，如表4-17所示。

表4-17　索维尔跳绳用户画像

产　品	专 业 跳 绳
Who	中考学生，其他对跳绳有一定专业需求的人
What/Why	用户如何使用该产品：时间紧随时练，不受天气影响，在各类场地随时可跳，不用怕日晒雨淋，可以自动计数（痛点） 无绳跳绳在室内就可以使用，不受室外天气影响，可以自动计数或定时（卖点）
How	功能：精准计数、不漏计、不多计、1分钟倒计时、灵活调节绳子长度…… 场地需求：无绳可以不受场地、天气的影响

【开放式课堂练习】 无绳跳绳产品主题场景策划方案

问题描述：针对无绳跳绳产品，在淘宝平台上做竞品调研，通过调研数据分析用户痛点与产品卖点，并运用用户画像思维进行产品主题场景策划。

数据收集：记录自然搜索页，产品用户评价，产品主图系列，产品详情上的产品功能、性能、品质、价格、营销活动、目标人群、应用场景等信息。表格请学生自行设计。

数据分析：对收集的数据进行分类，按照产品功能、品质、价格、品牌、场景、用户进行分类，并提取用户人群、购买人群、产品价位、功能关键词、品质关键词，形成用户痛点与产品卖点。

方案策划：运用用户画像思维，为产品营销做一个主题场景策划方案。

4.2 主图营销策划

4.2.1 主图常规要求

主图承载了产品款式、风格、颜色等多个产品属性信息，主图的视觉呈现直接影响着免费流量的多少。按照各电商平台规范，精选优选商品主图基础素材，避免同质化，创作优质的宝贝主图。主图设计的专业性与视觉吸引力将直接影响网店的点击率和转化率。各电商平台（天猫、京东、淘宝等）对第三方店铺商品主图设计都有各自的规范与要求，而不同行业（如服饰、玩具、母婴用品、保健品、珠宝贵重金属首饰等）都有各自的一套行业标准，各行业主图具体细节与规范可以查看后台要求。表 4-18 是主图的总体规范与要求，供参考。

表 4-18 主图总体规范与要求

天猫商城主图规范	图片尺寸	主图为正方形，上传展示后不会变形；若主图不是正方形，则上传展示时淘宝系统后台将自动处理为正方形，将导致主图变形或信息丢失；主图尺寸为800×800～1200×1200，自动拥有放大镜功能
	展示形式	1. 一般为 5 张，从不同维度全方位展示宝贝信息，不同类目产品属性维度不同，则有不同的展示要求 2. 展示媒体形式以静态图为主，视频或动画最多为 1 张；高宽比例为 1：1；全网开放（成人用品除外）；格式为 FLV、MP4、F4V、RMVB、WMV、AVI、3GP 等
	细节要求	1. 拍摄角度：商品实物正面、侧面等不同方位整体与细节全面展示 2. 图片质量：清晰、无噪点、色彩真实，避免拉伸与模糊 3. 背景颜色：白底、正面实物图。部分店铺产品有个性化展示需求，部分图片背景可以自行设置 4. 禁止噪点：禁止留白、水印、拼接等信息，除情侣装、亲子装等特殊类目外，不宜出现多个主体 5. 文案信息：文字说明不得夸大，包括但不限于秒杀、包邮、限时折扣、满就送等信息 6. Logo 规范：Logo 通常置于主图左上角，且大小为主图的 1/10 左右
	文件格式	文件大小≤500KB，支持 JPG、PNG、GIF 格式
C 店主图规范	总体要求	一般上传 2～5 个不同角度的主图，营销信息无特别严格要求，但日趋规范化，中小卖家主图尽量向天猫规则靠拢，为品牌塑造奠定基础

小贴士

　　天猫商城主图要求较为严格，主图违规的商品将被直接下架。若同一商品，系统判定出现多次主图违规，天猫搜索将对该商品进行搜索降权。

　　产品主图展示位置是搜索流量的主要入口，同时也是影响跳失率的重要因素。

　　图 4-13 所示位置的产品主图是搜索后的第一级流量入口，图 4-14 所示位置的产品主图是搜索点击进入后的第二级流量入口，是决定消费者是否进入详情页或首页的关键所在。图 4-13 位置的主图图片一般用图 4-14 位置的第一张主图，也可以用其他图片。

图 4-13　产品主图展示位置 1

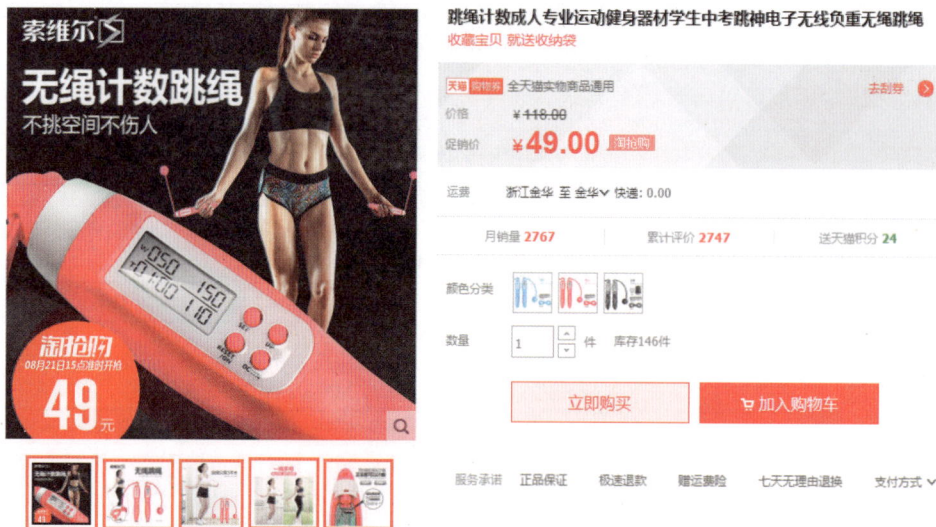

图 4-14　产品主图展示位置 2

4.2.2　主图信息分层

　　主图是产品卖点、用户痛点的精华浓缩，根据卖家对产品特征及展示的需要，突出点击率和转化率，博取消费者眼球。通过消费需求分析中的方法，可以得到用户痛点信息和产品卖点信息，进而制订主图场景策划方案。根据常见 5 张主图的展示重点，将品牌、用户痛点、产品功能、产品品质、产品促销、应用场景等信息分布到系列主图，每张主图可以形成一个信息主题。设计主图时，品牌 Logo 的设置能够达到使客户快速识别，唤醒记忆，吸引关注和消费，以及品牌塑造和宣传的目的。通过场景化的表达提升产品表现力。

从信息分层视角来看，主图类型有痛点图、功能图、品质图、促销图、场景图等。从展现载体不同来看，主图类型有静态图、动态影音。因此，根据产品类目不同，主图的设计侧重点也有所区别。

在初步信息收集的基础上，经过痛点、卖点关键词提取，主题场景策划方案之后，需要深入详细的数据收集与调研工作。

4.2.3　主图基本设计原则

点击率是表征店铺对外展示能力的指标，体现了店铺流量的大小，更高的点击率意味着更低的流量入口成本，而流量是后续成交量、转化率的基数。因此点击率是视觉营销的第一个核心指标。

产品主图的目标是点击率，因此视觉呈现的重中之重在于视觉的捕捉与点击引导。主图是点击率的载体，也是流量入口图片，产品主图是流量众多入口主图中的一种。只要涉及店铺与产品在店铺以外空间展示的，都属于点击率的有效载体，属于流量入口图片。

产品主图设计的一些常用原则如表 4-19 所示（结合图 4-14 第一张产品主图说明）。高点击率的主图通常都有着强劲的视觉冲击力。

表 4-19　主图设计常用原则

	原　则	说　明
正向原则	主体优先	产品主体突出，具有极强的场景感，属于标准化的优质主图
	视觉冲击力	画面构图以三角形构图方式呈现，图片画面更具立体感，具有很强的视觉冲击力
	优选素材	图片素材是产品主图的原始构成，是影响点击率的基本要素。本产品有三种颜色，红色产品视觉冲击力强，同时与场景背景女模特相配，即和谐，在黑色背景衬托下凸显图片的张力与吸引力
	产品诉求	直观明了的产品诉求，往往更能激发消费者的点击欲望。产品核心部件控制面板，同时以专业模特为背景，用关键词点亮整张图片，令这款绳子的主图立即呈现出了产品的核力诉求，增加了价值传递
	环境差异化	充分考虑到展示环境的差异化，产品更能从展示环境中凸显出来，周围跳绳都以纯产品为主，该主图以专业健身模特与产品构成一体，与周围环境形成信息传达上的差异
	近景呈现	绳子手柄是该产品的核心部件，采用局部近景呈现，产品观感更强，距离消费者心理距离更近
负向原则	画蛇添足	有些主图基于场景或氛围营造的出发点，刻意为产品主图加上背景或衬托内容，而这些与主体之间没有很强的关联性，令人感到不知所云，显得多余又牵强
	信息填充	卖家都希望向消费者传递尽可能多的信息，却使图片信息层次过多，主体不明显，视觉繁杂、缺乏吸引力。所以信息点不宜过多，力求简单直白
	故弄玄虚	为了追求展示的差异化或表现独特的设计，而违反了主体优先的原则

4.2.4 主图策划

主图视觉营销策划与实现流程如图 4-15 所示。将主图信息分层，规划出 5 张主图的主题，然后根据主题策划视觉方案，主要包括每张主图的文案策划和单张主图的视觉实现。主图的信息，如产品图、赠品、促销活动、功能卖点、品牌符号等，应按照一定的优先级别在主图中展示。

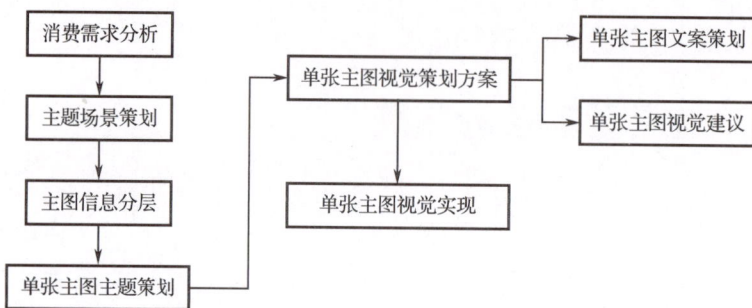

图 4-15　主图视觉营销策划与实现流程

1．主题场景策划

以中考、体育体能训练为用户目标的群体，选取室内与绿茵场两个活动场景，功能上体现一绳多用，解决室内室外兼顾问题；智能计数，解决跳绳运动时的计数难题。一绳多用功能通过不同模特场景对比、产品配件细节图来实现；智能计数可以通过功能外观、内在细节的放大展示来达到效果。相关产品卖点细化如表 4-20 所示。

表 4-20　产品卖点细化

功能性卖点	1．计数功能：双向电磁，正反皆可计数，计数更准确，可记 9 999 次 2．空间要求：无绳跳绳，一绳多用，换上长绳，室外也能跳，跳绳只需 1 平方米，不受地点约束，想跳就跳 3．计时功能：任意设置时间 1～60 分钟，每天 15 分钟轻松"享瘦" 4．成绩显示：模拟真实跳绳感，手感舒适的硅胶/内置配重铁块，直观显示跳绳成绩，再也不用同学帮忙记数了
外观卖点	1．多色：粉红色、湖蓝色、黑灰色 2．双模式自动切换：无线、有线自如切换
服务性卖点	1．赠送无绳备用绳，不受空间约束 2．赠送长绳 3．赠送电池、收纳袋、负重铁块、备用绳、螺丝刀 4．江浙沪包邮 5．15 天无理由退换货，质量问题随便退，不是正品随便退，不喜欢随便退，不满意随便退

营销方案：准备于本年度 6 月提前推出"超级运动会"店铺主题活动，迎接即将到来的夏天运动季，以此回馈店铺新老客户，集聚人气，并以爆款带动整体店铺的流量与销量。产品营销活动方案如表 4-21 所示。

表 4-21　产品营销活动方案

活动名称	超级运动会
活动时间	7 月 18—20 日
活动内容	年中底价 满就减 提前领取优惠券 提前加入购物车 赠送无绳备用绳，不受空间约束

2．主图视觉策划方案

无绳跳绳的 5 张主图视觉策划方案之一如表 4-22 所示，文案可以给出关键词，也可以给出一些具体描述。

表 4-22　系列主图视觉策划方案

主图 1：突出外观与关键功能	主图 2：突出计数科技细节
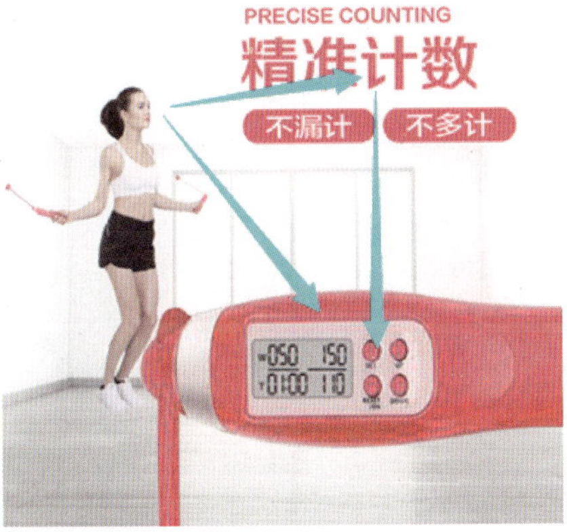	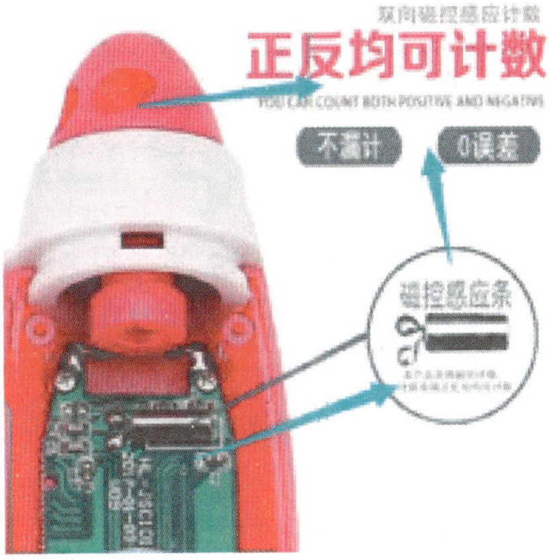
主体信息：品牌、计数功能、产品整体外观 配色：产品色为主体色，黑色背景反衬 文案：文案信息点明主题，字号根据信息层次分层 场景：健身达人衬托跳绳应用场景	主体信息：新技术、计数功能放大图，强调卖点、痛点信息 配色：产品色为主体色，白色背景反衬 文案：文案信息点明主题，字号根据信息层次分层
主图 3：展示面板功能细节	主图 4：场景化突出一绳多用
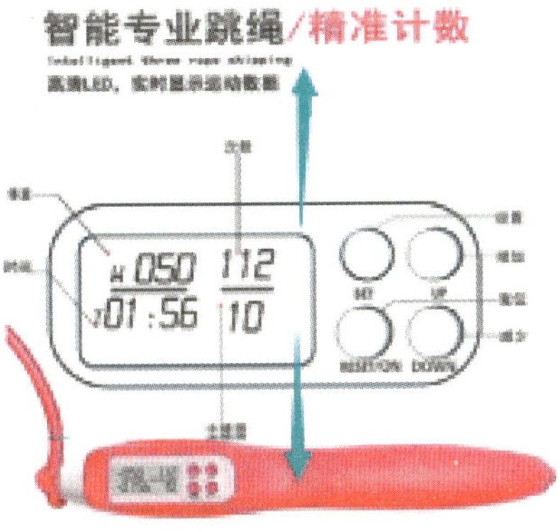	

续表

主体信息：功能＋品质，面板放大图突出产品科技特点 配色：产品色为主体色，黑白渐变色背景、数控面板透明轮廓抽取效果，相互配合增强科技感 文案：文案信息点明主题；字号根据信息层次分层；红色字体再次强调产品卖点，加强产品优势信息在客户内心重复存储记忆	主体信息：应用场景图，通过二图对比，直观传达产品灵活的结构带来的使用空间上的自由 配色：以重心向外的黑白渐变色做背景，突出主体 文案：文案信息点明主题，字号根据信息层次分层

主图 5：展示含附件的产品主图	
	主体信息：赠品、功能强调，突出产品组件短绳、长绳，隐含不受场景限制的产品特点 配色：产品色为主体色，白色背景反衬产品，产品大图突出主体 文案：文案信息点明主题；计数信息重复在主图上出现，形成视觉重心，不断强化卖点存储

4.2.5 主图素材选取

产品主图素材采集主要分为静态图、视频、音频等媒体素材的采集，并按主图信息分层。素材包括产品主体图、细节图、场景化背景、文案等。素材按创作来源不同主要分为专业摄影师拍摄、网上下载资源、自己创作素材。产品素材根据公司的人才配备情况实现服务外包或自创，自行创作工具一般用手机与相机拍摄（专业人士使用专业设备）。

根据平台或店铺的专业化需求程度高低，场景化背景可以采用拍摄或合成，背景可以自行创作，也可从网上下载。

4.2.6 主图的构图

下面以无绳跳绳产品为例设计一套主图，进一步讨论主图的构图及效果，如表 4-23 所示。

表 4-23 无绳跳绳主图构图分析

主图 1：室内场景化功能叠加展示	构图分析
	1. 主体：跳绳、无绳跳绳的模特 2. 场景：室内木地板，产品为前景，色彩对比反差大，突出产品主体 3. 构图效果：如左图所示的三角形构图，产品、文案、模特三者构成一个整体，并由模特视线暗示色彩明亮的产品与文案，文案信息点明产品的卖点 4. 整体效果：跳绳模特背后所给的视觉是室内主题跳绳，可联想到健身／减肥／塑身／美体／中考前训练等场景。色彩与尺寸对产品产生了放大效果，更通过文案点明了卖点主题

主图 1：室内场景化功能叠加展示	构图分析
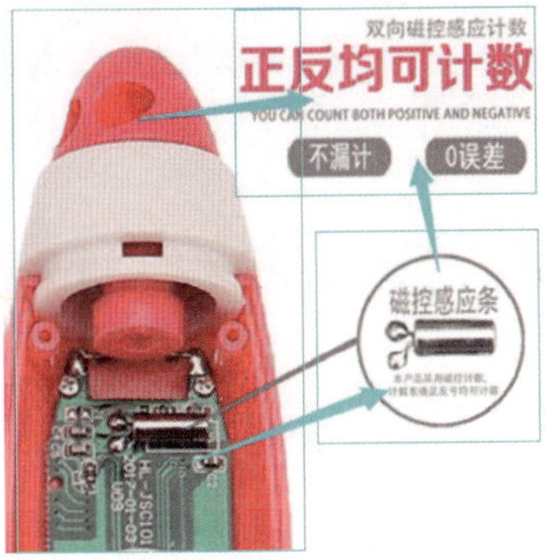	1．主体：跳绳技术内视细节 2．场景：白色背景，产品为前景，色彩对比反差大，突出产品主体 3．构图效果：如左图所示的左右两栏，右侧为图文的具体说明与强调，上下构图，产品内视图、细节放大图、文案三者构成一个整体，左侧是信息主体 4．整体效果：通过产品内视图的技术表现传达计数的实现细节，给用户以实力的感觉。卖点精准计数是由"磁控感应条"采用的双向磁控计数实现正反均可计数、不漏计、0 误差的强大卖点，是产品区别于其他同类产品的强大竞争力
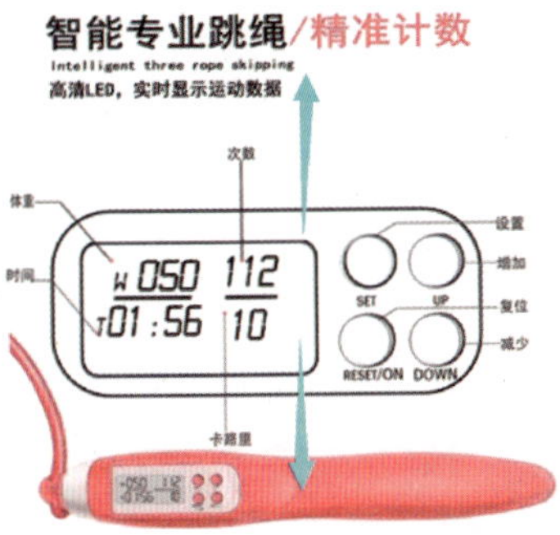	1．主体：面板功能细节 2．场景：白色背景，产品为前景，色彩对比反差大，突出产品主体作为视觉起始点 3．构图效果：如左图所示的中间辐射式构图。面板功能细节是主体，下方产品实图是辅助说明该细节在整体图中的位置，上方的文案点明细节的功用 4．整体效果：让用户真实感受到产品的功能 手绘的高清 LED 面板，画面清晰，质量高，是智能专业跳绳的核心构件，能实时显示运动数据；嫩粉色产品图置于 LED 下方，产品卖点置于画面上方；画面平衡，能比较好地突出产品卖点
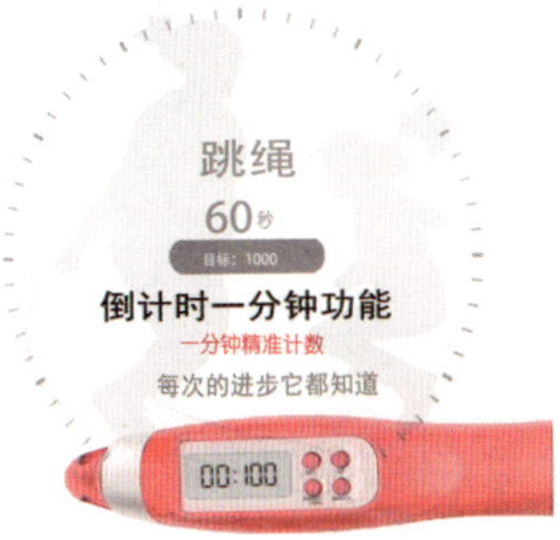	1．主体：面板功能细节——计时细节 2．场景：白色背景，产品为前景，色彩对比反差大，突出产品主体作为视觉起始点 3．构图效果：中心重复构图，都是一分钟，以多种形式来表达呈现，强化突出主题"一分钟计数"效果 4．整体效果：画面中若隐若现的亲子跳绳剪影置于仪表盘的中心位置，凸显了摆脱人工计数的跳绳所带来的轻松愉悦感，动感衬托"计数跳绳"的关键卖点
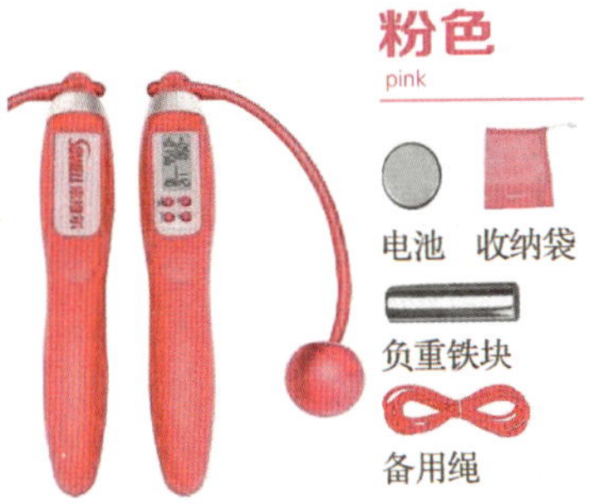	1．主体：一绳多用的附件图 2．场景：白色背景，产品为前景，色彩对比反差大，突出产品主体作为视觉起始点 3．构图效果：左右平衡结构，左边重点是主题图，右边是该主体产品的若干属性、附件及赠品，比如电池、负重铁块、收纳袋、备用绳，以此告知用户物超所值 4．整体效果：主体突出，主次分明，信息分层显示

4.2.7 主图拍摄建议

主图要有质感，让人看到图片就能感受到真实的产品，像产品触手可及一样。主图的产品图像信息层次感要强，传达力度清晰明确，如钢铁冰冷坚硬，丝绸柔软温暖等。好质感的产品图离不开高能地拍摄。信息层次的清晰展示，需要光的透析，因此需要通过配光来增强产品质感。

为吸引客户眼球，拍摄产品时，可以设置不同的光源，或后期添加一些光影特效，以增加主图质感。

无绳跳绳带有科技感，对主图质感的要求比较高，产品拍摄细节如表 4-24 所示。

表 4-24 无绳跳绳产品主图拍摄细节

类 别	具 体 细 节
拍摄角度	1. 产品图：有线款、无线款 2. 模特运动场景：有线款、无线款
款式	1. 无线模式：有线跳绳、无线跳绳 2. 不同色彩：嫩粉色款、湖蓝色款
细节	计时器部件、磁控感应条、高清 LED
实景	室内、室外、办公室内
赠品	收纳袋、电池、负重铁块、备用绳

4.2.8 主图制作

1. 突出质感的主图制作

【任务描述】 通过突出质感的主图制作，体验主图视觉设计中营销意图的体现细节，效果图如图 4-16 所示。

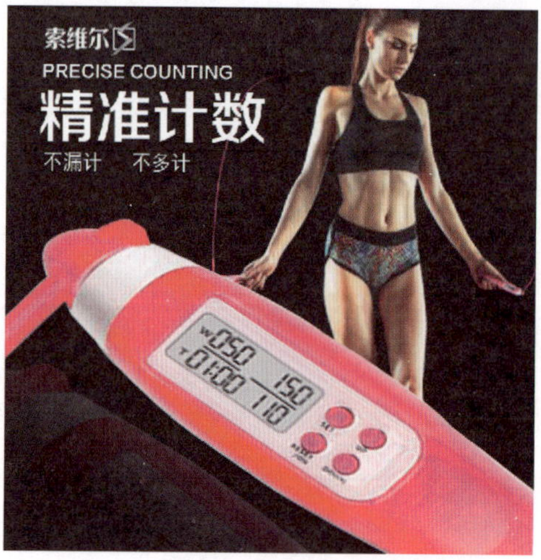

图 4-16 主图效果图——突出质感

【素材准备】 Logo.psd、产品图 .psd、模特 .psd、方正兰亭中粗黑 _GBK.ttf、方正

正中黑简体 .ttf。

【技能准备】　文件基本操作、文件置入、自由变换、文字工具、颜色填充、图层蒙版、渐变工具、图层基本操作、组基本操作。

操作步骤详见二维码。

突出质感的主图制作

2.突出细节的主图制作

【任务描述】　通过突出细节的主图制作，体验主图视觉设计中营销意图的体现细节。素材图、效果图如图 4-17 所示。

（a）素材图　　　　　　　　　　　　　（b）效果图

图 4-17　主图制作——突出细节

【技能准备】　文件基本操作、置入文件、描边、文字工具、圆角矩形工具、水平翻转、图层基本操作、椭圆选区工具、直线工具、组基本操作。

【素材准备】　产品磁控感应内部结构 .psd、磁控感应条 .psd。

操作步骤详见二维码。

突出细节的主图制作

3.附赠品的主图制作

【任务描述】　通过附赠品的主图制作，体验主图视觉设计中营销意图的体现细节。素材图、效果图如图 4-18 所示。

（a）素材图　　　　　　　　　　　　　（b）效果图

图 4-18　主图制作——附赠品

【技能准备】　文件基本操作、颜色填充、置入文件、文字工具、椭圆工具、图层基本操作、组基本操作。

【素材准备】　跳绳产品素材 .psd、赠品 .psd。

操作步骤详见二维码。

附赠品主图制作

4．含附件的主图制作

【任务描述】 通过含附件的主图制作，体验主图视觉设计中营销意图的体现细节。素材图、效果图如图 4-19 所示。

（a）素材图　　　　　　　　　　　　（b）效果图

图 4-19　主图制作——含附件

【技能准备】 文件基本操作、颜色填充、置入文件、文字工具、图层基本操作、组基本操作。

【素材准备】 无绳跳绳 .psd、收纳袋 .psd、电池 .psd、负重铁块 .psd、备用绳 .psd。

操作步骤详见二维码。

含附件的主图制作

5．模特示范的主图制作

【任务描述】 通过模特示范的主图制作，体验主图视觉设计中营销意图的体现细节。素材图、效果图如图 4-20 所示。

（a）素材图　　　　　　　　　　　　（b）效果图

图 4-20　主图制作——模特示范

【素材准备】 无线跳绳模特 .psd、有线跳绳模特 .psd、方正正中黑简体 .ttf。

【技能准备】 文件基本操作、置入文件、文字工具、圆角矩形工具、图层基本操作、组基本操作。

操作步骤详见二维码。

模特示范主图制作

6．突出卖点的主图制作

【任务描述】 通过突出卖点的主图制作，体验主图视觉设计中营销意图的体现细节。素材图、效果图如图 4-21 所示。

（a）素材图　　　　　　　　　　　（b）效果图

图 4-21　主图制作——突出卖点

【素材准备】　模特 .psd、产品图 .psd。

【技能准备】　文件基本操作、置入文件、图层基本操作、文字工具、组基本操作。

操作步骤详见二维码。

突出卖点的主图制作

4.3　详情页营销策划

主图决定点击率，详情决定转化率；主图是产品的关键卖点图与用户痛点图，详情是主图的深化与补充。详情不仅仅是产品的详细说明，更像一种场景的引导，氛围的营造，引领用户深入了解产品，消除顾虑，喜欢上产品，从而引发加购、下单、收藏等行为。

4.3.1　详情页版式设计

1. USP 理论

USP（Unique Selling Proposition）是指独特的销售主张，俗称卖点，是美国人罗瑟·里夫斯在 20 世纪 50 年代初提出的，又称创意理论，后广泛应用于广告界。电商界的痛点分析法即是建构在 USP 理论基础之上的。

USP 理论有以下主要特点：

（1）每个广告都必须向消费者陈述一个主张，购买此产品会得到相应利好。

（2）主张必须独特，是竞争者没有提出的，可以是品牌的独特性，也可以是产品某功能解决的客户特殊的痛点等。

（3）主张一定要强有力地打动高数量级客户，吸引新顾客使用产品。

（4）具体标准的说明是卖点提炼与文案写作的重要方法，可以给消费者以信任感。

USP 理论是营销概念创意的有效思考工具，许多经典的创意都由此而来，为产品、服务的推广起到了锦上添花的效果，为品牌的形成、宣传起到了破竹之功。

【开放式课堂练习 4-2】　无绳跳绳产品卖点、痛点文案调研

问题描述：针对无绳跳绳产品，在淘宝、天猫平台上对相关主图、详情文案进行调研。

数据记录：记录店铺名称、级别、产品品牌，并按店铺进行卖点、痛点文案记录。

数据分析：根据卖点、痛点对记录的文案进行分类，并根据结果进行卖点、痛点文案创作。

2．详情类型

　　产品详情策划，有开门见山型、引导渐入型、场景氛围营造型、痛点卖点型、功能说明型、侧重服务型等。详情的一个版面，或说一屏，就相当于 USP 理论中的一个广告。每个版面最好都有一个卖点或者一个观点。以中考跳绳为例，索维尔无绳跳绳的详情框架解析如图 4-22 所示。这期详情以中考跳绳为主题场景，整体版式以问题作为导引，引出产品卖点，映射用户痛点。局部版式则一版一个主题，视觉焦点清晰不拥挤，板块之间视觉流线承接点清楚。

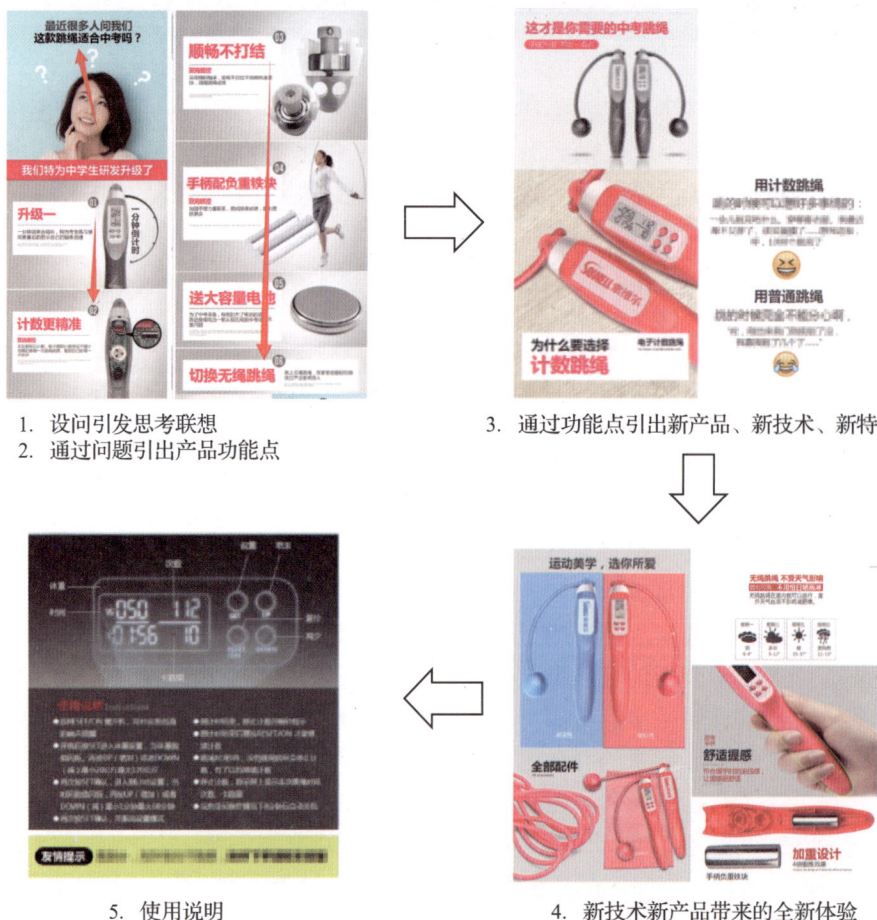

1．设问引发思考联想
2．通过问题引出产品功能点

3．通过功能点引出新产品、新技术、新特色

5．使用说明

4．新技术新产品带来的全新体验

图 4-22　索维尔无绳跳绳详情框架解析

3. 详情页分割线

（1）分割线功能：详情版式设计的重要元素，是板块的划分，更是板块与板块之间的连接与视觉导向，可以使不同的局部板块合成一个有机整体，在视觉上有张有弛，不拥挤、不断层，一气呵成。

（2）分割线设计：风格与产品品牌、主题场景的风格相一致，视觉上起到了视觉分割、视觉流线的作用。分割线也可以通过留空白与版式图文布局来达到上述效果。同时 PC 端分割线用得比较多，移动端使用较少，更多的使用隐性视觉引导线。

4. 产品卖点分析

电子商务购物过程中，客户看详情具有较明显的网络行为，如浏览快速，因此更适用卖点式详情表述方法。卖点分析是建构在用户痛点、产品功能点、服务点等的基础上进行的。以中考用户使用索维尔无绳跳绳产品为主题场景，痛点、卖点分析如表 4-25 所示。

表 4-25 索维尔无绳跳绳痛点、卖点分析

痛　点	功　能　点
1. 无人计数	1. 电子计数
2. 计数不准	2. 电子计数比机械计数更精确
3. 不能计时	3. 设置时间 1 ～ 60 分钟，1 分钟倒计时
4. 场地限制	4. 有绳无绳切换方便
5. 绕绳打结	5. 双向磁控，采用精钢轴承，顺畅不打结、不绕绳，转速更快
6. 手柄打滑	6. 流线型设计，握柄采用硅胶，握感更舒适、更防滑
其他功能点	
1. 加重硅胶球	2. 内置配重铁块
3. 正反计数	4. 卡路里计算
5. 送大容量电池	6. 1 分钟倒计时
7. 灵活调节绳子长度	8. 颜色：湖蓝色、嫩粉色、技术灰
卖　点	
1. 特为中学生打造：研发升级，可以 1 分钟倒计时	2. 计数更精准：双向磁控，正反都可以计数，电子磁控计数确保不漏计
3. 手柄配负重铁块：双向磁控，加强手臂力量练习，提升跳绳成绩，跳得更快更多	4. 送大容量电池：为中考准备，特地加大电池容量，再送备用电池一个
5. 切换无绳跳绳：换上无绳跳绳，在家里也能轻松锻炼且不会影响他人	6. 用计数跳绳：可以想入非非，不用分担心计数，跳绳轻松、愉悦
7. 为自己设定目标，轻松瘦身	8. 电子计数，可记 9 999 次，内视图展示强力技术
9. 计时功能：设定时间，自定义锻炼计划	10. 模拟真实跳绳感，硅胶手柄，内置重铁块
11. 无绳跳绳更方便：安全方便占用空间小，不受地点约束，不绕绳，不担心打到身上	12. 不受天气影响，全天候执行锻炼计划
13. 外观：色彩引力，运动美学	14. 配件展示
15. 面板综合展示产品功能及使用说明	

5.详情页逻辑结构设计

详情逻辑结构对应访客查看详情时的视觉流与内心情感过程的信息逻辑，需要从消费者视觉心理去安排相关的产品卖点信息。图 4-23 展示的详情逻辑框架，以超级运动会为场景组织产品的各大卖点，通过场景主题的整体感增强访客的内心感受。

模块一：海报图 365px+650px	构成：运动会活动促销海报+主形象海报
模块二：产品卖点图 900px+600px	构成：产品优势2（精准计数）+产品优势2（有线无线自如切换）
模块三：产品展示图 480px+550px	构成：产品参数图+模特展示图
模块四：功能展示图 740px +460px +300px	构成：无绳跳绳更方便+无绳跳绳随时可跳+有线无线产品展示
模块五：细节展示图 550px +780px + 750px + 550px + 500px	构成：产品细节1（精确电磁）+产品细节2（高清LED、倒计时1分钟功能）+产品细节3（防滑手柄）+产品细节4（加重设计）
模块六：资质板块图 600px + 500px	构成：产品资质保证 + 产品品质保证
模块七：服务板块图 350px +850px +450px +1050px	构成：15天无理由退换货+跳绳训练方法+跳绳注意事项+运动美学
模块八：链接区图 330px +240px	构成：热销推荐 +分类导航

图 4-23　无绳跳绳详情逻辑框架

4.3.2　详情页板块策划

无绳跳绳详情页板块策划的具体内容如表 4-26 所示。

表 4-26　无绳跳绳详情页板块策划

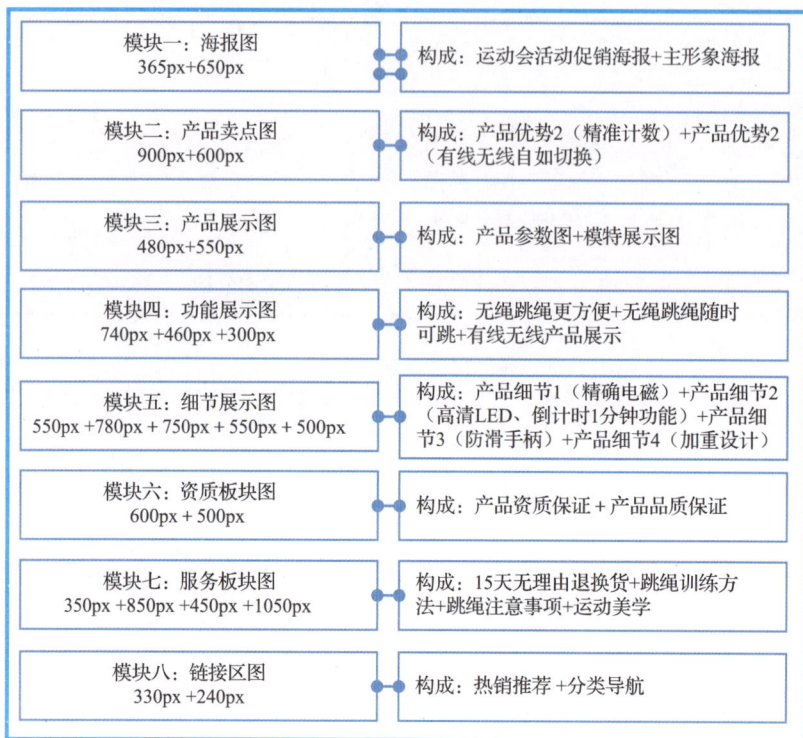	主题：促销海报图 场景：绿茵场，配上黄色体操剪影，预示夏季这个超级运动季，产品色的超大字号文案绽放出主题信息 构图：对角线 + 三角形 效果：绿茵场、阳光色剪影，产品色超大字号文案，营造了活动场景，最终视觉导向白色小字号的促销活动细节，整体氛围营造饱满，主题信息由其他焦点信息指向，成为最后视觉焦点定格

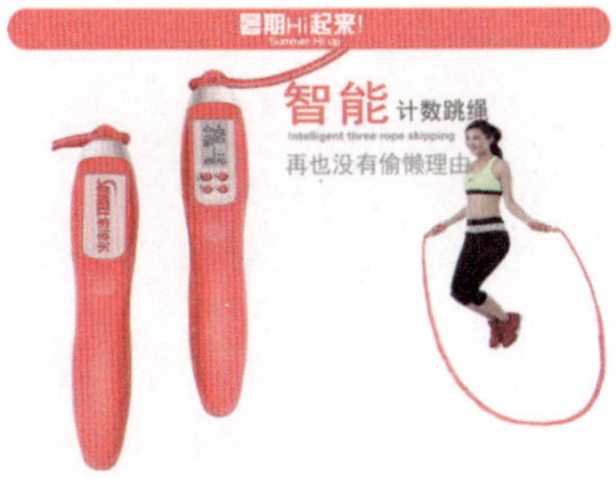

	主题：主形象海报图 场景：模特展示 构图：三角形构图 效果：产品主体与文案信息以对角线方式排列，视线拉长，通过模特方向指向这条黄金线，视觉焦点清晰，指向明确
	主题：产品卖点图，产品优势 1——精准计数 场景：室内场景，模特展示，呈现室内跳绳的背景 构图：三角形构图 效果：跳绳模特为后景，所给出的视觉是室内跳绳 / 健身 / 减肥 / 塑身 / 美体 / 中考前训练等场景。色彩与尺寸对产品产生了放大效果，更通过文案点明卖点主题
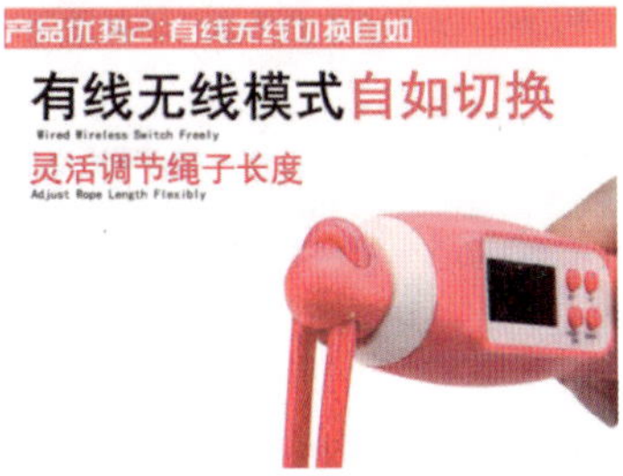	主题：产品卖点图，产品优势 2——无线有线自如切换 场景：白色背景，产品粉色为前景，配以辅助黑色，有一种视觉的收敛效果 构图：对角线构图，文案与主体产品都分布在对角线两侧 效果：主题鲜明，文案突出
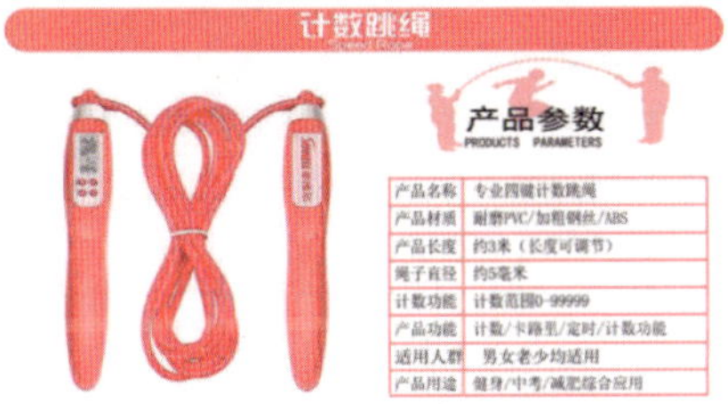	主题：产品展示图——产品参数 场景：白色背景，产品粉色为前景，配以辅助黑色文字，有一种视觉的收敛效果 构图：左右两列，左边为产品主体，右边为详细信息说明，细节信息用表格表示。上部"产品参数"后有跳绳剪影，使信息呈现增加动感 效果：主次分明，信息显示层次清晰，画面静中有动，整体协调
	主题：产品展示图——模特展示 场景：模特展示 构图：左右两列，中间红色分割线，无形之中划出两个空间 效果：通过左右图并列清晰对比一绳两用的状态，视觉效果简洁清晰

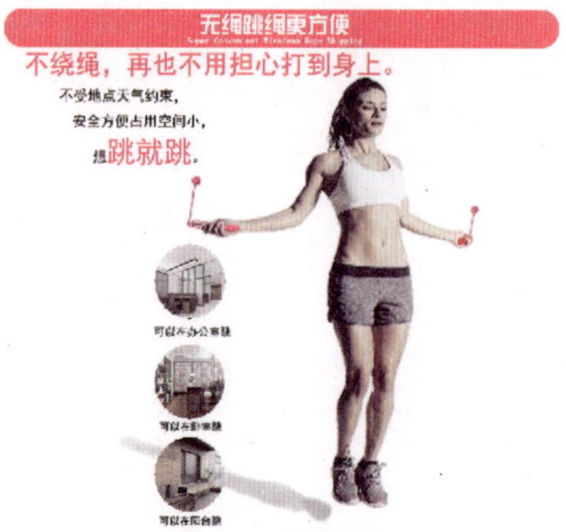	主题：功能展示图——无绳跳绳更方便 场景：白色背景，模特主体，跳绳适用环境以小圆圈形式在模特手下展现，场景清晰不拥挤 构图：左右并列式 效果：由模特展示自由自在地跳绳，背后是相关数据的说明，整体构图重点突出，细节呈现层次清晰
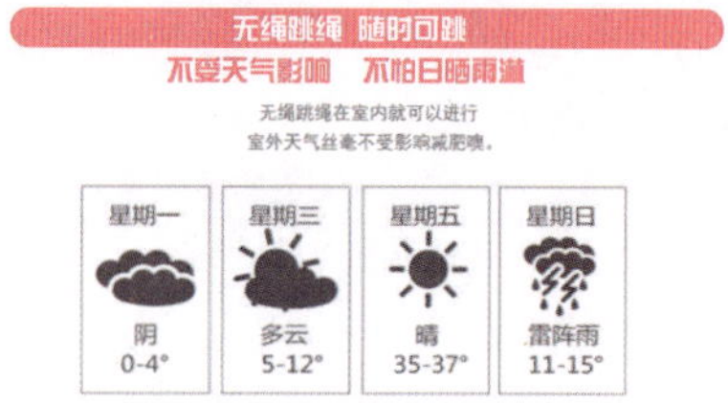	主题：功能展示图——无绳跳绳随时可跳 场景：白色背景，产品红色为标题关键词，其他信息灰色呈现，有视觉落差，形成视觉流 构图：上下＋分列式，本区域以文字信息为主，为增强视觉效果，通过不同文字形式加以表现 效果：通过多元化的表现手法，虽然都是文案信息却传达效果明显
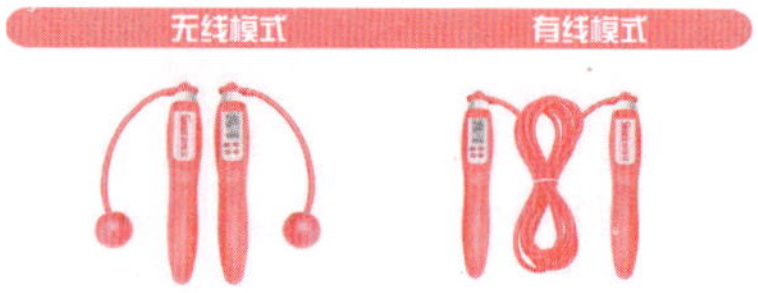	主题：功能展示图——无绳跳绳产品展示 场景：白色背景，产品粉红色为主体前景色 构图：左右两列对称分布形成对比 效果：无绳有绳以两列对称排列，形成鲜明对比
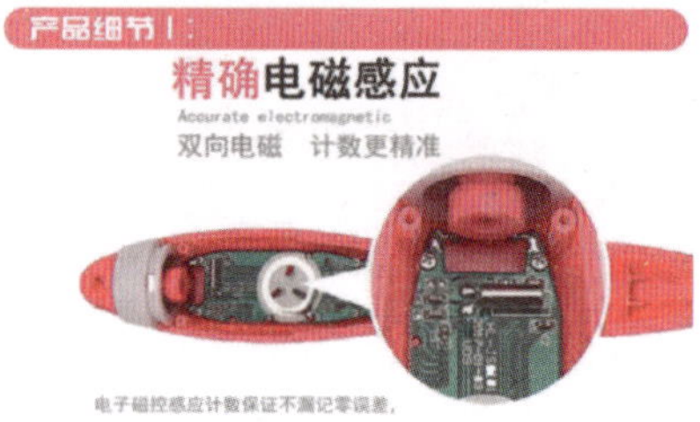	主题：细节展示图——精确电磁感应 场景：白色背景，产品为前景，色彩对比反差大，突出产品主体 构图：产品内视图、细节放大图、文案三者构成一个整体 效果：通过产品内视图的技术表现传达计数的实现细节，给用户以真实的感觉。精准计数是由"磁控感应条"采用的双向磁控计数实现的，正反均可计数，不漏计，0 误差，这是产品区别于其他同类产品的强大竞争点
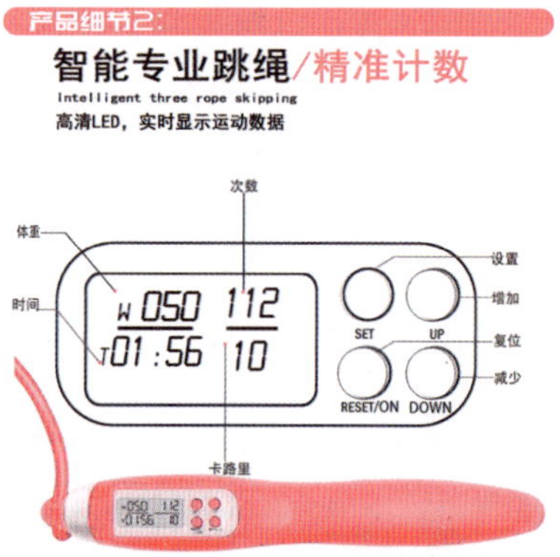	主题：细节展示图——高清显示屏，高清 LED 场景：白色背景，产品为前景，色彩对比反差大，突出产品主体作为视觉起始点 效果：面板功能细节是主体，下方产品实图是辅助说明该细节在整体图中的位置，上方的文案点明细节的功用 效果：让用户真实感受产品的功能。手绘的高清 LED 面板，画面清晰，质量高，是智能专业跳绳的核心构件，能实时显示运动数据，嫩粉色产品图置于 LED 下方，产品卖点置于画面上方。画面平衡，能比较好地突出产品卖点

	主题：细节展示图——高清显示屏，倒计时 1 分钟 场景：白色背景，产品为前景，色彩对比反差大，突出产品主体作为视觉起始点 构图：中心重复构图，以多种形式来表达呈现 1 分钟，强化突出主题"1 分钟计数"效果 效果：画面中若隐若现的亲子跳绳剪影置于仪表盘的中心位置，凸显了摆脱人工计数的跳绳所带来的轻松愉悦感，动感衬托"计数跳绳"的关键卖点
	主题：细节展示图——防滑手柄 场景：粉色背景，与大面积的白色背景产生视觉亮点，转变前面的视觉惯性疲劳 构图：三角形构图，通过手型产品图的角度，指向主题文案。文案字体与颜色根据信息划分成不同层次 效果：焦点指向清晰，文案信息层次分明，易于短时间内快速浏览，也适合静观
	主题：细节展示图——加重设计 场景：白色第一层背景，产品红色是关键产品部件的背景，与关键部件的亮色形成鲜明对比 构图：对角线式构图 效果：关键部件的展示排列在对角线上，视觉集中，同时大号文案点明主题
	主题：资质板块图——产品资质保证 场景：白色背景，资质文件 构图：扇形构图 效果：资质文件通过扇形层叠说明文件材料详实，产品色标题点明主题
	主题：资质板块图——产品品质保证（热销品排行） 场景：表格式热销排行，通过数据对比产品热销程度，用数据说明产品质量保证 构图：表格式 效果：通过整体数据对比说明产品是有品质保证的

	主题：服务板块图——15天无理由退货 场景：白色背景，产品色前景，重点说明 构图：层叠式，因为文字信息多，所以在造型上通过字号、字色、背景形状与背景色起到了信息层次的区分 效果：重点突出，信息分层，适合快速阅读
	主题：服务板块图——跳绳训练方法 场景：白色背景，产品色标明几处关键文案，突出了主题 构图：Z字形构图，在文字信息较多的版式中，可以起到让视觉的舒缓流长的效果 效果：视觉效果舒缓，重点明确，信息层次清晰，图文配合，可以短时间内帮助客户理解文字的意思
	主题：服务板块图——跳绳注意事项 场景：白色背景，通过模特主体的朝向，聚焦视觉中心 构图：黄金分割，画面平衡，通过焦点模特将视觉定向到灰色文案，中心明确 效果：整体性较好，模特起到了视觉定向作用，而产品色鲜亮的标题起到了点明主题的作用
	主题：服务板块图——运动美学，选你所爱 场景：灰色系大背景，衬托亮色产品，同时产品以同色背景放大产品的色彩效果 构图：两行两列，上行两色产品对称排列，下行排列一绳两用的产品附件，透明背景，对上行色彩起到一种平衡沉淀的作用 效果：排列清楚，对比清晰，视觉主体明确，效果清晰可见
	主题：链接区图——热销推荐 场景：白色背景，不同主色产品主体，对比清晰 构图：三栏竖式构图 效果：三类产品均衡分布，左侧两个产品图通过色彩形成清晰对比，第三个产品以灰色系形成整体画面的视觉平衡

续表

	主题：链接区图——分类导航 场景：浅灰色背景，与前面页面白色背景为主，形成一种压轴的味道，同时用不同的亮色健身器材图作为类目图标，引导作用更加明显 构图：列式构图，同时产品朝向有一定起伏规律，视觉效果舒适且主体明确 效果：主体突出，主次分明，信息分层显示

4.3.3　详情页制作

1．海报图的制作

海报图由运动会海报、主形象海报两部分构成。

第一部分：运动会活动促销海报

【任务描述】通过详情页运动会活动促销海报图制作，体验活动促销海报图视觉设计中营销意图的体现细节。运动会活动促销海报效果图如图 4-24 所示。

图 4-24　运动会活动促销海报效果图

【素材准备】绿茵场地 .psd、瑜伽剪影 .psd、FZZYJW.ttf。

【技能准备】文件基本操作、置入文件、文字工具、自由变换、颜色填充、图层样式、魔棒工具、图层基本操作、组基本操作。

操作步骤详见二维码。

运动会活动促销海报制作

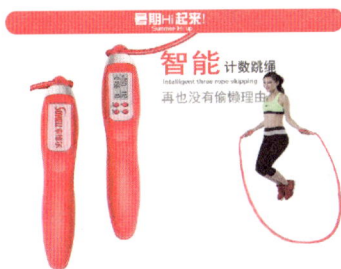

第二部分：主形象海报图

【任务描述】通过详情页主形象海报图制作，体验主形象海报图视觉设计中营销意图的体现细节。详情页主形象海报效果图如图 4-25 所示。

图 4-25　详情页主形象海报效果图

125

【素材准备】左跳绳 .psd、右跳绳 .psd、模特 .psd、百度综艺简体 .ttf。

【技能准备】文件基本操作、置入文件、文字工具、自由变换、圆角矩形工具、图层基本操作、组基本操作。

操作步骤详见二维码。

主形象海报图制作

2．产品卖点图的制作

通过详情页产品卖点图制作，体验产品卖点图视觉设计中营销意图的体现细节。产品卖点图由产品优势 1（精准计数）、产品优势 2（有线无线切换自如）两个模块构成。

第一部分：产品优势 1（精准计数）卖点图制作

【任务描述】通过产品优势 1（精准计数）卖点图制作，体验产品卖点图视觉设计中营销意图的体现细节。效果图如图 4-26 所示。

【素材准备】卧室木地板运动场景 .psd、模特图 .psd、产品图 .psd、方正兰亭中粗黑_GBK.ttf、方正正中黑简体 .ttf。

【技能准备】文件基本操作、文件置入、自由变换、文字工具、图层基本操作、圆角矩形工具、颜色填充、去色、曲线、组基本操作。

操作步骤详见二维码。

精准计数卖点图制作

第二部分：产品优势 2（有线无线模式自如切换）卖点图制作

【任务描述】通过详情页产品优势 2（有线无线自如切）卖点图制作，体验卖点图视觉设计中营销意图的体现细节。效果图如图 4-27 所示。

图 4-26　产品优势 1 卖点图效果

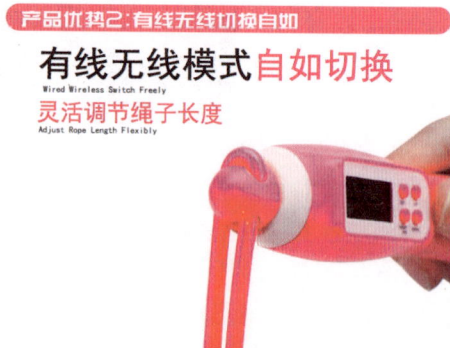

图 4-27　产品优势 2 卖点图效果

【主要构成】标题部分、产品部分、文字部分。

【技能准备】文件基本操作、文件置入、自由变换、文字工具、颜色填充、圆角矩形工具、图层基本操作、组基本操作。

【素材准备】手持产品素材 .psd、FZZYJW.ttf。

操作步骤详见二维码。

有线无线模式自如切换卖点图制作

3．产品展示板块图的制作

通过详情页产品展示板块图制作，体验产品展示板块图视觉设计中营销意图的体现细节。产品展示板块图由产品参数、有线无线展示、模特展示三部分构成。

第一部分：产品参数

产品参数展示板块效果图如图 4-28 所示。

图 4-28　产品参数展示板块效果图

【技能准备】文件基本操作、文件置入、自由变换、文字工具、图层基本操作、颜色填充、组基本操作。

【素材准备】粉色表格 .psd、粉色剪影素材 .psd、有线产品素材 .psd、百度综艺简体 .ttf。

操作步骤详见二维码。

产品参数展示板块制作

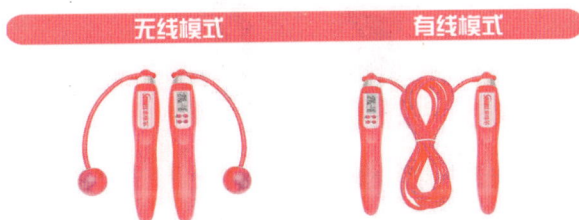

第二部分：有线无线展示

"有线无线"模式展示板块效果图如图 4-29 所示。

图 4-29　"有线无线"模式展现板块效果图

【技能准备】文件置入、图层基本操作、自由变换、文字工具、颜色填充、圆角矩形工具、组基本操作。

【素材准备】无线跳绳素材 .psd、有线跳绳素材 .psd、百度综艺简体 .ttf。

操作步骤详见二维码。

第三部分：模特展示

模特展示部分效果图如图 4-30 所示。

"有线无线"模式展示图制作

图 4-30　模特展示部分效果图

【技能准备】文件基本操作、文件置入、文字工具、颜色填充、圆角矩形工具、直线工具、图层基本操作、组基本操作。

【素材准备】有线跳绳模特 .psd、无线跳绳模特 .psd、百度综艺简体 .ttf。

操作步骤详见二维码。

4．功能展示板块图的制作

通过详情页功能展示板块图制作，体验功能展示板块图视觉设计中营销意图的体现细节。功能展示板块由"无绳跳绳更方便""无绳跳绳随时可跳"两个模块构成。

第一部分：无绳跳绳更方便

"无绳跳绳更方便"功能展示效果图如图 4-31 所示。

模特展示图制作

图 4-31　"无绳跳绳更方便"功能展示效果图

【技能准备】文件基本操作、文件置入、文字工具、自由变换、颜色填充、圆角矩形工具、椭圆工具、剪贴蒙版、图层基本操作、组基本操作。

【素材准备】无线跳绳模特 .psd、模特影子 .psd、办公场地 .psd、卧室场地 .psd、阳台场地 .psd、百度综艺简体 .ttf。

操作步骤详见二维码。

第二部分：无绳跳绳随时可跳

"无绳跳绳随时可跳"功能展示效果图如图 4-32 所示。

"无绳跳绳更方便"
功能展示图制作

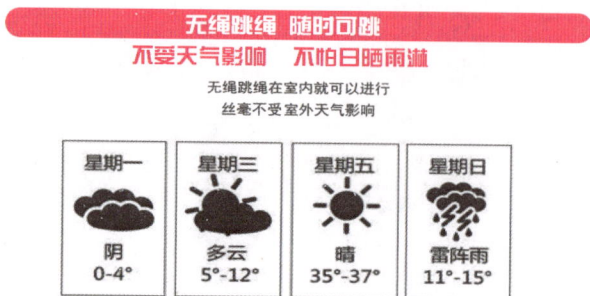

图 4-32　"无绳跳绳随时可跳"功能展示效果图

【技能准备】文件基本操作、文件置入、自由变换、文字工具、颜色填充、圆角矩形工具、图层基本操作、组基本操作。

【素材准备】天气情况图 .psd、百度综艺简体 .ttf。

操作步骤详见二维码。

"无绳跳绳随时可跳"
功能展示图制作

5. 细节展示图的制作

通过详情页细节展示图制作，体验细节展示图视觉设计中营销意图的体现细节。细节展示图由精确电磁感应、高清 LED、倒计时 1 分钟功能、防滑手柄、加重设计五个产品细节构成。

第一部分：产品细节 1——精确电磁感应

产品细节 1 展示效果图如图 4-33 所示。

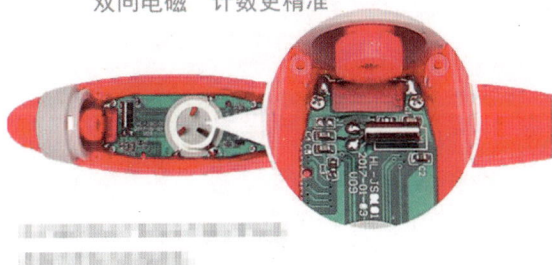

图 4-33　产品细节 1 展示效果图

【技能准备】文件基本操作、文字工具、文件置入、圆角矩形工具、颜色填充、图层基本操作、组基本操作。

【素材准备】电磁结构内部图 .psd、百度综艺简体 .ttf。

操作步骤详见二维码。

精确电磁感应细节展示
图制作

第二部分：产品细节 2——高清显示屏

产品细节 2 展示效果图如图 4-34 所示。

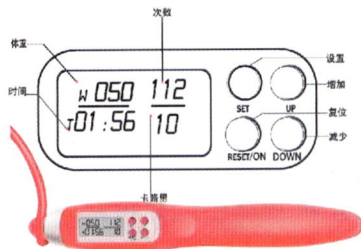

图 4-34　产品细节 2 展示效果图

【技能准备】文件基本操作、文字工具、文件置入、自由变换、圆角矩形工具、颜色填充、椭圆工具、直线工具、图层蒙版、图层基本操作、组基本操作。

【素材准备】无绳跳绳素材 .psd、百度综艺简体 .ttf。

操作步骤详见二维码。

高清显示屏细节图的制作

第三部分：产品细节 3——倒计时 1 分钟功能

产品细节 3 展示效果图如图 4-35 所示。

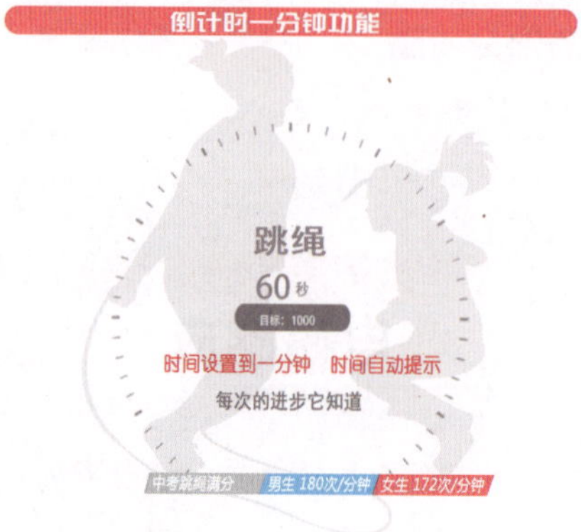

图 4-35　产品细节 3 展示效果图

【技能准备】文件基本操作、文字工具、图层基本操作、颜色填充、自由变换、色彩范围、圆角矩形工具、矩形工具、变换、组基本操作。

【素材准备】亲子跳绳剪影 .jpg、表盘刻度 .psd、百度综艺简体 .ttf。

操作步骤详见二维码。

倒计时 1 分钟功能细节展示图的制作

第四部分：产品细节 4——防滑手柄

产品细节 4 展示效果图如图 4-36 所示。

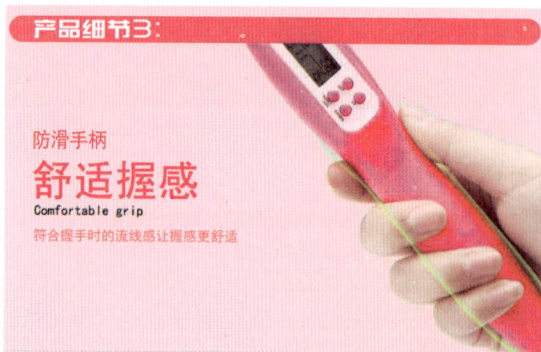

图 4-36　产品细节 4 展示效果图

【技能准备】文件基本操作、置入文件、文字工具、图层基本操作、圆角矩形工具、颜色填充、亮度 / 对比度、组基本操作。

【素材准备】防滑手柄 .psd、百度综艺简体 .ttf。

操作步骤详见二维码。

防滑手柄细节展示图的制作

第五部分：产品细节 5——加重设计

产品细节 5 展示效果图如图 4-37 所示。

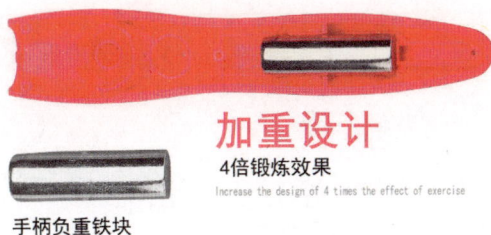

图 4-37　产品细节 5 展示效果图

【技能准备】文件基本操作、置入文件、文字工具、图层基本操作、颜色填充、自由变换、组基本操作。

【素材准备】加重设计素材 .psd、负重铁块素材 .psd。

操作步骤详见二维码。

加重设计细节展示图
的制作

6．资质板块图的制作

通过详情页资质板块图制作，体验资质板块图视觉设计中营销意图的体现细节。资质板块图由产品资质保证、产品品质保证两部分构成。

第一部分：产品资质保证

产品资质保证效果图如图 4-38 所示。

图 4-38　产品资质保证效果图

【技能准备】文件基本操作、置入文件、文字工具、图层基本操作、颜色填充、自由变换、亮度 / 对比度、圆角矩形工具、图层样式、复制并旋转（Ctrl+Alt+Shift+T）、组基本操作。

【素材准备】授权资质 .psd、百度综艺简体 .ttf。

操作步骤详见二维码。

第二部分：产品品质保证

产品品质保证效果图如图 4-39 所示。

产品资质保证图的制作

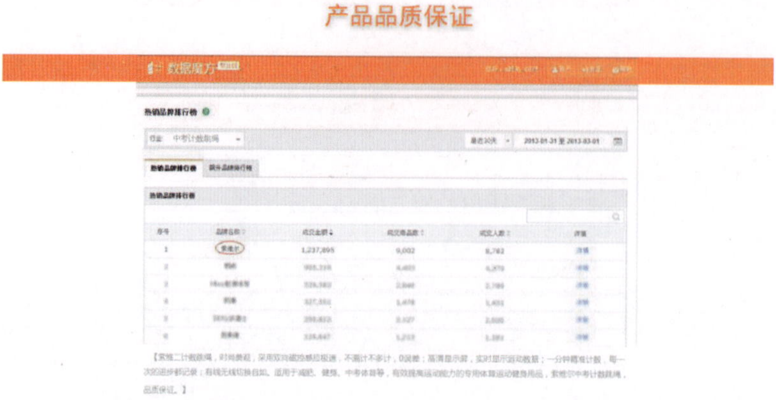

产品品质保证

图 4-39　产品品质保证效果图

【技能准备】文件基本操作、置入文件、文字工具、图层基本操作、图层样式、颜色填充、矩形工具、组基本操作。

【素材准备】数据魔方 .psd。

操作步骤详见二维码。

产品品质保证图的
制作

7．服务模块图的制作

通过详情页服务模块图制作，体验服务模块图视觉设计中营销意图的体现细节。服务模块图由无理由退换货，跳绳训练方法，跳绳训练注意事项，运动美学、选你所爱四个模块构成。

第一部分：15 天无理由退换货

无理由退换货效果图如图 4-40 所示。

图 4-40　无理由退换货效果图

【技能准备】文件基本操作、文字工具、图层基本操作、颜色填充、椭圆工具、组基本操作。

【素材准备】方正兰亭特黑长简 .ttf。

操作步骤详见二维码。

第二部分：跳绳训练方法

跳绳训练方法效果图如图 4-41 所示。

15 天无理由退换货服
务模块图的制作

图 4-41　跳绳训练方法效果图

【技能准备】文件基本操作、置入文件、文字工具、图层基本操作、颜色填充、圆角矩形工具、组基本操作。

【素材准备】跳绳训练图示 1.psd、粉色互动框 .psd、跳绳训练图示 2.psd、百度综艺简体 .ttf。

操作步骤详见二维码。

第三部分：跳绳训练注意事项

跳绳训练注意事项效果图如图 4-42 所示。

跳绳训练方法图的制作

图 4-42　跳绳训练注意事项效果图

【技能准备】文件基本操作、置入文件、文字工具、图层基本操作、颜色填充、圆角矩形工具、组基本操作。

【素材准备】模特 .psd、百度综艺简体 .ttf。

操作步骤详见二维码。

第四部分：运动美学、选你所爱

此部分效果图如图 4-43 所示。

跳绳训练注意事项图
的制作

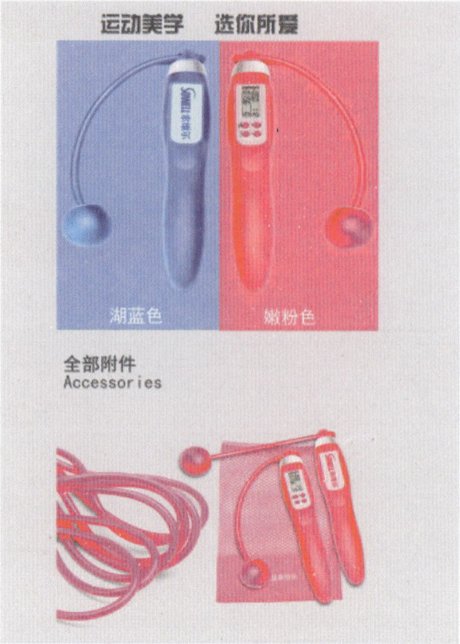

图 4-43 "运动美学、选你所爱"效果图

【技能准备】文件基本操作、置入文件、文字工具、图层基本操作、图层编组。

【素材准备】湖蓝色产品图 .psd、嫩粉色产品图 .psd、附件包 .psd、百度综艺简体 .ttf。

操作步骤详见二维码。

"运动美学、选你所爱"图的制作

8. 链接区板块图的制作

通过详情页链接区板块图制作，体验链接区板块图视觉设计中营销意图的体现细节，链接区板块图由热销推荐和分类导航两个模块构成。

第一部分：热销推荐

热销推荐链接区效果图如图 4-44 所示。

图 4-44 热销推荐链接区效果图

【技能准备】文件基本操作、置入文件、渐变工具、文字工具、图层基本操作、变换、矩形工具、多边形工具、组基本操作。

【素材准备】瑜伽垫 .psd、运动轴承健身绳 .psd、男士俯卧撑架 .psd。

操作步骤详见二维码。

热销推荐链接图的制作

第二部分：分类导航

分类导航链接区效果图如图 4-45 所示。

图 4-45　分类导航链接区效果图

【技能准备】文件基本操作、置入文件、文字工具、图层基本操作、颜色填充、矩形工具、自定义形状工具、描边、组基本操作。

【素材准备】减肚子素材 .psd、练手臂素材 .psd、练腿部素材 .psd、练胸肌素材 .psd、练臀部素材 .psd。

操作步骤详见二维码。

分类导航链接图的制作

4.3.4　上线测试

详情页页面通常较长，板块图完成后到上线测试需要进行以下几个基本步骤。

（1）Photoshop CS5 环境详情页合成与调试。

（2）Photoshop 环境应用切片工具切图。

（3）图片上传至图片空间。

（4）从发布宝贝中上传宝贝详情页。

操作步骤详见二维码。

详情页上线测试步骤

同步阅读

创新型商品拍摄——商拍酷宝

商拍酷宝，一款新型摄影设备，通过一个"盒子"和一款 App 就能拍摄出专业级的商品照片，很大程度上满足了电商对小尺寸产品拍摄的需求。

商拍酷宝是一台创新型智能摄影台，体积小但拍摄空间设置合理，能满足百分之八十的中小型商品拍摄需求，尺寸如图 4-46（a）所示；可折叠设计颠覆传统棚拍模式，30 秒即可快速搭建专业级光影环境，如图 4-46（b）所示；内置优质 LED 灯珠，高达 5600k 的色温和高于 95 的显色指数，光线柔和均匀，能最大限度真实反映商品色彩；智能操作面板功能齐全，简单易学；内置蓝牙模块，手机连接可远程操控调节光比值，连接使用效果图如图 4-46（c）所示。

(a) 拍摄尺寸

(b) 折叠设计

(c) App蓝牙连接

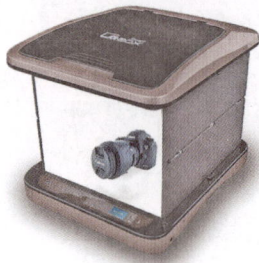

图 4-46　商拍酷宝

商拍酷宝

同步训练

1. 产品主图策划与设计

（1）训练目的

通过竞品调研，掌握数据收集、数据分析的基本方法，掌握产品卖点提取的基本方法与步骤。通过系列主图策划，掌握主图信息分层、视觉构图、色彩搭配、文案策划等方法与步骤。通过实现环节，熟练掌握图片处理软件，掌握图片处理的相关技巧。活动主题可以选取双十一、双十二等。

（2）训练组织

2～3 人一组组成学习团队，选取一位学生作为项目负责人。在一体化实训室内，教师机与学生机安装广播教学系统，计算机安装 Adobe Photoshop CS5、Office、记事本等教学常用软件。

（3）训练内容

训练内容详见二维码同步训练。

2. 产品详情整体策划与设计

同步训练

（1）训练目的

通过竞品详情页调研，掌握数据收集、数据分析的基本方法。掌握产品详情页策划的基本方法与步骤，熟悉视觉构图、色彩搭配、文案策划等的方法与步骤。通过系列产品详情页调研，掌握分类整理产品卖点、痛点，并根据结果进行卖点、痛点文案创作；掌握产品详情页逻辑框架结构策划，为详情页模块实现环节打下基础。

（2）训练内容

训练内容详见二维码同步训练。

拓展训练

1. 海报图策划与设计

（1）训练目的

通过详情页海报图模块调研，掌握数据收集、数据分析的基本方法。掌握产品详情页活动海报图策划的基本方法与步骤。熟悉视觉构图、色彩搭配、文案策划、活动策划等的方法与步骤。通过系列产品详情页活动海报图调研，掌握活动策划、海报策划等的基本流程与方法。

（2）训练内容

训练内容详见二维码拓展训练。

拓展训练

2. 海报图制作

（1）训练目的

通过详情页海报图模块制作实施，掌握 Photoshop 图形图像处理文件的基本操作、置入文件、抠图技术、文本技术、调色技术、图层基本操作、组基本操作等技能技巧。熟悉构图基本方法、色彩搭配多种方案等项目实战基础。通过项目实战，巩固基本技能实操，储备岗位核心技能。活动主题可自由选取。

（2）训练内容

训练内容详见二维码拓展训练。

项目小结

主图是详情页的精华所在，主图决定了点击率。详情是主图的细化与补充，详情决定了转化率。本项目以产品视觉营销为项目载体，旨在让学生掌握客户需求分析、产品卖点分析、产品痛点提取等内容，以便能进一步深入开展产品需求分析；在产品主图规范、设计原则等常规知识基础上，培养学生掌握产品主图信息分层、基本构图等内容；训练学生运用功能结构图进行产品详情信息架构，运用线框图进行产品详情页的版式设计；锻炼学生运用画像方法进行初步的客户画像与产品画像；锻炼学生运用场景、活动对产品进行视觉营销策划；锻炼学生运用常用图像处理工具软件实现策划效果、测试效果。本项目在项目导入基础上提供了完成该项目所需的相关理论与实操知识、同步阅读、同步训练、拓展训练、理论测试题，以逐步巩固提高学习者的综合职业能力。

理论测试题

一、填空题

1. 产品的（　　　），是（　　　）的终端使用者，是根据相关特征分类聚合后的用户类型。

2. 用户思维的基本路径：市场定位→（　　　）→粉丝吸取→（　　　）→社群经济。

3．需求层次是会变的，与主体在需求层次（　　　）中所处的位置相关。

4．需求内容可分解为（　　　）与（　　　）；需求层次可分解为（　　　）、（　　　）与（　　　）。

5．（　　　）是著名的激励理论之一，其主要内容为导致工作满意的因素与不满意的因素是有区别的。

6．（　　　）是企业营销力与产品竞争力的展现，是（　　　）的核心环节。

7．提高产品竞争力的指导思想有（　　　）、（　　　）。

8．产品最本质的因素是（　　　）、（　　　）。

9．（　　　）与（　　　）形影相随，分析主图信息的时候必然要面对产品关键词。

10（　　　）助力（　　　），不仅要对比站内竞店竞品，还要对比其他电商平台的竞店竞品。

二、不定项选择题

1．主图的策划与设计核心是（　　　）。

　　A．浏览率　　　　B．点击率　　　　　C．转化率　　　　　D．美观度

2．（　　　）、（　　　）、（　　　），均属于主图。

　　A．产品主图　　　B．直通车图　　　　C．广告图　　　　　D．钻展图

3．（　　　）是客户需求与产品属性之间的撞击点。

　　A．卖点　　　　　B．兴奋点　　　　　C．痛点　　　　　　D．痒点

4．（　　　）需要从（　　　）与（　　　）两个角度入手，其他环境因素分化到产品与客户两个对象集合中加以考虑。

　　A．痛点分析，产品，客户　　　　　　B．卖点分析，产品，客户

　　C．痛点分析，客户，产品　　　　　　D．主图分析，痛点，客户

5．通过（　　　）数据建模，来进行痛点提取，从而生成（　　　）。

　　A．画像法，卖点　　　　　　　　　　B．线框法，兴奋点

　　C．信息架构法，痛点　　　　　　　　D．信息收集法，痛点

三、判断题

1．痛点分析数据模型中，客户相关信息可以分为自然属性、社会属性、目标需求三个信息层次。（　　　）

2．详情页是搜索流量的主要入口，同时也是影响跳失率的重要因素。（　　　）

3．主图是产品卖点、用户痛点的精华与浓缩，根据卖家对产品特征及展示的需要，突出点击率和转化率，以博取消费者眼球。（　　　）

4．UPS即独特销售主张，俗称卖点。商界的痛点分析法即是建构在UPS理论基础之上的。（　　　）

5．产品详情页的每一个版面最好都有一个卖点或者一个观点。（　　　）

6．卖点分析是建构在用户痛点、产品功能点、服务点等的基础之上的。（　　　）

7．点击率是视觉营销的第一个核心指标。（　　　）

8．主图可以添加水印、绚丽背景等信息。（　　　）

9．产品画像是通过产品的相关信息描述产品及相关经营信息的数据建模方法。（　　　）

10．画像法数据建模操作步骤为：信息收集→信息分类→找联系。（　　　）

项目 5
建构品牌视觉识别力

知识导图

 知识导图

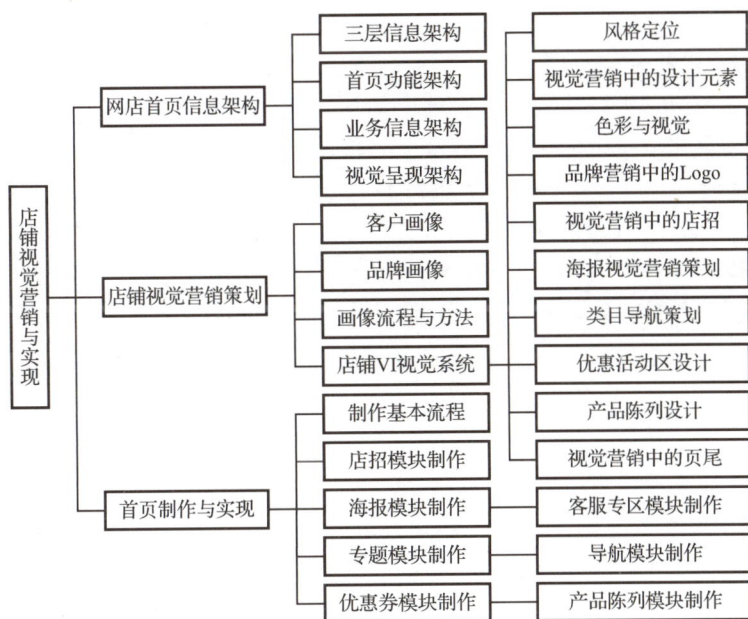

```
店铺视觉营销与实现
├── 网店首页信息架构
│   ├── 三层信息架构 ──── 风格定位
│   ├── 首页功能架构 ──── 视觉营销中的设计元素
│   ├── 业务信息架构 ──── 色彩与视觉
│   └── 视觉呈现架构 ──── 品牌营销中的Logo
├── 店铺视觉营销策划
│   ├── 客户画像 ──── 视觉营销中的店招
│   ├── 品牌画像 ──── 海报视觉营销策划
│   ├── 画像流程与方法 ──── 类目导航策划
│   └── 店铺VI视觉系统 ──── 优惠活动区设计
│                    ──── 产品陈列设计
└── 首页制作与实现
    ├── 制作基本流程 ──── 视觉营销中的页尾
    ├── 店招模块制作 ──── 客服专区模块制作
    ├── 海报模块制作 ──── 导航模块制作
    ├── 专题模块制作 ──── 产品陈列模块制作
    └── 优惠券模块制作
```

知识点

1. 了解店铺首页功能层、业务层、呈现层三层信息架构的组成与内容。
2. 熟悉客户画像、品牌画像、画像流程与方法等视觉营销画像相关内容。
3. 掌握视觉元素、风格定位、色彩、Logo、海报、类目导航、优惠券、产品陈列、页尾等店铺首页 VI 视觉系统中常用对象与方法。

技能点

1. 能够运用信息建模方法与网络资源进行业务数据建模。

2. 能够运用功能结构图对店铺首页进行信息架构。

3. 能够运用线框图进行首页版式设计。

4. 能够运用画像流程与方法进行初步的客户画像与品牌画像。

5. 能够运用 VI 视觉识别系统建构方法进行店铺品牌营销。

6. 能够运用常用图像处理工具软件实现策划效果、测试效果。

7. 能够与人进行良好沟通并协作完成学习任务。

项目导入

案例

苏系风格女装店铺视觉营销策划分析

苏杭是淘系女装重要产地之一，小夏最近半年喜欢上了一家名为"西缺 棉麻偏执者"的苏系淘宝女装店，对店家的服装和服务都非常满意。"欲把西湖比西子，淡妆浓抹总相宜""一方水土养育一方文化"，在客户画像、品牌风格定位中，除了年龄、性别两个关键因子，文化心理、地域习俗是人以群分的基础。因此，服饰也与饮食相似，有苏杭、闽粤、齐鲁、京派等不同地域风格。风格赋予视觉营销以灵魂，风格伴随视觉营销贯穿于产品、店铺、服务等各个环节。"西缺"风格在视觉营销上体现为：

1. 产品风格："上有天堂，下有苏杭"，说的不仅仅是苏杭物产丰富，更是一种精神层面的极致。西缺服饰是苏州淘系女装的代表，兼顾简单、舒适、自然的生活化与时尚化，"美人在骨不在皮"，注重衣服骨相，古新融合是其产品风格。材质多是纯天然的棉、麻系列，看似普通，却极富设计感，宁静中透着清新，浑然中透着一种自我。定价策略则朴实而不喧哗，让客户有物超所值的感受。

2. 店铺装修风格：众所周知，苏州园林设计在时空、意境方面的造诣独树一帜。西缺在店铺装修、产品陈列上受此影响。简洁、静谧、悠远、灵动，一步一景，一格一物，从 Logo、店招、海报、分类导航、产品陈列等不同板块，无不流露出此间的味道，再艳丽的色彩，浸入此间亦会融于其中。

3. 服务风格：小桥、流水、古藤、老树在苏杭人的眼里，都可以定格成一种精致与韵味，西缺服务的每一个环节，都被视为一窗一格的温馨景致。传统而贴心的产品内外包装（见图 5-1），无一丝赘余，简约实用，环保不浪费，用户除了惊喜、感动便是珍藏，舍去了售后常见的送礼、送卡、求好评等常规动作。同时充分运用钻展，千人千面效应，各类鲜明主图，增补倒追了许多单子，会聚了不少老客户。

总结：视觉营销不仅是色彩、文案、造型等局部空间的视觉焦点，更是一种风格、品牌力的贯穿渗透，是一种持续的、连绵不断的时序与视觉场，具有波粒二相性。

（a）内包装　　　　　　　　　　（b）外包装

图 5-1　产品包装图

5.1　网店首页信息架构

　　首页是店铺视觉营销与品牌文化展现重地，网店首页的信息架构犹如网店的身子骨，决定着网店信息的组织架构和视觉呈现架构。网店本质上是网站，网站信息架构通常可以分离出功能层、信息层与呈现层，层次关系如图 5-2 所示。下面从功能架构、信息架构、呈现架构三个维度来领略首页信息架构的内涵与作用。

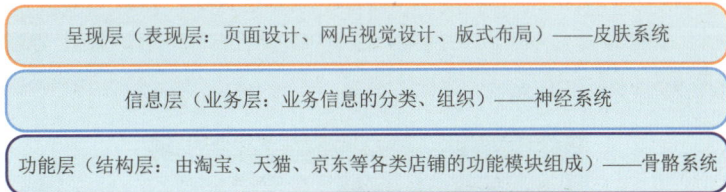

图 5-2　三层架构的层次关系

　　完美的页面需要平台提供的功能结构、网店的信息结构、页面的版式布局、风格色调等呈现层的合理配置，从而实现有效的视觉动线，合理疏导流量分布，同时能有效节约顾客选购时间，提升用户体验。其中信息结构是页面的逻辑模型，处于核心位置，该模型设计的优劣取决于店铺定位、人群分析、营销活动分析等业务逻辑；优秀的逻辑模型设计能降低后续视觉展现的实现难度，提升有效视觉效果。制作完美首页的关键工作环节如图 5-3 所示。

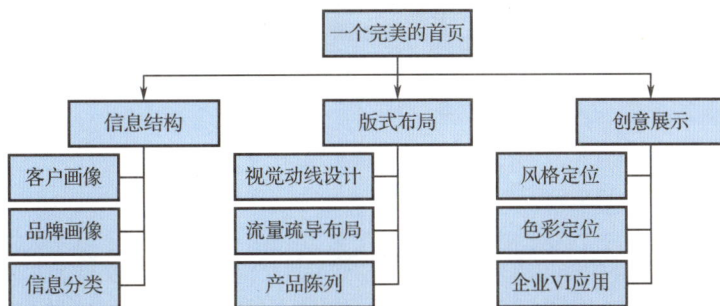

图 5-3　完美首页的关键工作环节

5.1.1　功能架构

由网站平台提供的功能板块，即网店结构，是信息架构的载体，是页面的骨骼系统。与网站相似，每个网店会有首页、分级页面、详情页面等，每个页面都包含页头、页面、页尾。其中首页与详情页是最基础的页面，首页是店铺的基础，详情页是产品的基础，分级页则是各类页面的中间桥梁。首页页头通常由店招、导航组成；页面由图片轮播、分类区、特价专区、自定义产品陈列等板块组成；页尾通常由底部导航、链接等组成。如图 5-3 所示是淘宝基础店铺首页装修后台基础模块，可以选择平台提供的模块进行组合构成首页功能框架。

图 5-4　淘宝基础店铺首页装修后台基础模块

网店及首页整体功能配置通常分页头、页体、页尾三段。首尾导航功能比较常见，其他功能通常放置在页体部分，导航也会以浮动导航、橱窗式导航、贴士导航等出现在页体部分，如图 5-5 所示。

图 5-5　首页导航

框架图方便设计人员理清首页信息功能框架，其效率与准确率远超语言与文本描述，大大降解与消除了不同岗位部门间信息交互与传达的沟通障碍。图 5-6 所示是首页的一个常见基本功能框架，整体上分三段，产品与活动信息基本出现在页体部分，活动信息多出现在轮播、创意陈列区域，产品陈列多出现在活动之后，分类导航信息可根据需求以不同的形式出现在页头、页体、页尾部分。

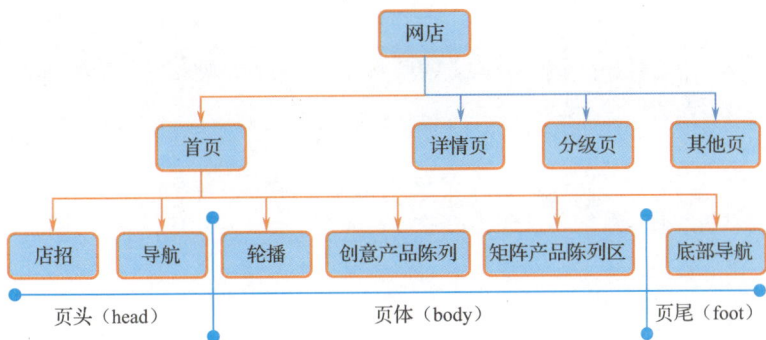

图 5-6 首页常见基本功能架构

西缺八月首页页面经分割处理后的 4 大区块如表 5-1 所示。基于框架结构的模块化分析，产品陈列区只显示栏目标题，产品陈列内容作隐藏处理。创意产品陈列一般放置各类专辑、热卖等活动类产品，产品陈列通常按常规分类放置产品。解析西缺八月初秋双城记首页，参照首页功能架构图绘制西缺八月首页的功能框架，如图 5-7 所示。

表 5-1 首页案例展示图

1．店招＋首焦＋分类导航	2．预售专辑＋外景专辑
3．热推产品橱窗活动	4．各种产品陈列汇集（篇幅限制，陈列产品省略）

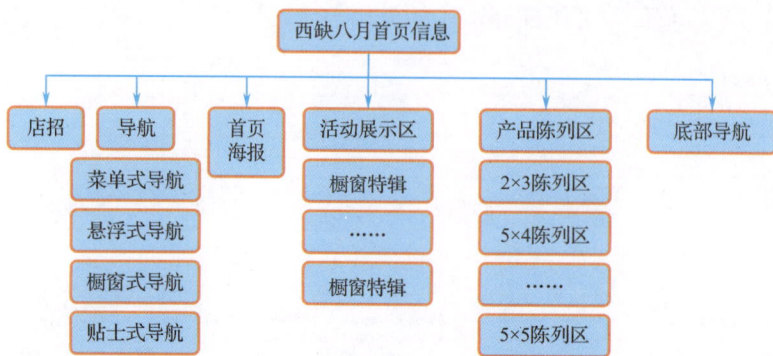

图 5-7　西缺八月首页功能架构

【开放式课堂练习】　竞店首页调研分析报告——功能架构子报告

问题描述：功能框架是页面的骨架，识别页面功能框架并能根据店铺当季营销需求、用户体验来优化设计功能框架是网店装修的基础。请搜索几家服装类店铺，选取整体框架设计特别好的店铺，按下面的要求记录相关信息，完成问题思考并予以对比分析。记录表格由学生自行设计。

数据记录：

（1）记录店铺信息。记录店铺名称、店家级别、开店时间、主营业务。

（2）识别并绘制店铺首页功能框架；识别各店铺首页的功能框架，绘制首页功能框架图。

数据分析：

（1）通用功能分析。观察被调研服装店铺首页的功能框架，抽取各家店铺首页共同包含的功能。

（2）差异功能分析。比较被调研服装店铺的首页功能框架，分析各店铺不同于其他店铺的独特功能或者相似功能，总结各家有哪些不同的实现方式。

5.1.2　信息架构

信息是店铺呈现给用户，并且用以与客户交互的内容。信息架构意味着信息的组织、联结方式，对应视觉内在的序列、意图，是整个页面的神经系统。首页对网店系统的信息流起到两方面作用。

1．信息传达

首页是网店最重要、最关键的信息集散中心，通过视觉向客户展示商家的意图，包括自身风格、品牌文化、当季活动、热销产品、经典产品等信息。

2．流量疏导

首页是客户、各类信息、各级页面的交汇场所，是网店的信息控制中心，可以快速引导客户找到自己的方向与目标，并有引导客户继续深入的导向功能。

信息架构是信息呈现与流量引导的框架。首页常见信息架构如图 5-8 所示。

（1）店招区。店招区是黄金展示区，用以陈设店铺最核心、最优质的信息，通常有企业名称、品牌、主营产品或现促活动等客户第一时间想知晓的信息。

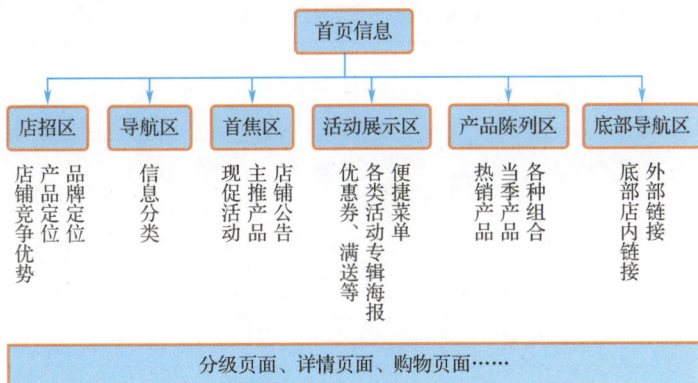

图 5-8　首页常见信息架构

（2）导航区。导航区提供了网店的信息分类，可以让客户快速、清晰地获得店铺经营的大类信息，并可以快速到达相应区域。

（3）首焦区。首焦区即轮播区，通常提供现促活动、主推产品、店铺公告、品牌文化等需要客户第一时间知晓的信息。

（4）活动展示区。通常放置当季店铺、平台策划推出的活动，会出现优惠券、满送等各类活动信息、热销产品信息、当季产品、各类经典款等促销活动信息，间或配有便捷菜单信息，方便客户搜索与选择。

（5）产品陈列区。该区通常按类目进行产品分块陈列。

（6）底部导航区。页面底部通常放置底部链接、外部链接、分类信息等需客户重点关注的信息，方便客户快速到达相关区域。

西缺八月双城记主题首页信息的信息架构如图 5-9 所示。

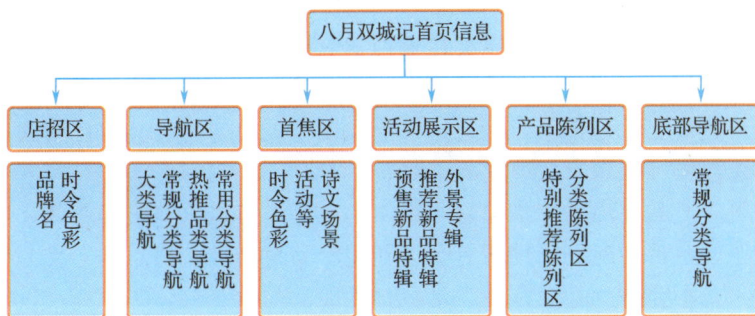

图 5-9　西缺八月双城记主题首页信息架构

信息架构根植于功能架构，信息架构是面向运营业务的，而功能架构是依赖于平台的。视觉营销工作，整体上而言，就是运用功能架构实现信息架构，形成视觉架构。然后再通过页面信息架构、局部信息结构形成视觉流与视觉焦点，为视觉设计阶段的视觉架构提供信息架构，最终合成视觉场，形成购物氛围，引导客户视觉走向，完成交易流程。

淘宝、天猫、京东等各电商平台店铺，具备自身平台架构特点，同时又兼备平台商城基本架构，技术路线相似。现以淘宝平台西缺店铺八月首页为案例，两者之间的对应关系如表 5-2 所示。有底纹区域是功能架构，无底纹区域是信息架构。

表 5-2　西缺八月双城记信息架构与功能架构之间的关联

店　招	品牌名	西　缺	
	时令色彩	墨　绿	
导航	通栏导航 / 大类导航	所有分类·首页·人气新品·每周有新·上装·下装·毛衣专区·清仓专区	
	悬浮式导航 / 常用分类导航	新品/热卖·衬衫·T恤·裤装·背心·防晒衣·清仓区·全部宝贝	
	橱窗式导航 / 热推品类导航	店主推荐·清仓特惠·百搭小物·防晒专区·每周上新	
	贴士式导航 / 常规分类导航	T恤·连衣裙·衬衫·裤子·背心·防晒衣	
轮播	首焦	双城记·时令小诗画·品牌与时令信息	
活动展示区	秋装新品	毛衣特辑，西缺甄品预售信息	
	想和你去吹吹风	夏日外景专辑，轻盈夏装，迎着风，清浅中绽放微笑	
	不一样的清新风	新品搭配，苎麻、棉麻条纹休闲裤陈列	
	素雅还是炫彩	新品搭配，亚麻T恤与白色热裤	
	听，花开的声音	新品海报，苎麻碎花连衣裙	
产品陈列区	双城故事	人气新品	进店必选
	衬衫专区	背心专区	连衣裙专区
	风衣外套	毛衣针织衫	T恤
	裤装	鞋履小物	
底部导航	首页·T恤·连衣裙·衬衫·外套·背心·马甲·下装·鞋·小物		

3. 常见信息

功能架构是视觉骨骼框架，信息架构是视觉脉络系统，信息作为视觉灵魂存在，会召唤出不同的呈现架构，不同的信息选择会铸就不同的视觉内涵。首页是整个店铺的信息集散中心，是客户流量交汇与重新分流之地，出现在首页的信息会具有比较大的引流权重。那么，哪些信息数据可以为首页视觉所用呢？

首先，首页是产品、活动分类信息入口，卖家在此信息入口推荐爆款、当季活动、专题活动、新品等，也可导向到店铺内更多的其他产品与类目。热点与分类并存的首页应设计得既有焦点，又不拥挤，井然有序。

其次，人类需求从物质往精神层次跃迁的时候，更喜欢通过一种意境来接收信息，因此，页面视觉、图片视觉往往会以故事叙说、散文诗歌等含有人物设定的形式传达意境、传递信息。同时传递的信息要明确不含糊，许多页面有浏览、有点击，但由于信息传递不清晰、不明确，在货源选择充分的情况下，客户选择更趋理性化，不明确或者信息缺乏的情形下，客户通常不选择下单。

案例分析

西缺产品，素以棉麻材质、舒适实用、清新灵动作为产品风格，此类产品在网络上占比不算少，但当西缺冠以"复古偏执"标签后，那种风格意境就显得尤为突出，品牌风格自然形成，顾客的心理自然而然地被收摄，配以贴心的标价体系、清晰的产品参数，顾客便很容易下单。最后，产品让人耳目一新的复古而暖心的实用包装，很容易使顾客开启回购路程。

【开放式课堂练习】　竞店首页调研分析报告——信息架构子报告

问题描述：视觉意境营销风格的店铺越来越多，请你搜索几家服装类店铺，按下面要求记录相关信息，并予以对比分析，完成问题思考。记录表格由学生自行设计。

数据记录：

（1）记录信息。记录各店铺名称、店家级别、开店时间、主营业务。

（2）截图分析。用截图记录店铺 Logo、店招、首焦海报、活动券、分类导航、页脚、配色、风格等信息。

（3）页面信息识别。记录不同模块涉及的数据，如店招数据、导航数据、轮播数据、活动板块数据、产品陈列数据、分类导航数据等。

（4）绘制首页信息架构图。根据调研的数据及在页面中的分布情况，绘制各店铺首页信息架构图。

数据分析：

对记录的数据按照品牌、营销活动、产品、用户几大主题进行分类，同时分析各类数据在首页不同板块中的分布情况。

5.1.3　呈现架构

1．呈现架构

呈现架构，是指信息架构的视觉呈现，包括整体版式、风格、配色、产品陈列的布局、广告文案等，是页面的皮肤系统。合理的呈现架构，可以营造一种正向的心灵磁场氛围，引领顾客的视觉感官，让顾客内心的需求在网店场景时空里得到呼应，进一步引发购买欲望。整体版式、风格、主辅色系配置是视觉呈现架构的基础，产品陈列是视觉呈现的主体，文案是视觉呈现的点睛之处。版式结构对接信息静态架构，相对固定；风格与配色，综合考虑品牌、时令营销活动等动态信息进行定位换装；产品陈列结构对应各类产品分类，相对固定，但会根据产品、时令营销活动的变化有所创意与设计；文案根据产品定位进行策划，如图 5-10 所示。

图 5-10　首页呈现架构

2．版式设计

与版式结构相应的工作环节，也称版式布局，是根据页面拥有的功能模块，将信息架构中的信息板块进行优化、排序、提取。根据信息特征进行合理的模块选择与排列，并考虑视觉动线的引导而作的页面结构化设计。用户体验是版式设计，尤其是网店页面设计要考虑的首要因子。用户体验并不是盲目迎合客户口味，一个好的页面设计必然会为客户设计一个隐形的行为轨迹路线，让客户在舒适有序的状态下按预设的步骤，更好地对客户心理与行为进行把控。

3．视觉动线

在页面设计中，引导用户的关注点即视觉焦点，集中在设计者预设的让其关注的区域，页面上若干个此类域构成了隐形的用户视觉轨迹路线。同时，该路线也蕴含了给用户预设的优先行为轨迹路线。视觉动线的关键是视觉焦点的布局与设计。根据用户阅读习惯与页面物理空间特性，视觉动线的基本方向为：上下走动的竖式轨迹、左右走向的横式轨迹、中心向外的辐射式轨迹、上下左右合成的 Z 型 、S 型轨迹，也可以根据基本轨迹进行创意组合，如图 5-11 所示，版式与色彩是规划视觉焦点布局与动线形成的重要手段。

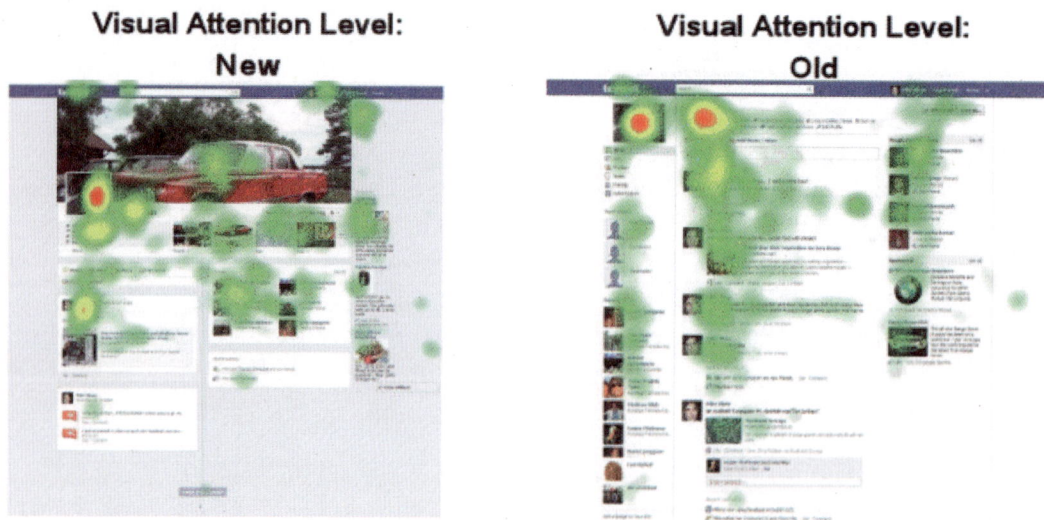

图 5-11　不同版式下视觉及行为的热点图

4．视觉营销位置

常见首页视觉营销的位置如图 5-12 所示。根据每个位置的信息重心进行视觉重心配置，导向目标页面或者目标位置。每个位置可以设置多个视觉焦点，但同一区域的视觉焦点之间需要有重心偏移量，如果都是同等级重心，就相当于没有重心。视觉焦点通常也是用户的行为焦点，这些热点区域通常作为指向目标页的超链接区域，是视觉营销的焦点区域。首页的目标指向通常是产品详情页、活动页及分类页。

根据视觉动线的形成机制，页面信息结构中涉及的内容需要根据信息优先级排序与信息特征分析，基于视觉焦点与视觉动线进行重新排列。信息模块常见优先时序如表 5-3 所示。

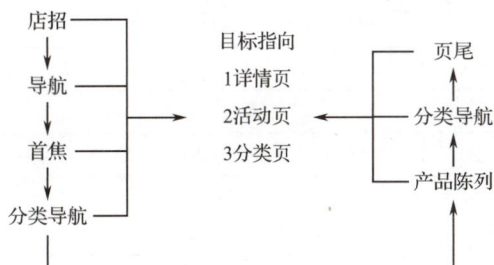

图 5-12 首页视觉营销的位置

表 5-3 信息模块常见优先时序

优 先 次 序	模　　块	信 息 特 征	选 择 模 块
1	品牌、店铺主营、店铺竞争优势……	关键整体信息	店招、首焦轮播
2	商品类目特征、活动特征	信息搜索依据与入口	通栏导航
			侧边纵向导航
3	店铺品牌风格、当季的活动、热推爆品、劲品	关键的热点信息	首焦轮播
4	主推商品或者活动、优惠券等	重要的热点信息	内容区横向导航
			专题橱窗
5	客户主动搜索	服务入口	在线客服区
			搜索模块
6	展示的商品	产品分类展示	产品陈列模块
7	店铺、商品的基本特征，如分类、活动页、专题页入口、收藏店铺等	信息搜索依据与入口	中部/底部导航

5．线框图

线框图是一种有效的页面结构化设计工具，可以直观表现页面的逻辑、动作与功能，可以清晰内容的指向和需要的链接，使不同岗位间的信息交互更为直观。线框图不是最终的页面设计，是确定信息板块及板块所含内容的一种方法，会涉及视觉层、导航顺序、内容区块，给出页面特征的整体效果。

表 5-4 所示为用线框图表示的首页整体版式布局样例，每个局部板块再根据引导客户的视觉动线，通过构图法生成局部版式布局。

结合表 5-1～表 5-4 的相关信息，可以用线框图绘制出西缺八月首页整体版式布局图（表 5-5）。视觉焦点、视觉动线、目标页链接等详情暂未绘出，具体可以在后面开放式课堂练习中体验。使用表格工具绘制页面版式结构，简单好用。若要更具体形象一些，可选取 Photoshop、Illustrator、CorelDraw 等软件制作。

【开放式课堂练习】 竞店首页调研分析报告——版式设计子报告

问题描述：线框图是表示页面版式布局的好方法，直观方便。请你浏览西缺首页或者你认为很吸引眼球，视觉引导做得不错的店铺首页，用线框图绘制页面版式布局，并标出视觉焦点、视觉动线及目标链接。

表 5-4　常见首页整体版式布局

店招（品牌、店铺主营、店铺竞争优势）		
通栏导航（商品类目、活动……）		
首焦（店铺品牌风格、当季的活动、热推爆品、劲品）		
专题橱窗 （一般可以 3 屏左右）		
侧边纵向通栏（商品分类，可以浮动）	内容区横向导航（主推商品或者活动、优惠券等）	
	在线客服	在线搜索
产品陈列模块 （最好按照某种类别分区显示）		
内容区分类导航		店铺收藏
底部导航		

表 5-5　西缺八月首页整体版式布局

店招（品牌：西缺　时令主色：墨绿）					
通栏导航（大类导航） （所有分类、首页；商品类目：上装、下装；活动：人气新品、每周有新、清仓专区）					
首焦 （店铺品牌风格、当季的活动：双城记·时令小诗画；热推商品）					
浮动式侧边纵向通栏（常用商品分类：新品 / 热卖·衬衫·T恤·裤装·背心·防晒衣·清仓区·全部宝贝）	内容区横向导航（橱窗式导航）				
	店主推荐	清仓特惠		百搭小物	
		防晒专区		每周有新	
	贴士式导航				
	T恤	连衣裙	衬衫	裤子	背心	防晒衣
专题橱窗（2 橱） （秋装新品） （想和你去吹吹风）					
热推商品（2 橱） （素雅还是炫彩） （听，花开的声音）					
产品陈列模块——热推类（3 类） （双城故事） （人气新品） （进店必选）					
产品陈列模块——产品分类（8 类） （衬衫专区） （背心专区） （连衣裙专区） （……）					
底部导航（首页·T恤·连衣裙·衬衫·外套·背心 / 马甲·下装·鞋·小物）					

数据记录：

（1）保存图片文件，以图片方式保存调研店铺首页。

（2）添加标注，在首页图上标出页头、页体、页尾。

（3）标识板块，根据店铺首页常见信息模块，标画出板块。

（4）寻找隐含的视觉动线。以板块区域为一个视觉区域，参考屏幕尺寸，自上而下圈出每个区域的第一视觉焦点，每个板块的视觉跳出点，有些页面设计会有专门的标志或指示。使用1.5磅的线连接第一视觉焦点（跳出点）。

数据分析：为区域视觉焦点与视觉跳出点标出相关信息关键词，分析各视觉焦点的目标指向，完成视觉动线携带信息流分析。

小结：视觉营销的实质是信息传达，视觉营销的效果是信息的有效传达，而信息有效传达的根本是来自于信息的结构化、序列化，传递的流程化和目标的明确化。

5.2 店铺视觉营销策划

店铺视觉营销的抓手有两点：品牌宣传和活动宣传。爆款可以归类为以产品为载体的营销活动。客户、产品、服务是品牌塑造、活动营造的三大法宝，品牌强调营销的统一性，活动侧重营销的活力展现。视觉营销策划中的两大关键子任务是店铺VI视觉策划和营销活动策划。下面主要讲解VI视觉策划部分的内容。

统一的视觉场有助于客户的心理能量形成一种有序地推进状态，营造一种氛围。因此，形成店铺统一风格的VI视觉策划在视觉营销中显得异常重要。而客户是视觉场的活体对象，是观者、体验者、行为发生者，因此VI视觉策划之前，需要对店铺的目标客户进行一定程度的客户画像，即产品需求主体的分析与定位。基于VI的店铺视觉营销策划流程如图5-13所示。

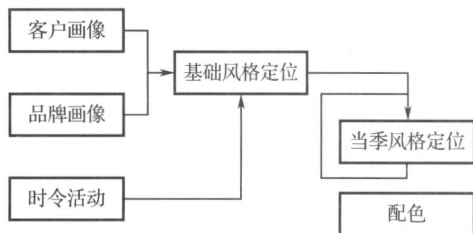

图5-13 基于VI的店铺视觉营销策划流程

5.3 视觉营销中的画像

店铺目标人群是店铺、产品与服务需求的主体，是用户体验的源头，是用户行为的发起点与终结点。视觉场中的主体是客户，相同的视觉场在不同类型的客户眼中、心里会形成不同的能量场。目标群体的文化水平与消费水平、消费习惯与爱好、地域等对信息架构、视觉呈现都有决定性的作用。目标客户群与店铺定位、店铺信息架构关系密切，因此，进行信息架构设计之前，为店铺目标人群形成一个基本的客户画像是视觉营销的必要工作。

5.3.1 客户画像

客户画像是商家用一个或多个维度属性对客户特征进行描述的过程。

网络上流行的一些形象热词，如高富帅、白富美、汪系理科男、喵系理科男、犬系女、猫系女等，形象地刻画了人物的某些特点。以这些热词为例，根据涉及的客户属性可以将这些热词分为两个画像版本，如表5-6和表5-7所示。

表5-6　客户画像1

高富帅 PK 白富美				
身　高	肤　质	经济条件	容　貌	画　像
高		富	帅	高富帅——白马王子
	白	富	美	白富美——白雪公主

表5-7　客户画像2

猫系犬系们			
性　格	性　别	专　业	画　像
猫	男	理科	猫系理科男——高冷理性
犬	男	理科	犬系理科男——热情理性
猫	男	文科	猫系文科男——忧郁感性
猫	女	理科	猫系理科女——高冷理性
犬	女	文科	犬系文科女——热情感性

不同的画像蕴含不同的客户类别、心理类别、需求类别等，在营销学上便映射为不同的营销策略、品牌形象；在视觉上则映射为不同的色彩、版式、造型、文案等视觉要素。

5.3.2 品牌画像

商家结合店铺特征，对品牌进行定位，对外塑造生动的品牌形象，对内赋予更多的理念与文化，让客户一见到品牌便能在脑海中出现一个品牌形象：卖什么，什么价位，商品品质，服务水平等。品牌画像由商家塑造，由客户感知。商家会通过客户画像去塑造品牌画像，而客户会通过品牌画像去映射客户需求；两者的吻合度越高，品牌、商品与客户的匹配度越高，更易达成交易。

以西缺为例，其客户画像可以从西缺品牌形象、店铺视觉上映射出大概，如表5-8所示。

表5-8　西缺品牌视觉与客户感受映射

品牌视觉	表　达	色　彩	产品材质	产品款式	产品价格	售后服务
客户感受	简约自信 清新灵动	纯净内敛 明亮多彩	自然材质 棉麻居多	简洁、大方、实用 自带风格	价格实惠	特色独到 包装贴心

西缺从品牌视觉表达到客户感受，都传递出一种收放自如的深度，自信却不喧哗。其

对应的客户画像，正如其宣传语"复古偏执"，客户画像特征清晰，淡淡视觉中的营销风格自成一派，目标精准，关键产品信息表达准确清晰。一些店铺在视觉上故弄玄虚，但成熟客户眼光犀利，再炫的视觉诱惑，几次搜寻不到产品的关键信息，客户就会离开。

5.3.3 画像流程与方法

客户画像的基本流程如图 5-14 所示。

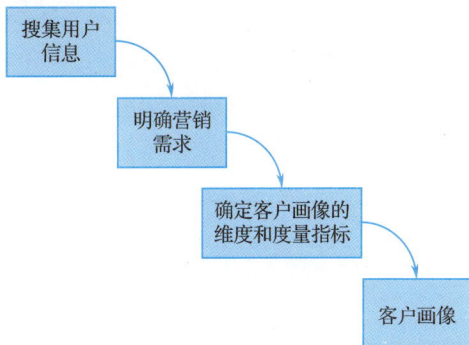

图 5-14 客户画像基本流程

（1）搜集用户信息。可以通过客户的基本资料、交易情况、交互情况、特定群体访谈等多种渠道、多个维度采集客户相关特征信息。各种大数据是抽取客户特征、分析客户特征的重要渠道。

（2）明确营销需求。店铺营销制胜集中在 5 个关键节点，客户在每个节点都有对应的需求侧重点，调研分析时需要分清这些需求信息并理清先后顺序，这样有助于客户画像的精准定位。5 个店铺营销制胜关键节点是各环节视觉呈现的设计重心所在，如图 5-15 所示。

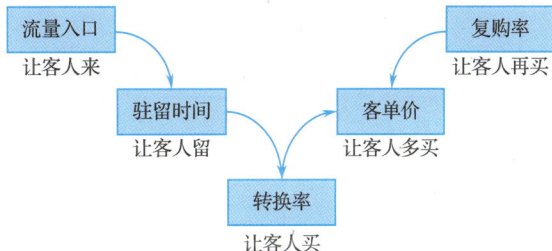

图 5-15 店铺营销制胜关键节点

以上各个环节以客户的信息为支撑，包括新客户、老客户、购买者地域分布、平台分布、浏览习惯、消费层次等。

（3）确定客户画像维度与度量指标。要精确而全面地了解客户，需要多维度进行客户画像，使得画像更为立体饱满。比如近些年掀起的复古风、民族风，如果产品设计只是一味地把古风元素、民族元素贴上去，而在色彩、材质、款式、风格等真正的设计元素上没有融合，其对应客户特征的维度低，容易生硬，与客户内心的共鸣度也低，即便产生购买，客户满意度也不会高。

（4）客户画像。常见用户画像维度与度量指标如表 5-9 ～表 5-11 所示。基本维度与常见维度可以作为需求分析与定位分析的出发点与参考点，而度量指标可以作为视觉营销效果观测分析的参考点。

表 5-9　用户画像基本维度（固定特征）——客户视角

用户固定特征		
性别	（男，女，不明）	
年龄	（18 岁以下、18 ～ 24 岁、25 ～ 29 岁、30 ～ 34 岁、35 ～ 39 岁、40 ～ 49 岁、50 ～ 59 岁、其他）	
地域	（国家、行政区、省份、县区）	
教育水平	（小学、初中、高中、大专、本科、研究生、博士生）	
出生日期	年、月、日	
职业	……	星座	……

表 5-10　用户画像其他常见维度——客户视角

维　度	属 性 特 征
用户兴趣特征	兴趣爱好，使用 App，喜欢的网站，浏览 / 收藏 / 评论内容，品牌偏好，产品偏好，平台（无线手机端、台式计算机、笔记本计算机）……
用户社会特征	生活习惯，婚恋，社交 / 信息渠道偏好，宗教信仰，家庭成分……
用户消费特征	收入状况，购买力，商品种类喜好，购买渠道喜好，购买频次，购买时间，购买次数，购买金额……
用户动态特征	当前时间，需求，正在前往的地方，周边的商户，周围人群，新闻事件……

表 5-11　常见客户度量指标——运营视角

PV：浏览量	页面被查看的次数，当用户多次打开或刷新同一页面，该指标值累加计算		
UV：访客数	全店各页面的访问人数，在计量时段内，同一访客多次访问会被去重计算		
浏览回头客户数	最近 7 天内浏览的客户跨天再次浏览的客户数，当天回访的客户会进行去重计算		
平均访问深度	访问深度：客户一次连续访问店铺的页面数，或每次进店浏览的页面数；平均访问深度：客户平均每次连续访问浏览店铺的页面数		
成交客户数	拍下商品并完成付款的客户数	转化率	成交客户数 /UV×100%
成交金额	成功完成付款的金额	客单价	成交金额 / 成交客户数
成交回头客人数	成交回头客：在店铺发生交易次数≥ 2 的客户；成交回头客人数：在统计时段内，发生再次交易的客户数		

5.3.4　客户画像与营销案例分析

客户画像对应了不同的营销需求，以西缺目标客户群为例，选取 2016 年历史数据为案例数据，从性别、年龄、设备、地域、客户 RFM 模型等关键层面与维度进行画像与营销分析。

1．性别维度

性别通常是客户群体划分的第一维度，不同商品的目标客户群体在性别上会有不同的比例分布。就现有历史数据说明西缺店铺的产品购买群体分布在女性范围，如图 5-16 所示，典型的"她时代，她消费，她店铺"，因此在营销和细节服务过程中，需要针对女性客户的消费特点、感受与体验。但女性群体并非指全部女性，而是指在实际市场上有购买能力的女性，同时这部分女性内在差距也很大，因此还需要进一步划分客户群体，寻找到重点女性群体，根据女性适合群体的特点与情感需求，策划更能激发重点客户群体购买的营销活动与视觉效果。

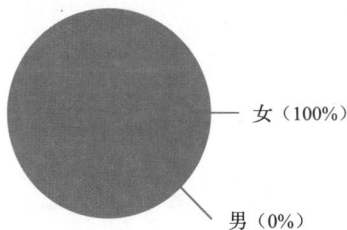

图 5-16　客户性别分布

【分析】性别是营销视觉传达中第一重要的影响因子。

从营销学角度，客户的消费偏好、消费方式、消费领域、出生年代、非理性消费等都是女性消费研究的重要维度。女性消费者的常见标签如表 5-12 ～表 5-14 所示，客户细分与营销策划也可以参考表中细节进行。

表 5-12　消费偏好性别关注重点

商品类目	男性注重点	女性注重点
穿着类	商品功能性	商品的外表、情感因素
生活日用品	商品整体功能与品质	商品的使用性与细节设计，商品的实际效用、商品带来的具体利益等
日常消费品与主副食品	功能性	工作、家庭兼顾的方便性，生活享受的创造性、新鲜感
总结	理性、直观、力量、科技消费意愿强烈	感性，易受影响，文艺、绿色环保消费意愿强烈；较强的自我意识、自尊心，对外界事物反应敏感；购买活动中，营业员的表情、语言、广告宣传及评论都会影响其心情与行为

表 5-13　现代女性消费方式特点

1	储蓄少，支持多，即时消费	"月光族"是女性消费态度与消费能力的经典形容词
2	消费结构升级	从物质型消费升级精神型消费
3	消费方式更新	刷卡消费、网上购物等逐渐成为主流
4	消费年轻化	消费心理年龄降级，如 45 岁女性会按照 28 ～ 32 岁标准消费，而 28 岁女性会按照 18 ～ 25 岁的标准消费
5	消费趋优化	奢侈品消费是消费趋优的典型代表，对品牌、品质等商品内在高层属性需求的升级优化

表 5-14　女性消费领域

1	美丽消费	包含服装服饰、美容美发、整形健身等美丽消费支出大大增加
2	中高收入家庭理财意识强	投资意识增强，投资类型丰富多样，包括金融、保险等各种理财
3	名牌吸引力最大	名牌＝品质＋品味＋经典

【情境】　你是否曾有过本打算买双凉鞋，最后却订了几件潮流时尚服饰的经历？你是否双十一剁手后，暗下决心，一个月内不再出手，却在签收订单后，不知不觉又开始浏览店铺，在闺蜜的一句"提醒"后又不断地搜索，不断地收藏加购？

【问题】是什么魔力不断地牵引你的手？

【分析】"她"来自金星，而非理性的地球人，"她消费"表现更多的是非理性消费，更易产生群体交互和从众心理，是情感消费、感染性消费、心灵消费。这是女性消费者永恒的密码，会在上述各因子维度上呈现不同的交合体。女性非理性消费表现如表 5-15 所示。

表 5-15　女性非理性消费表现

1	氛围心情是指导	指受活动、打折、促销、广告等市场氛围，朋友、逛街等人为气氛，特定情绪下的错觉、开心或不如意等极端情绪氛围等因素影响而进行的"非必需""额外""计划外"的感性消费
2	情绪消费最值得	女性在多种情绪化消费中，最让人无怨无悔的是好心情；最后悔的是受广告或促销人员推荐影响的购物，物非所需
3	逛街、浏览商品是享受	购物、逛街可以帮助女性缓解压力，平衡情绪，增加快感，时尚生活、品质生活是现代女性消费的追求

综上所述，决定女性消费者购买行为的两大因素是非理性的情感和经济实力。网购刚好契合了女性的几个需求，因此电子商务更容易发展培育女性"剁手族"。

2. 年龄维度

西缺客户年龄分布如图 5-17 所示，30～49 岁年龄段客户约占 90%，是购买力最强的年龄段，图中数据说明西缺女装投射的年龄范围比较宽，同时也反映了女性购物时很容易出现跨年龄的消费特点。尤其在复古情结上，不论多大的女性都有相似的情怀，目标客户

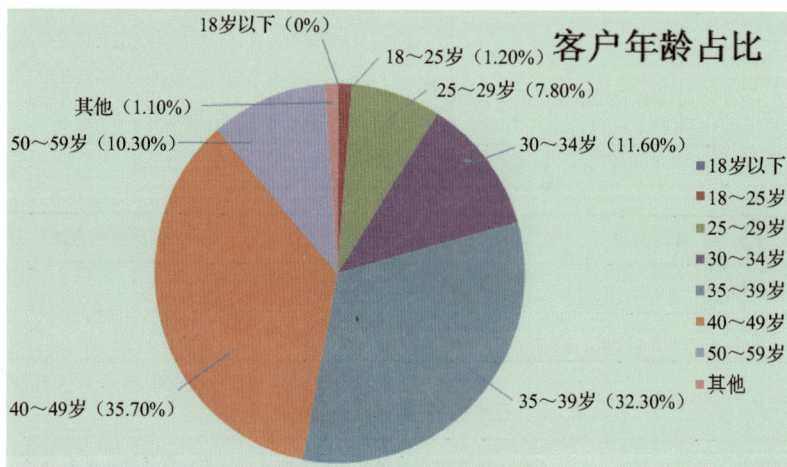

图 5-17　西缺客户年龄分布

群看似落地于复古风，而实际上却包含了不同年龄段的女性客户，即聚焦了风格，又涵盖了大范围的客户群体。这类群体对服装内涵、实用性、舒适性有较高的要求，同时商家希望留住大量群体，所以在价格视觉呈现方面的把控是很艺术的，既要考虑消费者的心理承受力，又要考虑盈利空间，所以经常会通过个位数的配合来定价，如 128、95、88、69 等，很容易打开消费者的心理门槛。

表 5-16 分析的是出生年代与消费之间的关系。

表 5-16　出生年代与消费的关系

1	90后	冲动消费满足购物欲，消费主要分布在网购
2	80后	职场生力军，购买力、购买意识、购买话语权影响着许多企业的营销策略，对品牌极为挑剔、不盲目跟风、强调自我感受
3	70后	生活压力较重，消费区域成熟理性思考，既强调品质也在乎实惠；随着事业稳定、收入增加，是高端消费的主力军
4	70前	经历过艰苦岁月，节俭、务实，喜欢把钱花在刀刃上，在追求高生活品质方面实力雄厚

【分析】年龄是营销中视觉传达的重要因素，但对于现代女性，尤其是 70 后女性，年龄因素是一个比较容易跨越的维度，而风格更具有参考性。

3．设备维度

与 PC 端相比，无线端（移动端）的优势是明显的，西缺店铺移动端与 PC 端数据对比如图 5-18 所示。空间决定视觉呈现的关键因子，移动端相较于 PC 端，最大的区别是视觉呈现空间不同。因此在移动端优势占主导的情况下，视觉营销应该充分考虑移动端的相关参数与用户操作特点。

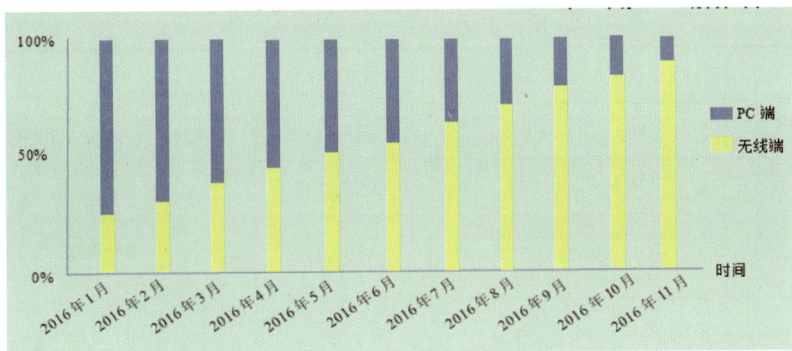

图 5-18　无线端（移动端）、PC 端客户占比

【分析】视觉空间对营销中的视觉传达是一个重要的影响维度。PC 端与移动端的视觉空间在尺寸、打开方式、打开时段等方面都有显著的差异。

4．地域维度

西缺店铺客户地域分布如图 5-19 所示。图中数据说明西缺的客户群体遍布全国，但集中在江苏、浙江、上海及周边省份地区，不同地域民风，不同文化诉求都会存在差异，身处苏南的店家，其设计、风格、文案、包装等视觉设计都带有江南风韵，所以更多地聚集了这个区域的粉丝客户。

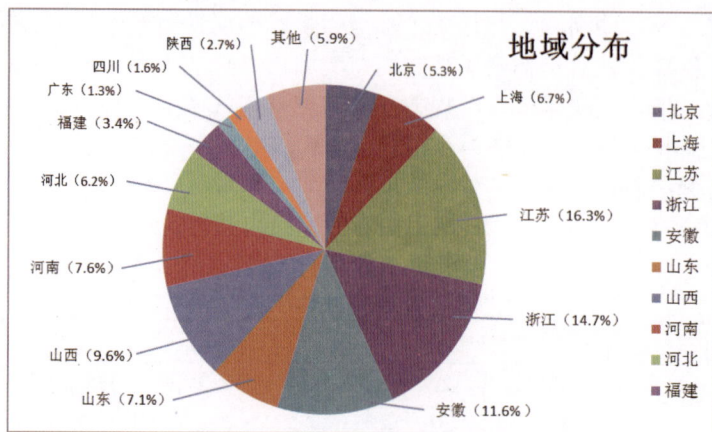

图 5-19　西缺店铺客户地域分布

【分析】地缘因素对营销中的视觉传达是一个重要的影响维度。

各维度指标对客户画像的影响程度，会因产品、商家理念的不同而有所取舍，笔墨上也有所侧重。上面是通过客户相对静态维度的数据进行的画像。下面的 RFM 模型是根据客户在平台上的动态维度数据进行的一种画像。

5. 客户 RFM 模型

RFM 模型中，R 是客户最后一次购买到现在的时间；F 是客户购买的次数；M 是客户购买的金额。通过 RFM 模型可以比较全面地描述客户画像，利用三个维度，可以对客户进行分类分析，为营销、视觉等设计提供更好的依据。表 5-17 是以客户购买时间与购买次数作为考虑维度的客户分类。

表 5-17　客户分类（购买时间与购买次数维度）

客户购买时间	$R \leqslant 90$	活跃客户	R 可视为客户生命周期 R 规律：R 越短，客户越活跃，回购率越高 可以通过上新、大促、店庆等营销方式赋能客户，激活客户
	90 天 $\leqslant R \leqslant 180$ 天	沉睡客户	
	180 天 $< R \leqslant 360$ 天	预流失客户	
	$R > 360$ 天	流失客户	
客户购买次数	$F = 1$ 次	新进客户	F 规律：F 越多，回头率越高 经营老客户很重要
	$F = 2$ 次	回头客户	
	$F = 3$ 次	忠实客户	
	$F \geqslant 4$ 次	粉丝客户	

客户购买金额 M 维度：客户平均每次购买金额，客户累计购买金额。

M 规律：客户购买次数（F）越多，平均每次购买金额越高。

二八定律是指 20% 的回头客带来了 80% 的利润贡献。如 5-20 所示，西缺店铺约 19% 的客户带来近 78% 的利润贡献。这类客户购买次数高，客单价高。

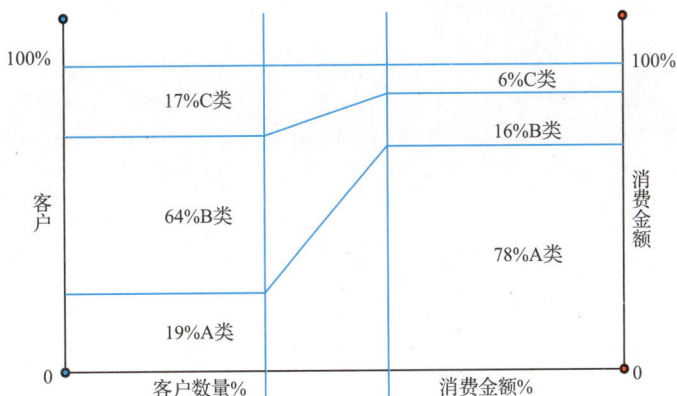

图 5-20　客户二八定律

　　总之，上面介绍了两种视角的客户画像方法。一是以客户基本属性为视角，通过客户静态维度数据进行框架性的客户画像，为视觉设计提供依据；二是以客户行为特征为视角。从 RFM 模型数据可以看出店铺客户在某个时段内的活跃状态、活动热点、回购率等。动态 RFM 模型图，具体可以参阅有关数据营销的书籍。通过 RFM 动态维度数据进行过程性的客户画像，为营销定向推广提供依据。两种方法相互结合，是比较完善的客户画像方法，可以深度、细致、动态地对客户进行分类画像，兼顾客户群静态特征与客户动态特征，筛选重点目标客户群进行动态分层的视觉营销。

　　西缺店铺客户静态画像：女性、江南风味、自然淳朴、自由洒脱、纯真时尚、淡泊名利、追求本真、带点文艺……

　　西缺店铺客户动态画像：回访率高、回购率高。

【开放式课堂练习】　竞店系列画像调研分析报告

　　问题描述：画像是营销工作流程中的一种数据建模方法。营销流程中的关键对象是客户、品牌、产品。画像可以分为基础属性维度的静态画像与运营数据的动态画像，通过对竞店店铺首页数据收集，进行客户画像、品牌画像是把握市场走向、流行风向等信息的有效方法，是整体运营把控与视觉营销风格定位的重要依据之一。假如你现在是西缺的运营助理，主管分配你做竞店调研，请你浏览西缺首页，并搜寻与此相似的，你认为吸引眼球的，视觉营销做得不错的店铺首页，对其目标客户与品牌进行初步画像。

　　数据记录：

　　（1）调研与保存首页，以图片方式保存调研店铺首页。

　　（2）首页标注客户相关信息，包括风格、色彩、产品类型、文案等。

　　（3）首页标注品牌相关信息，包括风格、色彩、产品类型、文案等。

　　数据分析：

　　（1）客户画像分析。根据页面标注的客户相关信息，抽取关键词，集合成客户画像，并分析首页视觉与客户对应的相关特征信息。

　　（2）品牌画像分析。根据页面标准的品牌相关信息，抽取关键词，集合成品牌画像，并分析首页视觉与品牌对应的相关特征信息。

5.4　店铺 VI 视觉系统

VI（Visual Identity），企业的可视化身份，是品牌的象征，是企业 CIS（Corporate Identity System）身份系统，即企业识别体系的视觉识别子系统，是优质到位的视觉识别系统，是营销中传播品牌理念、建立品牌知名度、塑造品牌形象的快速便捷通道。通过与众不同的视觉识别体系，可以不断强化受众意识，形成品牌种子，提升产品在营销过程中的底价与分量。

店铺空间与客户接触的时段内，信息会以不同场景时序纳入客户的觉知范围，而第一时间纳入用户觉知范围的那种整体信息场，便是由品牌文化带来的，并且细微地融合在店铺、产品的各级体验中。电商几度发展，在线店铺都开始关注自己的形象，开始品牌文化建设；目前，在移动端，专门的店铺品牌页设计开始显得累赘，客户很少去看专门的品牌页面。品牌力量其实是一种直触情感，具有直达内心的力道，而不仅仅是几个页面，几段累赘的文字。品牌文化是一个整体，而 VI 则是品牌文化视觉化的基本构件，无声胜有声地影响着营销过程中品牌文化传递、产品展示的视觉场效应。VI 基本要素系统包括企业名称、企业标志、企业标准字、标准色彩、象征图案、组合应用和企业标语口号等。

5.4.1　引例：西缺八月首焦

西缺八月首页的首焦区，没有被用来开辟成商品、活动的宣传橱窗，而是作为承载企业品牌文化的窗口。八月刚好是盛夏仍行，秋意悄起，没有特别盛大的节日，对于服装却又是一个换季的时段。店家结合客户需求特征偏好明显的特点，以此时令特征作为视觉营销的创意点。这种品牌、活动场景的营造适用文化属性比较浓厚、慢享受型的购物群体。西缺的每一期黄金首焦区都是店铺首页的重点着墨区域，结合时令特征与目标群体特征，呈现出一幅幅穿越时空、清新灵动、充满生机与神秘感的"时空隧道"，既有历史的回味，又有时代的新鲜感，充满水乡江南、苏杭韵墨的味道。图 5-21 是江南八月出暑入秋的首焦场景。浓浓的绿意隐藏着夏季的余热，恰是夏衣入手，再享夏之凉意的好时候。本是同行们换季大促的时候，却被演绎出了一种淡然宁静的新意，那种从容、闲暇、不经意的回首，轻易地捕获了进场的顾客。

运用分析：焦点黄金区域，静谧多姿，给人带来一种自然宁静的感受。西缺首焦的视觉场流动过程如图 5-22 所示，时序过程为场景→心→意→情愫→欲望→需求→行为。该时序过程的每一个环节都暗藏客户可以选择继续或者离开的玄机，都是视觉营销可以选用的着力点。

整体而言，西缺品牌文化的视觉呈现，走的是大道至简的写意而又不失匠心的写实路线，一丝不多，一丝不苟，色彩、造型、细节等的呈现皆与意境融合，让客户一进去就可以感觉到那种意境。意从心起，从心开启购物之旅，关键信息简洁清晰地呈现，让商品选择的过程更加简单，节省很多寻找相关信息的时间，贴心地运用了用户体验式营销思维。目前，许多网店的首焦除了呈现产品、发布促销信息，最重要的视觉分量被分配给了品牌 VI 视觉识别，使品牌识别先入为主，同时会通过其他各个视角渗入访客眼帘。

（a）PC 端首焦

（b）移动端首焦

图 5-21　西缺首焦——夏日之选

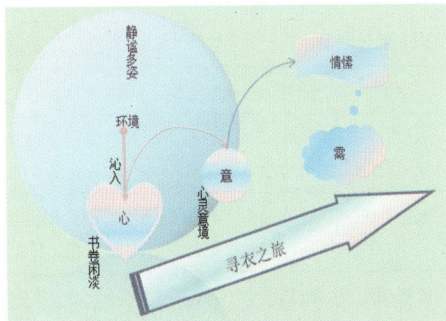

图 5-22　西缺首焦视觉场动流图

小贴士

首焦区强品牌弱产品，强文化弱功能的手法，并不具备普适性，应视店铺定位而定，不同定位，突出主体对象不同。首焦视觉常用场景有品牌文化、时令营销、店铺活动、平台活动等，突显因子常有产品功能、产品品质、产品品牌、产品用户、适用场景等。

思考

选择一个关键词，搜索类似店铺，选几个相关店铺进行首焦场景营销意境和营造手段分析。

5.4.2　店铺首页中的视觉元素

视觉元素是具有鲜明特征的构成视觉的具体细节的集合。网店视觉元素指网店中视觉呈现的某类细节集合，包含商家品牌与客户体验两个层面，融合了品牌 VI 视觉要素与用户情感体验要素，集合了店铺的风格、配色、布局及局部模块的构图、造型、图案、文案、材质、装饰等要素。

5.4.3　风格定位

风格一词由来已久，语义丰富，内涵深远，表 5-18 列举了一些风格脚本。

表 5-18　风格脚本

出　处	描　述
希腊文 στ	本义为一个长度大于宽度的固定的直线体
英语、法语 style	由希腊文 στ 演化而来
古希腊：亚里士多德	思维的修饰或句法的模式
古罗马：西塞罗	该词演化为书体、文体之意，表示以文字表达思想的某种特定方式
东晋：葛洪《抱朴子》	指人的风度品格
南朝梁：刘勰《文心雕龙》	文章的风范、格局，并提出了作者的才、气、学、习是构成作品风格主观方面的因素
《汉语大词典》	风度、品格；气魄；风采、风韵；指作家和艺术作品在创作过程中所表现出来的格调特色；泛指事物的特色
《设计词典》	艺术作品或工业产品审美价值的个性表现；审美价值作为客体满足主体审美需要的尺度关系，构成不同时代、不同民族、不同流派、不同审美客体类型的风格区别
	风格由两方面组成： 1. 作品，是社会主体，体现了作者的审美理想 2. 作品的形式语言，由构成作品的形式因素及其结构方式形成

从表 5-18 描述可见，风格可以用来形容普遍事物，更多地应用于艺术设计、文学创作领域，素有文风、画风之说。风格是一个主观因素与客观因素的复合体。在视觉营销领域体现为客户主体视觉与场景布置、产品呈现等客体元素之间营销氛围的复杂综合体。

对于有品牌内涵，希望借力视觉营销的店铺，风格是灵魂，由各级设计元素散发出来，源自品牌定位、客户定位、产品定位。因此，风格永远是最难的，也是视觉营销效能的核心力量。风格的影响力如图 5-23 所示。

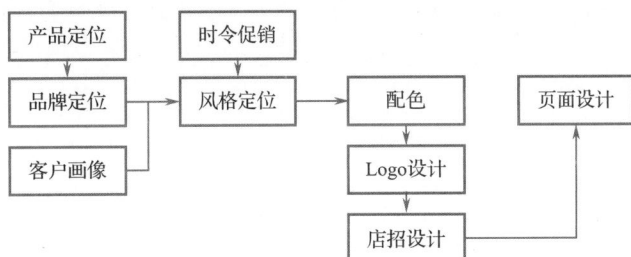

图 5-23　风格影响力

不同的产品类目由于产品定位、价格定位、客户群体定位的不同，会延伸出不同的风格，风格展现最淋漓尽致的应该算淘宝平台上的淘系女装，如表 5-19 所示，几经发展，淘系女装出现了数十种风格，并且还在持续增加。

表 5-19　淘系风

瑞　丽	嬉　皮	百　搭	淑　女
韩版	民族	欧美	学院
英伦	美国乡村	通勤	中性
嘻哈	田园	原宿	朋克
洛丽塔	街头	简约	波西米亚

表 5-20 是店铺类型与视觉定位、视觉设计需求的对应关系。

表 5-20　店铺类型与视觉定位、视觉设计需求的对应关系

店铺类型	视觉定位	视觉设计需求
品牌型店铺	1. 凸显产品品质 2. 凸显品牌文化 3. 凸显品牌服务 4. 以品牌和品质服务吸引顾客	1. 高品质、高精度产品素材，凸显产品品质感 2. 以简约大气为主，杜绝花哨，营造品牌实力强、质量好、服务有保障的定位 3. 弱化产品价格至最小，最大化产品价值
营销型店铺	1. 凸显促销力度与价格优势 2. 营造热卖氛围，以促销吸引顾客	1. 打造低价、便宜氛围 2. 加重促销打折优惠活动
介于品牌型—营销型之间的店铺	1. 产品价格不高不低时，可作品牌型，也可作营销型 2. 尽量凸显创意、品质、卖点，适当弱化促销信息	1. 小面积将活动入口链接至其他页面，避免置于首页 2. 简化页面设计，打造舒适的视觉环境 3. 将促销信息转换为有创意、有设计感、有独特风格的效果

表 5-21 描述了不同视觉定位风格的典型特征。

表 5-21　视觉风格典型特征

序号	视觉定位风格	视觉风格典型特征
1	时尚风	大标题、模特、报纸杂志风格，时尚大气
2	复古风	传统与复古图案，书法、剪纸、水墨等复古元素共同营造古香古色氛围
3	清新风	唯美、清爽、舒适、轻盈，色调与自然系融为一体，清丽、透气
4	炫酷风	深色背景，质感元素与光影特效，打造出炫目视觉特效
5	简约风	极简主义、大空间，无过多装饰元素，视觉整体透气感好，多用于品牌型店铺
6	纪实风	注重拍摄素材的真实感，与现实场景逼真相似，多应用于品牌型店铺
7	扁平风	摒弃各种阴影、透视、纹理、渐变等装饰元素与效果，凸显干净利落的设计，是目前较为流行的一种风格
8	几何风	是扁平风的延伸，将阴影、透视、纹理、渐变等效果的几何效果和产品效果相互融合，打造与实物的融合感
9	插画风	产品、模特、设计整体融合，增加亲切感和活跃感
10	独特创意	通过设计师的想象、独特的人物造型和设计风格让客户记忆犹新

视觉表现的维度可以通过不同的配色方案、符号元素构成不同风格。统一外观、界面友好、易使用，突出标准色彩，相同类型功能、图像采用相同效果等，这样的视觉设计更容易使用户形成品牌印象。装修风格应季，让用户感受到四季时令的变化，会让用户更觉亲切。店铺与产品是店铺风格设计的基础，用户是风格的感受者，活动是风格的主导，因此，从信息时空的维度，店铺的风格影响因子可用下面的公式表示。

风格影响因子＝天时（时令变化）＋地利（店铺、产品）＋人和（活动、用户）

5.4.4　视觉营销中的设计元素

根据影响风格的成因，设计元素也可以按此分类管理，关键词有助于设计元素的管理与拓展，因此可以构建设计元素的关键词库为视觉设计环节所用。女装风格因子的简单举例如表 5-22 所示。

表 5-22　女装风格因子相关词举例

风格因子	风格元素关键词
天时	春天生命的元素（嫩绿色、柳絮、燕子、花开……） 夏天清凉的元素（蓝色、大海、冰块、水珠、风……） 秋天成熟的元素（金黄色、秋叶、夕阳……） 冬天寒冷的元素（银白色、雪花、雪景、圣诞、春节……） 节日的元素（春节、端午、重阳……）

164

风格因子	风格元素关键词
地利	服饰腔调流行的热门元素（刺绣、流苏、条纹、牛仔、印花、蕾丝、拼接……） 造型元素（款型、外部廓形、内部结构、局部造型……） 色彩元素（色彩组合、色彩搭配……） 材料元素（棉、麻、蚕丝、皮毛一体……） 纹样元素（提花、图案……） 装饰细节元素
人和	活动元素（优惠券） 客户元素（有灵魂的女孩、宠爱自己、做自己喜欢的、酷我、不被定义的自己、无拘无束、浪漫、独立自由、时尚精神、时髦优雅、轻松趣味、小众原创、不合逻辑、叛逆乖巧、新浪漫主义、复古故事、先锋设计……）
风格系	流行风格（文艺、复古、甜美、清新、原宿、简约、红人、优雅、韩范儿、街头、极简、先锋设计……）

不同的产品与品牌，其热门元素和流行风格各异，可以针对自己的特色建立特有元素的关键词库、营销词库。

【分析】以西缺八月首页为例，分析三大风格相关因子采用的视觉设计元素关键词，如表 5-23 所示。

表 5-23   西缺八月风格因子相关词

风格因子	风格元素关键词
天时	盛夏将出，转暑为秋 生命尽情绽放后的深绿、深红，明亮耀眼的阳光下 静谧的户外，惬意的夏日乡村，避暑的场景
地利	店铺色彩元素：生命的深色系 店铺场景元素：选择时令的乡村老宅作为店铺首焦的场景图 产品色彩元素：蓝天白云的大场景色系；盛夏转秋，点明主场景的深色系 产品材质元素：舒适的薄棉、薄麻的夏季材质；柔软的秋季材质 产品裁剪元素：宽松畅快的夏季休闲裁剪；潇洒有型的初秋随搭裁剪 文案元素：文字点明提亮场景效应，强化心境 产品价格元素：实惠
人和	活动元素：实惠的换季价格＋秋季新品推出 客户元素：惬意、不拘无束（夏日乡村避暑生活）；随意舒适（穿搭）；返璞归真的轻复古；秋意已起，对新产品的好奇……

表中罗列了从西缺八月首页中读取出来的天时、地利、人和的相关信息，通过天时因子营造的时空场景与地利因子呈现的产品主体信息，呼应了当季客户内在的心理需求。

5.4.5   色彩与视觉营销

1. 色彩在视觉营销中的作用

色彩是人体第一大信息通道，是视觉通道的信息载体，是风格体现的第一大视觉元素，因此也是视觉营销中的关键影响因子。色彩蕴含着能量，不同的色彩传递着不同的能量，天时、地利、人和也都应和着能量的传递与流转，视觉营销中的天时、地利、人和都需要色彩来表达。项目一已经大幅描述色彩相关内容，在此再做一个简要概述。

（1）视觉营销时空中的色彩分层。视觉空间从色彩上可以被划分为不同的色彩占比、表现面积占比、出现次数占比、所占位置等参数。根据色彩组合比重可以有不同的划分，比如主色、辅助色、强调色，主色、辅助色、点缀色，背景色、主体色、强调色等多种组合。

① 主色：面积占比、出现次数占比上占优势。

② 辅助色：烘托、配合主色，以对比或调和的形态出现。

③ 点缀色：面积占比小，次数占比少。

④ 强调色：与主色形成对比的色相、色调，面积小但引人注意。

⑤ 色相对比常采用补色，色调对比常采用明度差异与面积上的对比。

⑥ 常用于公司名称、标志、重要标题等重点突出部分。

图 5-24 是西缺八月移动端首屏配色方案，文案强调选取的是辅助色，没有专门挑选强对比的色彩，不过从文案的尺寸放大效果上给出了强调的效果，烘托了虽是炎夏，但已进入夏去秋来的时令气息，夏已过却依旧、秋已立却未显的江南"秋老虎"季节。

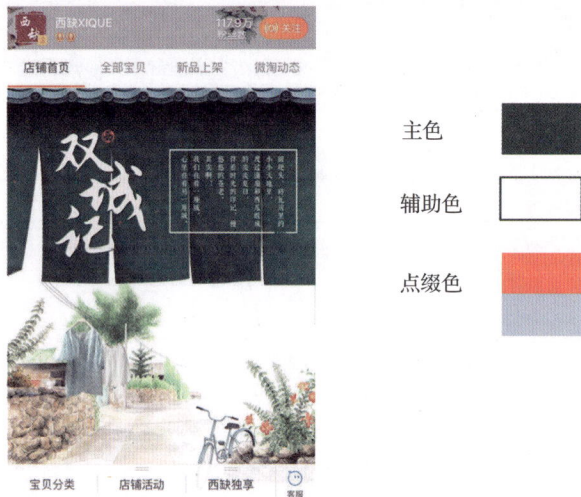

图 5-24　西缺八月移动端首屏配色方案

图 5-25 是西缺七月首焦配色方案，背景色、主体色都呈现出一种盛夏之夜的清爽凉意，是炎炎夏日客户们心里最渴求的感受之一。主体色映衬了这种凉爽之意放飞的心境，也映衬了此处采用的夏夜星空的场景氛围。用复古红做对比色，点明品牌。选用做旧的复古红，既点明了品牌主题，又不像鲜红颜色在夏日给客户带去热度。

2. 色彩与营销氛围

视觉场中，首先进入视觉通道的是色彩，决定访客第一印象的也是色彩。色调、色相是营造氛围的关键色彩因子，可以通过谐调色调组合、色相来营造营销氛围。

3. 色彩与店铺风格

风格是一种整体的视觉效应，而色彩第一梯队进入视觉通道后，对风格塑造形成第一层效应，并且在访客停留时期，持续的作用产生持续的效应。因此，可以通过色相情感性格特征、色调冷暖能量特征的不同组合配比形成店铺的品牌风格。

背景色　　　主体色　　　强调色

图5-25　西缺七月首焦配色方案

4．色彩与视觉区域

色彩在视觉通道所占的优势，常被用来强化视觉区域，用以区分不同的频道与栏目，在页面布局、版式上发挥着重要作用。

5．色彩与视觉流

视觉流是一种视觉导向，通过视觉强化可预设不同层级的视觉焦点，从而形成视觉焦点序列，生成视觉流。而视觉流在视觉营销中可以起到自然而然的视觉导向作用。

6．视觉营销中的常用配色原则

（1）功守于道（视觉营销，营销为本）。

纯粹的艺术作品并不一定是最好的营销，色彩的应用需要符合视觉营销之道，与店铺形象、营销传播意图相符。而营销传播意图中，需要考虑产品主体特征、客户需求、文化心理特征等。当营销传播通过营销活动来呈现时，就需要考虑活动的相关信息特征，系列特征是配色功夫需要遵守的基本之道。

法则1：品牌标准色贯穿始终，通过版式、结构等其他元素的调整产生动感变化。

法则2：活动色彩提亮，点燃活动氛围。

法则3：兼顾色彩生理感觉与社会感觉，充分考虑不同用户群体的感觉。如用户年龄、文化、政治、地域、民族等不同因子引起群体对色彩的不同社会感觉。

（2）大道至简（配色，体现品牌风格为要）。

品牌风格整体感带来的能量震慑力是视觉营销过程中得力的传播手段，因此形成整体感的品牌与风格的配色，是视觉营销配色中需要遵守的"第二道"。

法则1：先确定页面主色系，再调整制作局部图片。

法则2：多图页面可以选用黑白灰色系、产品图核心色彩作为页面主色系，如粉色系、糖果色系等都属于色相不同、色调类似而调和出来的色系。

法则3：主辅页/模块采用不同色相主色，需要通过类似色调统一版式、结构来建立统一感。

（3）木秀于林（创意配色，助力差异化视觉）。

在海量大数据的平台上，竞争异常激烈，仅仅在配色上创新，很容易形成同质化竞争。因此，个性化、差异化竞争在视觉营销中显得尤为突出。

法则1：灵活运用视觉设计元素关键词，获取不一样的创作灵感。

法则2：可以运用精彩的图片场景实现配色效果，更好地烘托氛围。

5.4.6　品牌营销中的 Logo

Logo 是企业、商家、店铺的身份标志，是信息传递过程中蕴含最丰富、表现最简洁、传递频次最高的关键元素。VI 视觉要素中，Logo 作为核心要素，特指造型单纯、意义明确、统一标准的视觉符号，通常是品牌名称、图案记号或者两者结合的一种设计。Logo 具有象征功能、识别功能，是品牌形象、特征、文化等信息的浓缩体，是品牌进行市场竞争的锐利武器，是"视觉营销之剑"上的能量宝石。

互联网时代中，信息传递特点特别适合品牌的成长，Logo 是品牌力的象征，而品牌力会带来强大的营销效应，所以在电商视觉营销领域，Logo 会出现在商家的每一次展现上，而不仅仅出现在店铺首页的 Top 区域。

根据 Logo 中的常用信息及表现形式，通常将其分为三种：图形标志、文字标志、复合标志。图 5-26 选取了几个皇冠级淘系女装品牌 Logo。纵观各家 Logo，都是品牌迹象清晰，视觉差异主要表现在所选文字、字体、字形、色彩、背景等样式上，品牌主营的范围风格渗透在这些样式上，使得品牌特征突出。

这些品牌 Logo 巧妙地运用在产品图中，随处可见的 Logo 让访客无形之间过目千遍，了然于胸，虽未购物，名已记下。Logo 应用在皇冠级卖家，尤其是金皇冠级卖家之间已经形成一种共识。在大数据平台上，没有反复印迹，即使收藏，但因为收藏量过多，客户也不一定会翻看，即使翻看，记忆不深刻，很容易被一带而过。金皇冠级别的店家，几乎每张产品图都印有 Logo，Logo 已成为店家视觉营销的基因。图 5-27 是西缺 Logo 在产品陈列图中的应用。

图 5-26　淘系女装品牌 Logo 举例

图 5-27　西缺 Logo 在产品陈列图中的应用

5.4.7　视觉营销中的店招

店招会出现在店铺每一级页面的 Top 区域，是店铺的门楣，客户进店后，出现在此的信息有最长存在时效，同时访客可以通过店招顺利到达指定的页面。因此该区域会放置商家最希望传递给客户、希望访客点击的、访客最需要点击的信息。如收藏店铺、优惠券、品牌理念等。图 5-28 选取了几个皇冠女装卖家店招，放置的信息主要是品牌 Logo、品牌理念、收藏关注，偶尔带点促销词或链接，不过量很少，或者出现的时间很短。重点信息传递与 Logo 相似，仍然聚焦在品牌传递上。视觉差异主要表现在配色、版式布局、装饰元素上。

图 5-28   视觉营销在店招中的运用

中国文化中常用"眉清目秀"形容女子美丽超俗的容颜，店招如眉，眉清而秀，眉凝而敛方能聚神，似静非静，灵动传神，才更能衬托下方首焦图的气场与信息传达。偶尔来点朱砂痣式的点缀，或素颜、或淡妆、或浓抹，都是常用的手法，但整体而言，必是凝神而带气场的。可以从 Logo 元素、配色、版式、其他造型元素选取、关键信息抽取等几个关键点落笔。

5.4.8   海报视觉营销策划

首焦轮播区域的展示属于商业类海报，兼具营销的功能需求与形式美的需求。商家现实的营销意图与客户对产品功能需求、精神情感审美需求的融合，给人以恰到好处的营销感受。一张海报具有的视觉美，会使观者感到商家意图与自我需求的对撞与融和。纯粹的文字排列、色彩渲染、奇特造型等，并不能达成如此效应，这是营销意图的视觉化、审美化。西缺八月风格相关词库中所列的天时、地利、人和因素，是视觉设计的信息基础，在此基础上可进一步运用图形美学的设计规则进行创作。该区域的视觉营销主要考虑以下几点：

（1）营销意图明确化。营销意图是商业海报视觉呈现的灵魂，而营销意图可以由天时、地利、人和三个层面的信息来使描述明确化，作为后续视觉化的信息内涵基础。

（2）信息传递审美化。营销意图明确后，工作任务就是传递相关信息，以及传递过程的审美。有美感的事物客户才会有继续浏览的可能，这里的审美不仅仅是形式美，更与信息阅读、操作的顺畅程度，信息接收心理及信息接收形式相关。

（3）营销意图的形式美创作法则。形式美对营销意图与相关信息的传递，具有审美化、渲染化的效果，常用的创作法则有秩序法则、和谐法则、变化法则。

（4）视觉传达中的创造思维。创造思维在营销意图与相关信息的传递中，具有差异化、跳跃性、多维度通感的效果，对多层次传递的信息具有更好的组织、传达效果。常用的创造思维有思维方向的求异性、思维过程的跨越性、思维效果的整体性、思维结构的灵活性、思维表达的流畅性。

【案例】　临近双十二，店铺都开始着手准备工作，首页海报自然是重要角色。双十一与双十二对于淘系平台上的电商而言，犹如西方的圣诞、中国的春节，是购物的节日。一般情况下，主打的颜色多为中国红、天猫红等浓重的色彩配置。图5-29是西缺棉麻迎接双十二的首页海报，在狂卖狂甩的季节里，西缺为何选择了一种异常宁静的方式来迎接顾客？

图5-29　西缺迎双十二首页海报

【分析】

（1）店铺定位：店铺设计风格定位通常与店铺的经营定位有关，大尺度的可以分为旗舰店、零售加盟店、折扣店、概念店、批发店等。不同类型店铺凸显的特征存在较大差异，同时涉及品牌内涵、目标群体等因素。西缺是淘系平台上的专营品牌，走的是文艺复古风，这也是西缺首焦设计与其他许多女装店风格相异的根源所在。

（2）营销思维：在大商场中，当客户逛累了，遇见一家环境幽雅的处所，很愿意慢下脚步稍做休息。因此现在大商场的装修设计，基本都转型为"卖货＋休闲"的生态组合模式。

（3）思维运用：店家在营销策略与视觉传达上一反常态，保留"独我偏执"的个性化设计，却也给狂欢的客户一份别样的视觉营销，让客户静下来。冲动是魔鬼，可以让人成为剁手族，也可以让人来去匆匆、无暇停留。购物节狂热多年，客户心态已经发生许多变化，消费更趋理性，在整体狂欢中取一份安静，让客户的感官得以休息，同时让客户得到更静心体验的效果。

（4）视觉呈现：时逢年关大购换新衣，时令是永恒的创作灵感，自我是风格最好的载体。通过清新淡雅的丑小鸭变形记，以一种唯美经典的方式传递着脱下旧装换新衣的营销意图，既含有时令的换新，也含有产品换新、客户换装后形象的换新寓意。同时也静静传递着品牌的成长过程：品牌刚出道时也如丑小鸭，历经多年，经历了丑小鸭变成白天鹅的过程后，不断升级。视觉上既有明确的营销意图，又体现了信息传递的审美化。形式美的创作手法与创造思维在信息传递与视觉美化的结合中很好地融合在了一起。

【开放式课堂练习】　首焦海报视觉营销分析

问题描述：图 5-30 是一家淘系女装资深店铺在双十一后至双十二期间的首焦海报，对该首焦海报进行鉴赏，并完成数据记录与问题思考。数据记录表格与数据分析表格由学生根据记录需求自行设计。

图 5-30　女装年终聚划算首焦海报

数据记录：描述海报视觉基本构成，具体记录包括风格、场景、主体、文案、配色、构图、视觉焦点等层面数据。

数据分析：

（1）首焦区的设计分析：综合描述首焦区的设计意图。

（2）首焦区时令信息分析：时令信息在首焦区中有哪些视觉体现？

（3）首焦区活动信息分析：店铺活动、平台活动等信息在首焦区中有哪些视觉体现？

（4）首焦区产品信息分析：产品信息在视觉首焦区中有哪些视觉体现？

（5）首焦区用户信息分析：目标群体特征在首焦区中有哪些视觉体现？你可以猜测出这家女装店的风格吗？

小贴士

首焦，主要有全屏海报与全屏轮播两种方式。全屏海报是一张单一的海报展示；全屏轮播海报是两张以上，最多 4 张的轮流播放。重要内容全部在一屏内展示，应尽量缩短页面长度，使顾客将注意力集中在轮播上面。使用轮播应确定轮播内容是否有足够魅力引起顾客注意，不然使用大量时间去加载多张海报会增加等待成本，浪费顾客的浏览时间。中小卖家、用户黏度不高的卖家以及偶尔浏览量不超过 10% 的卖家，应尽量减少轮播的使用。高人气卖家可使用全屏轮播，最好使用可视化效果，让用户根据下方的缩览图有效浏览，避免枯燥等待。

设计活动海报页面时，设计师必须要时时刻刻把握用户的需求，加深买家对品牌的理解和记忆；可以集中体现活动促销，让促销更具诱惑力。一个营销活动的成功，文案的精彩视觉是主导因素。海报的主导因素还有产品、构图、主题、色彩、氛围、优惠折扣等。

5.4.9 类目导航策划

类目导航的作用是网店信息分类。信息呈现上有助于访客了解店铺的基本结构，同时在操作上有助于访客选择性地有效浏览。

首页不仅是热点信息的呈现之地，更是信息分流调度的咽喉要塞。好的首页用户体验，客户访问深度，视觉呈现上离不开贴心的类目导航。根据显示形式不同，类目导航可以分隐形导航、半隐形导航和显性导航。类目导航在风格设计上应与店铺风格相配，结合考虑导航出现的位置。类目导航在视觉流中的作用，可以是规范的商务风，也可以是随性的个性风，如图 5-31 ～图 5-33 所示。

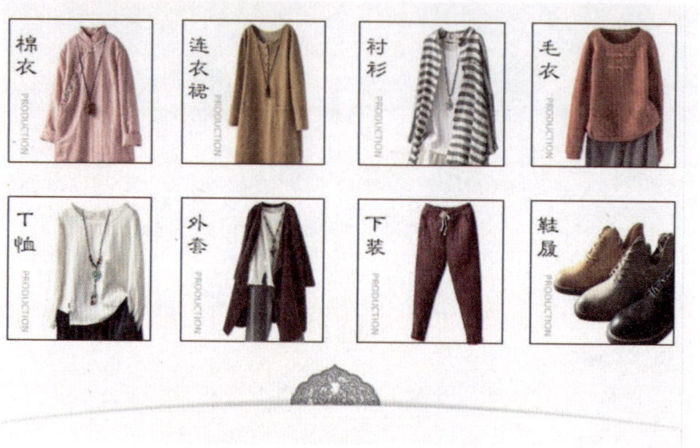

图 5-31　阵列式类目导航

图 5-32　多元化类目导航

图 5-33　文本式类目导航

类目导航的入选信息应根据分类关键信息而定，常用的关键信息有产品类目、子类目、活动主题专栏、产品材质、产品功能、产品价位、适用群体等各类产品、客户、活动相关属性。

【案例】分析如图 5-34 所示的类目导航的分类关键信息、显示形式和一般出现位置。

图 5-34　静态横式类目导航

分类关键信息：产品结构。

显示形式：静态显性横式类目导航。

出现位置：

（1）首焦下方：满足目标特别明确的客户需求，同时也会使访客进店后产生井然有序的感觉。

（2）中部：温馨提示，供浏览首页商品过程自我选择的需要，单纯的产品浏览，过多同类信息会使访客视觉产生疲劳，适当的类目导航如腰带配饰，可以起到很好的收摄作用。

（3）底部：温情回放提醒，底部虽没有头部那么重要，出现在访客眼前的概率也没有上面两个部位高，但对于有毅力走至底部的访客，到此仍会感到意犹未尽。同时，底部也是店家服务态度的极致表现，更是有良店家不会错过的情感运用区、品牌展现区。底部如鞋履，看似无足轻重，却是品牌力、服务力的重要体现区域。

三类位置的导航配合使用，可以很好地提升首页用户体验，尤其是在陈列产品种类数量比较多的时候。上下滚动鼠标在用户页面操作中属于最省力、最简便的操作，因此商家还是会在首页附加许多产品陈列，分类导航便显得尤为重要。

> **小贴士**
>
> 　　互联网品牌生态运营：对于名下有多个品牌的企业，可以借助导航起到共享式营销。如韩都衣舍旗下有多个女装品牌，或者与其他一些品牌通过交互链接相互分享客户流量，可以通过设置品牌导航区，实现品牌生态运营。
>
> 　　韩都衣舍顶部品牌导航区：互联网品牌生态运营集团（娜娜日记、范·奎恩、CHUU、名冰、SONEED、迪葵纳、樱桃小镇、尼班诗、Discovery 女装、城市格调等）。
>
> 　　韩都衣舍底部品牌导航区，品牌数目比顶部更多，视觉表达更丰富，顶部寸土寸金，而底部是后花园，有更多展示空间。

【案例】分析如图 5-35 所示类目导航的分类关键信息、显示形式和出现位置。

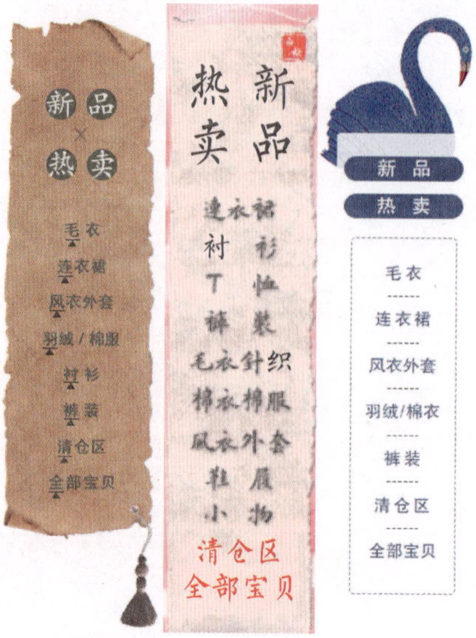

图 5-35　浮动竖式类目导航

分类关键信息：产品结构＋促销方式，混合式分类。

显示形式：动态半隐性竖式导航，可以通过鼠标点击控制伸缩。

出现位置：左边栏、右边栏，固定屏幕窗口，不随页面滚动，可以为客户提供方便的操作选择，如随身客服般贴心指导。

表 5-24 列举了部分常见的可用来做类目导航的女装分类词。

表 5-24　首页导航分类词举例

分类关键属性	分类举例
产品结构	衬衫、背心、短外套、长外套、裤子、风衣、棉服、羽绒服等
风格	前卫女装、休闲女装、少女装、淑女装、成熟女装、精品女装等
适用场合	商务休闲、户外休闲、牛仔装、运动装等
年龄段	18～28 岁
服饰面料	纯棉、棉麻混纺、亚麻、苎麻、桑蚕丝、绵纶、氨纶、粘纤、羊毛、羊绒等
品牌	如韩都衣舍旗下素缕、名冰、娜娜日记、范·奎恩等

【开放式课堂练习】　竞店分类导航调研

问题描述：浏览韩都衣舍天猫店，仔细浏览店铺首页导航，完成数据记录与问题思考（也可以选择你认为分类做得好的店铺）。数据记录表格与数据分析表格可由学生根据记录要求自行设计。

数据记录：

（1）截图并记录。记录店铺首页出现的导航数目，各导航出现的位置、视觉呈现形式。视觉呈现形式可以按隐性／显性、横式／竖式、静态／动态、简单文字／创意风格等来记录，同时对各导航截图记录。

（2）信息分类汇总。每个导航信息的分类依据、分类后的具体类目。

数据分析：

（1）关联分析。分类信息与出现的位置有什么样的关联？

（2）视觉营销分析。不同的分类信息导航对店铺、产品、品牌在视觉营销上起到了怎样的作用？

5.4.10　优惠活动区设计

优惠活动区是店铺最常规的一种促销方式，优惠券是最常见的优惠活动呈现方式，是店铺视觉营销中的动态组成。图 5-36 是非常简洁的优惠券设计，面积虽小，活动力度的最新明细全部包含其中。优惠活动区的策划设计流程类似其他板块，包括信息设计和视觉设计。

图 5-36　常见简易优惠券

1. 信息设计

信息设计主要是完成优惠活动中涉及的相关数据提取与设计，主要涉及优惠活动中的产品信息、优惠价格信息、优惠活动说明、使用限制等。以图 5-37 所示的优惠券为例，其中涉及的关键信息如表 5-25 所示。

图 5-37　迎双十二优惠券

表 5-25　优惠券关键信息

价格档次	优惠力度	使用场合	有效时间
10 元	满 298 元	店内所有产品	2017/12/01 至 2017/12/12
20 元	满 498 元	店内所有产品	2017/12/01 至 2017/12/12
50 元	满 798 元	店内所有产品	2017/12/01 至 2017/12/12

2. 视觉设计

在信息设计成果的基础上，结合店铺风格、上下场景，对优惠活动所涉及的信息，以视觉化方式显示，可以运用创意手法进行个性化设计，如图 5-38 所示。

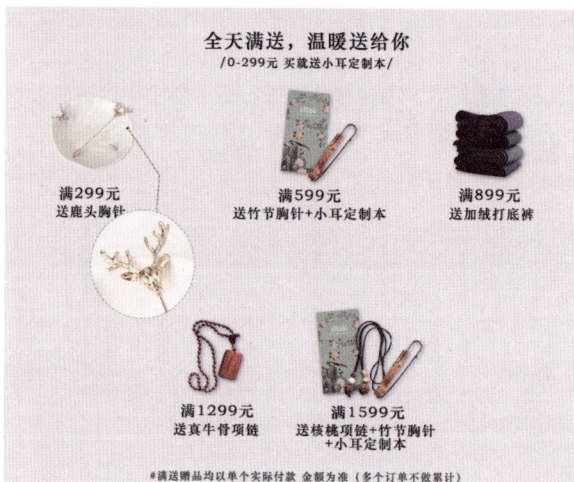

图 5-38 "春天来了"优惠券

【开放式课堂练习】 优惠活动信息分析

问题描述:在优惠活动视觉设计之前,首先要进行信息设计。某店铺优惠活动如图 5-39 所示,试从活动图中抽取相关信息进行记录,记录表格由学生自行设计。

数据记录:从图 5-39 中抽取优惠赠品、优惠条件、使用条件等进行记录。

数据分析:对记录的数据进行分析,优化信息设计。

图 5-39 某店铺双十二优惠活动

🎯 5.4.11 产品陈列设计

产品陈列是商品销售的关键环节,是整场效果形成的关键因素,会影响进场客户的心情与后续行为。产品陈列涉及多个产品信息的排列,设计者应遵循视觉美学,综合运用秩序、和谐、变化法则,更有效地组织好品类繁多的产品图文信息,使店铺的产品陈列有序而不失灵动。对产品进行分类、排列、关联组合,是建构秩序的基础。

流程图说明:首先,选定分类关键字;然后,按照分类关键字分化出信息队列(产品队列);最后,通过组合产生各种新产品组合。具体来说,女装可以按销量、搜索热度、产品结构、色彩、风格、材质等维度分类;然后按活动、类目进行分组作为板块的分类基础;最后通过图片构图、色彩搭配等视觉元素,将板块内的所有产品进行排列。西缺首页产品陈列板块排列如表 5-26 所示。

分类	组合策划	排列
分类关键字： 销量 搜索热度 产品结构 色彩 风格 材质 …… 信息队列（排行） 热卖排行 热搜排行 ……	板块策划案： 1. 活动案 你的搭配师 双十二专场 清仓特惠 人气新品 进店必备 2. 类目组合案 衬衫 毛呢系列 毛衣针织 风衣外套 连衣裙 T恤 ……	板块排列： 1. 整体排列布局 活动专题类 产品类目 产品属性 …… 2. 局部产品陈列

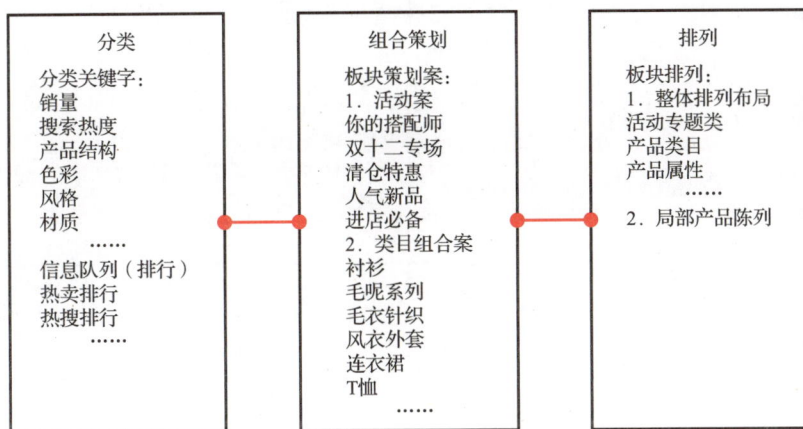

图 5-40　首页产品陈列策划流程

表 5-26　西缺首页产品陈列整体布局（2017 年 12 月）

活动专场	双十二攻略	礼
清仓特惠	预售	满送活动
	人气新品 4×5 阵列	
	进店必备 4×5 阵列	
	衬衫 4×5 阵列	
	毛呢系列 4×5 阵列	
	毛衣针织 4×5 阵列	
	风衣外套 4×5 阵列	
	连衣裙 4×5 阵列	
	……	
	鞋履小物 4×5 阵列	

　　西缺首页信息架构与视觉呈现的设计是相互独立的，信息架构与版式布局基本固定，视觉呈现根据每期的活动而变。通常，活动区域产品陈列采用创意格设计，而类目区域产品陈列采用 $m×n$ 阵列设计。每个区域头部可以进行创意设计，作为视觉增亮、视觉导引的关键设计节点。产品陈列信息主要为图片、文字信息，图文版式布局原理与图片构图原理相似，常见版式如表 5-27 所示。

表 5-27 十三种常见版式类型

1. 框架型	2. 满版型
形式：竖向通栏、双栏、三栏、四栏等 效果：严谨、和谐、理性美 优化：混合嵌套后，既理性有条理，又活泼有弹性	形式：以图像为主体，海报式，文字配置在上下、左右或中部的图像上 效果：大方、舒展的感觉，视觉传达直观而强烈，商品广告常用形式
3. 上下分割型	4. 左右分割型
形式：整个版面分成上下两部分，在上半部或者下半部配置图片，可单幅或者多幅，另一部分配文字 效果：图片感性而有活力，文字理性而静止	形式：整个版面分成左右两部分，分别配置图片与文字，左右两部分形成强弱对比时，会造成视觉心理的不平衡，但不如上下型分割的视觉流程自然 效果：符合视觉习惯，可以虚化分割线，或用文字左右穿插，使版面变得自然和谐
5. 中轴型	6. 四角型
形式：图形水平或垂直方向排列，文字配置在上下或左右 效果：水平排列——稳定、安静、平和与含蓄之感；垂直排列——强烈的动感	形式：图片、文字，排列成曲线 效果：产生韵律与节奏的感觉
	7. 自由型
	形式：无规律、随意的编排构成 效果：活泼、轻快的感觉
8. 倾斜型	9. 对称型
形式：主体形象、文字、多幅图像作倾斜编排 效果：强烈动感与不稳因素，引人注目	形式：绝对对称和相对对称，一般多采用相对对称手法 效果：稳定、理性的感受，避免过于严谨
10. 重心型	11. 三角型
形式：直接以独立轮廓分明的形象占据版面中心 向心：视觉元素向版面中做聚拢运动 离心：视觉元素向外扩散做弧线运动 效果：版面产生视觉焦点，使之更加突出	形式：正三角（金字塔型）排列视觉元素或分割画面 效果：具有安全稳定因素
12. 并置型	13. 曲线型
形式：将相同或不同的图片按大小相同而位置不同进行重复排列 效果：有比较、解说的意味，给予原本复杂喧闹的版面以秩序、安静、调和与节奏感	形式：版面四角以及连接四角的对角线结构上编排图形 效果：严谨、规范、安静

产品展示形式有纯产品式、场景式、模特展示、模特＋场景式。纯产品展示在造型上与模特展示相似，虽不见模特，但动感依旧。造型优劣对产品品质的呈现影响很大，造型工作大部分在产品拍摄阶段完成，需要运营人员、产品陈列师、摄影师、模特共同完成。

产品陈列的基本原则有以下几个。

（1）产品整洁。整洁干净是产品陈列必须遵循的准则。图片中的产品主体要能让访客轻松识别。首页空间有限，如果放置商品太少，呈现信息量就少；但如果图片过多，呈现上又会显得繁杂。合理利用有限的方寸之地，利用场景纵深，可以使首页在不拥挤的情况下呈现更多的信息。同时，商品之间的留空也是凸显主体的重要手法。商品按照分类展示为多个模块，最好将产品展示的一个模块控制在1.5屏之内，再展示下一个模块，避免扰乱顾客视觉或让顾客产生视觉疲劳。

（2）爆款突出。同一区域的若干产品，需要有一个视觉层次与视觉重心。视觉重心通常是店家主推的重点产品、爆款产品，重心的凸显是多次调整的结果。产品陈列师的方案是经验式的，带有一定的主观性，通常不是最佳的，影响网络用户行为的因子很多，所以点击率是实际运营后检测出来的，根据运营数据不断调优的过程。突出展示方法，热卖产品展示区域放大，同模块其他产品等比例显示，尺寸比热卖产品小。利于吸引顾客关注更为突出的产品，促使顾客优先浏览突出的产品，促进爆款打造。

（3）整齐统一。产品展示的品类与风格需要规范统一，通过产品分类聚合显示，对访客需求有集中指向作用，这样更易于打开客户的需求及购买欲望。如图 5-41 所示，所有产品的背景色深都是一致的，视觉配件也都是相似的，配光风格一致，每个产品图片都贴有 Logo，在风格上形成一套体系。产品陈列的整齐统一主要有两点：第一，产品属性上要统一；第二，展位上的图标和装饰元素要统一，避免参数、价格等明显不同的元素。

相对于整齐统一的陈列方式，有创意、有变化的陈列会更让顾客眼前一亮。将产品摆出各种造型和图案轮廓等，是不错的方法。图 5-41 中，产品元素相同，但内容和价格不同，图中的排列体现了整齐统一性，将相同属性的产品放进同一个模块中，使陈列品看起来干净舒适。

图 5-41　整齐统一的场景

（4）色彩对比。色彩对比在产品陈列中很有讲究，除了产品图中运用色彩对比之外，同一区域的产品图也需要运用色彩对比，让访客更容易捕捉到相关产品信息。图 5-42 中的产品陈列图，四角以深色调、暗色调显示作为中间亮色调的色彩对比，使顾客的视线很容易被中间亮色区域吸引。

图 5-42　产品陈列中的色彩对比

（5）关联陈列。在产品陈列中，关联陈列是为了让低流量产品蹭高流量产品的人气，提升流量利用率；同时也是为了方便客户进行需求组合，激发顾客的潜在消费需求，提高客单价。如服饰搭配、美食搭配、生活用品混搭等都是关联陈列。图 5-43 中用红色圆圈圈出的第三个产品，正是其他三张图产品的搭配产品，一般遇见喜欢的搭配，客户会产生浏览查看搭配产品的需求。

图 5-43　关联陈列

（6）特殊陈列。特殊陈列是指与常规陈列方式差异化明显，造型独特的陈列方式。如图 5-44 所示，整个矩阵区域的产品都以直挂方式显示，而红色圆圈圈出的两个产品是特殊陈列，采用了平铺、放大、叠放等特殊效果。

图 5-44　特殊陈列

案例描述：西缺产品的陈列版式非常大气，而且基本不变，鲜有模特上架。请从产品陈列角度分析西缺产品的展示风格。

运用分析：西缺衣品属于模特缺省，但配置了场景，复古式的木制背景，几支干花营造出一种宁静的氛围，通过对服饰的各类造型，给服饰注入了灵魂，一种灵动的感觉悠然而起，相比模特展示，别有一番想象空间，同时避免了因模特而对服饰定性，给买家造成产品理解上的偏差。西缺店铺的创意产品陈列如图 5-45 所示。

（a）

（b）

（c）

（d）

（e）

图 5-45　西缺店铺创意产品陈列

5.4.12　视觉营销中的页尾

　　页尾处于页面底端，却是页面信息传递完整性的标志，为访客提供信息返回、转接等快速通道，是一个提升用户体验、首尾呼应的视觉环节和信息调度中心。网页底部通常会放置一些超链接，作为页面之间、网站之间的交互，因此这块区域除了设置网店内部信息通道之外，还可以作为网店之间、互联网空间其他平台之间的链接交互，尤其适用拥有多家子店铺、子品牌的商家。如图 5-46 所示，西缺旗下其他品牌可以通过老店、级别高的店铺设置链接，导引流量，带动旗下的新店快速发展。

图 5-46　首页底部链接生态运营集汇

　　页尾可以进行商家重点信息强调回放、店内产品链接、其他链接等，样式丰富多彩，信息主要有企业级、店铺级、产品级、活动级等作为入口导引。底部可以有多种信息设计方案，同时可以有多种创意视觉设计如图 5-47 所示。

（a）店铺级信息呈现

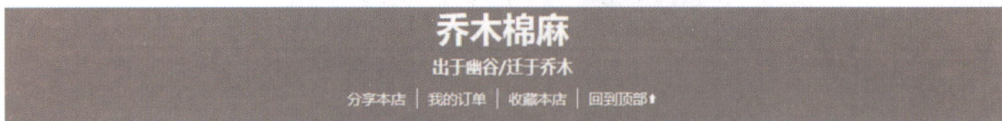

（b）点明品牌主题＋类目导航

图 5-47　页尾（页脚）样例

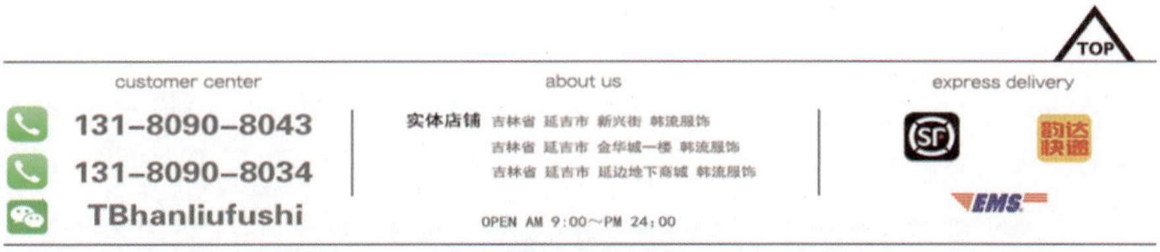

（c）店铺服务信息一览

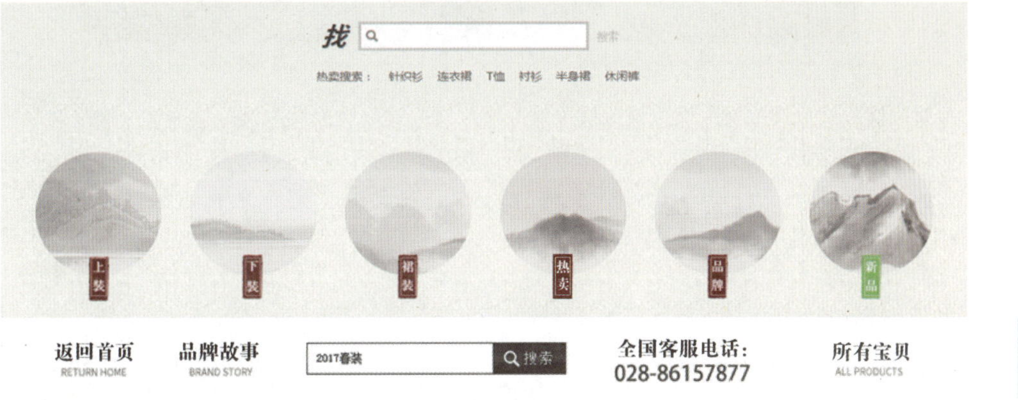

（d）类目引导＋关键词查找

（e）简式收尾＋行为导引

图 5-47　页尾（页脚）样例（续）

5.5　首页制作与测试

1. 制作基本流程

首页页面制作基本流程为：框架布局→模块实现→组装测试。基于篇幅考虑，框架布局选择简化版，主要包括店招导航、海报等几个板块。

2. 店招模块制作

【任务描述】通过店招模块制作，感受店招在视觉设计中营销意图的体现细节，效果图如图 5-48 所示。

图 5-48　店招效果图

【素材准备】导航背景 .psd、西缺店名 .psd。

【技能准备】文件基本操作、文件置入、自由变换、文本工具、颜色填充、图层基本操作、组基本操作。

操作步骤详见二维码。

店招模块制作

3. 海报模块制作

【任务描述】通过海报模块制作，感受海报在店铺视觉设计中营销意图的体现细节，效果图如图 5-49 所示。

图 5-49　海报效果图

【素材准备】西缺店名 .psd、新品宣传图 .psd。

【技能准备】文件基本操作、置入文件、颜色填充、文本工具、图层样式、图层基本操作、组基本操作。

操作步骤详见二维码。

海报模块制作

4. 专题模块制作

【任务描述】该模块是因时令变化而设置的专栏，橱窗式展示，是继首焦后的第二重要区域，是首页设计的重要区域，主要分为标题区与内容区。

（1）标题栏设计，效果图如图 5-50 所示。

图 5-50　"夏天来了"模块标题栏效果图

【素材准备】长发姑娘素材 .psd。

【技能准备】文件基本操作、置入文件、文字工具、颜色填充、图层基本操作、组基本操作。

操作步骤详见二维码。

标题栏设计

（2）产品陈列 1 设计，"夏天来了"模块产品陈列效果图如图 5-51 所示。

图 5-51　"夏天来了"模块产品陈列 1 效果图

【素材准备】绣花细节素材 .psd、背景素材 .psd。

【技能准备】文件基本操作、置入文件、文字工具、图层基本操作、自定形状工具、多边形套索工具、颜色填充、组基本操作。

操作步骤详见二维码。

产品陈列 1 设计

（3）产品陈列 2 设计，"夏天来了"模块产品陈列效果图如图 5-52 所示。

图 5-52　"夏天来了"模块产品陈列 2 效果图

【素材准备】背景素材 .psd、蓝色衬衣 .psd、细节素材 .psd。

【技能准备】文件基本操作、置入文件、文字工具、水平翻转、图层基本操作、图层样式、画笔工具、自由变换、组基本操作。

操作步骤详见二维码。

产品陈列 2 设计

5．优惠券区模块制作

【任务描述】通过优惠券区模块的制作，体验优惠券视觉设计中营销意图的体现细节，效果图如图 5-53 所示。

图 5-53　优惠券区效果图

【素材准备】无。

【技能准备】文件基本操作、填充工具、自定形状工具、文字工具、图层基本操作、组基本操作、对齐分布。

操作步骤详见二维码。

优惠券区模块制作

6．客服专区模块制作

【任务描述】通过客服专区模块的制作，体验客服专区视觉设计中营销意图的体现细节，效果图如图 5-54 所示。

图 5-54　客服专区效果图

【素材准备】无。

【技能准备】文件基本操作、颜色填充、文字工具、矩形工具、多边形工具、置入对象、图层基本操作、组基本操作。

操作步骤详见二维码。

客服专区模块制作

7．导航专区模块制作

【任务描述】通过导航专区模块的制作，体验导航分类视觉设计中营销意图的体现细节，效果图如图 5-55 所示。

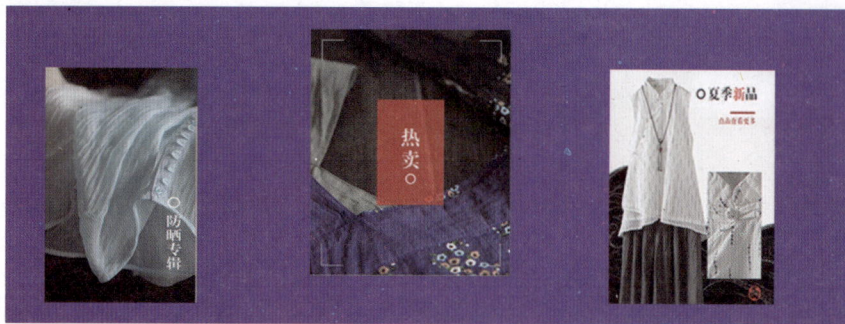

图 5-55　导航专区效果图

【素材准备】热卖素材 .psd、夏季新品素材 .psd、防晒专辑素材 .psd。

【技能准备】文件基本操作、颜色填充、置入对象、图层基本操作、组基本操作。

操作步骤详见二维码。

导航专区模块制作

8．"复古偏执者"模块制作

【任务描述】通过"复古偏执者"模块的制作，体验创意产品视觉设计中营销意图的体现细节，效果图如图 5-56 所示。

【素材准备】产品图 1.psd ～产品图 4.psd。

【技能准备】文件基本操作、颜色填充、文字工具、直线工具、椭圆工具、置入对象、图层基本操作、组基本操作。

创意模块制作

操作步骤详见二维码。

图 5-56　"复古偏执者"模块效果图

9．分类导航区模块制作

【任务描述】通过分类导航区模块的制作，体验分类导航视觉设计中营销意图的体现细节，效果图如图 5-57 所示。

图 5-57　分类导航区模块效果图

【素材准备】多肉素材 1.jpg、多肉素材 2.jpg。

【技能准备】文件基本操作、置入文件、图层蒙版、文字工具、单列选框工具、描边、颜色填充、矩形选框工具、自定形状工具、图层基本操作、自由变换、组基本操作。

分类导航区模块制作

操作步骤详见二维码。

10．"星空之上"陈列模块制作

【任务描述】通过"星空之上"陈列模块的制作，体验产品陈列视觉设计中营销意图的体现细节，效果图如图 5-58 所示。

【素材准备】产品 1 素材 .psd ～产品 8 素材 .psd。

【技能准备】文件基本操作、置入文件、椭圆工具、直线工具、文字工具、颜色填充、图层基本操作、自由变换、组基本操作。

陈列模块制作

操作步骤详见二维码。

图 5-58   "星空之上"陈列模块效果图

11. 人气新品模块制作

【任务描述】通过人气新品陈列模块的制作，体验产品陈列视觉设计中营销意图的体现细节，效果图如图 5-59 所示。

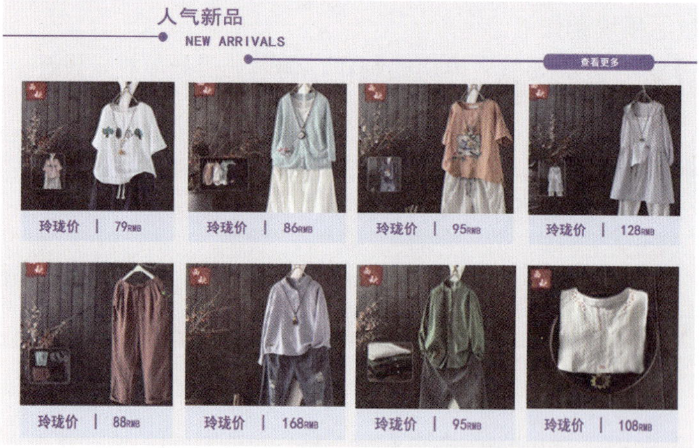

图 5-59   人气新品陈列模块效果图

【素材准备】新品 1 素材 .psd ～新品 8 素材 .psd。

【技能准备】文件基本操作、置入文件、文字工具、颜色填充、图层基本操作、对齐、组基本操作。

操作步骤详见二维码。

人气新品模块制作

12. 进店必选产品模块制作

【任务描述】通过进店必选产品模块的制作，体验产品陈列视觉设计中营销意图的体现细节，效果图如图 5-60 所示。

【素材准备】产品图 1.psd ～产品图 8.psd。

【技能准备】文件基本操作、置入文件、文字工具、颜色填充、图层基本操作、对齐、组基本操作。

操作步骤详见二维码。

进店必选产品模块制作

图 5-60　进店必选产品模块效果图

13. 页尾模块制作

【任务描述】通过页尾模块的制作，体验页尾区域视觉设计中营销意图的体现细节，效果图如图 5-61 所示。

图 5-61　页尾模块效果图

【素材准备】无。

【技能准备】文件基本操作、文字工具、颜色填充、斜切、矩形工具、直线工具、自定形状工具、图层基本操作、对齐、组基本操作。

操作步骤详见二维码。

页尾模块制作

14. 上线测试

前面各个模块完成后，就可以进行店铺首页的合成、调试与运行测试了，基本步骤如下：

（1）Photoshop CS5 环境首页合成与调试；

（2）Photoshop 环境应用切片工具切图；

（3）DreamWeaver CS5 环境复制代码；

（4）源代码粘贴至淘宝店铺装修后台。

具体步骤详见二维码。

上线测试步骤

同步阅读

人工智能设计系统——"阿里鲁班系统"

2017 年 4 月 27 日，阿里巴巴正式发布了人工智能设计系统——阿里鲁班系统。

阿里鲁班系统，通过算法和大量数据训练的人工智能平台，能根据用户行为和偏好智能生成并投放广告，手机淘宝首页焦点图系统也能自动生成，还能根据用户点击结果自动调整。

阿里鲁班系统的设计原理是通过人工智能算法和大量的数据训练，让机器学习设计并输出设计。阿里鲁班系统工作四步法：

（1）学习和利用图像算法"抠图"，完成海量商品自动抠图处理。

（2）将设计变成"数据"，完成满足不同用户需求的数据化海报。

（3）让机器学习设计，完成高质量的海报设计。

（4）规模化生成并做出评估，完成最终上架。

阿里鲁班系统在 2016 年双十一服务期间，根据呈现主题与消费者特征千人千面投放站内商品展示广告 1.7 亿，商品点击率提升了 100%，工作量的级相当于 100 位设计师不吃不喝连续工作 300 年。随着计算能力的提高，大数据存储能力的提升，图形图像算法的成熟，2017 年鲁班系统的设计水平有了显著提升，已学习百万级的设计师创意内容，拥有演变出上亿级的设计能力，双十一期间 4 亿张海报由鲁班系统设计，约等于一天完成 4 000 万张设计图，每秒做 8 000 张海报，结果没有一张效果图完全相同！2018 年双十一，"鲁班"可以达到阿里巴巴 P6 设计师的水平。阿里巴巴 P6 设计师相当于行业中的高级设计师。

鲁班系统除个别模板需人工设计外，基本承接了此项目所有工作，使设计效率大幅提升。经过阿里内部大规模训练与学习，"鲁班"有了革命性升级，设计水平已非常接近专业设计师，资源点击率翻了一倍。鲁班智能设计，是低成本高质量的设计，适合广大中小商家。部分自主品牌设计风格的品牌大商家，将设计风格输入机器，由机器协助生成大批量统一风格的设计结果，高效实用。阿里巨大的数据和千人千面算法技术，将智能设计结果直接输送给用户，又将用户行为数据回收至设计云，帮助用户解决问题，给他们想要的设计。

阿里鲁班系统，是设计师所有经验的集合，解决的是人类重复性的机械劳动，为缺乏设计能力的商家提供服务，重塑整个设计生态。在未来设计生态中，设计师的价值将更多体现在创造性思维、独特创意、创意商品展现等方面。

同步训练

1. 网店信息架构设计

（1）训练内容

以西缺品牌或同类型品牌做一个网店与首页的信息架构分析。首先进行网店基本信息抽取，在此基础上进行信息架构抽取。

（2）实现步骤

实现步骤详见二维码同步训练。

同步训练

2. 首焦视觉营销策划分析

（1）训练内容

为西缺品牌做一个首焦区的竞店调研，选取 3 ～ 5 家高等级的资深同类目店铺，对当季首焦图进行鉴赏。

（2）实现步骤

实现步骤详见二维码同步训练。

3．首页整体布局设计

（1）训练内容

选择复古、民族、文艺、棉麻风格店铺 2～3 家进行调研，针对各个店铺的品牌特点、产品特征、客户特征，优化课堂实训案例"西缺首页"，对其进行整体布局设计的优化。

（2）实现步骤

实现步骤详见二维码同步训练。

拓展训练

1．首页海报营销策划与设计

（1）训练内容

以"春暖花开燕子回"的春季为活动背景，"三八女王节"为活动主题，以西缺复古棉麻女装店铺为策划设计对象，进行首焦图的策划与设计，并实现效果。

拓展训练

（2）实现步骤

实现步骤详见二维码拓展训练。

2．首页产品陈列设计与制作

（1）训练内容

分析现有西缺店铺首页产品陈列设计特征，以春季为活动背景，从分类、排序、创意风格设计等层面为西缺首页产品陈列进行分块个性化设计，并完成产品陈列效果图。

（2）实现步骤

实现步骤详见二维码拓展训练。

项目小结

　　店铺视觉营销具有整体性、时令性特征。整体性主要与品牌、信息分类导航、店铺重点产品信息、服务入口等有关；时令性与季节、当季营销活动等动态信息相关。本项目以店铺视觉营销为项目载体，旨在培养学生静中有变、变中有静的设计思路，将店铺整体的、动态的信息通过视觉方式传达给访客，明确店铺信息要传达什么？要传达给谁？怎么传达？以及传达效果的跟踪；从而锻炼学生运用客户画像法、品牌画像法清晰地刻画店铺的目标客户群与自身品牌形象，为后续的 VI 视觉系统设计与营销活动策划提供定位依据。通过 VI 视觉系统，培养学生为店铺视觉营销提供基础格调的策划与框架设计，为后续的营销活动视觉策划提供基础。

理论测试题

一、填空题

1．（　　）赋予视觉营销以灵魂，并伴随视觉营销贯穿于（　　）、（　　）、（　　）等各个环节始终。

2．（　　）不仅是色彩、文案、造型等局部空间的视觉焦点，更是一种（　　）、（　　）的贯穿和渗透，是一种持续的、连绵不断的时序与视觉场，具有波粒二相性。

3．网店本质上是（　　），信息架构通常可以分离出（　　）、（　　）、（　　）。

4．（　　）是店铺视觉营销与品牌文化的展现重地，其信息架构犹如网店的身子骨，意味着信息组织架构、视觉呈现架构。

5．（　　）是页面的逻辑模型，处于核心位置。该模型设计的优劣取决于（　　）、（　　）、（　　）等业务逻辑。优秀的逻辑模型设计能有效提升视觉效果。

6．导航也会以（　　）、（　　）、（　　）等形式出现在页面主体部分。

7．轮播海报中，一个（　　）的成功，（　　）占据主导因素。海报的主导因素还有（　　）、（　　）、（　　）、（　　）、（　　）等。

8．根据用户阅读习惯与页面物理空间特性，视觉动线的基本类型有（　　）、（　　）、（　　）、（　　）、（　　），也可以根据基本轨迹进行创意组合。

9．（　　）是店铺门楣。

10．（　　）的实质是信息的有效传达，而信息有效传达的根本是来自信息的（　　）、（　　）、（　　）。

二、不定项选择题

1．网店信息架构与网站相似，每个网店都有首页、分级页面、详情页面等，每个页面都包含（　　）、（　　）、（　　）。

    A．页头　　　　　　　　B．页面　　　　　　　　C．页尾　　　　D．页码

2．（　　）通常提供现促活动、主推产品、店铺公告、品牌文化等宣传广告信息。

    A．店招区　　　　　　　B．轮播图区　　　　　　C．主图区　　　D．分类区

3．（　　）是黄金展示区，可以陈设店铺最核心、最优势的信息，通常有企业名称、品牌、主营产品或者现促活动等客户第一时间想知晓的信息。

    A．店招区　　　　　　　B．轮播图区　　　　　　C．海报区　　　D．公告栏区

4．网店首页底部通常放置（　　）、（　　）、（　　）等最需客户重点关注的信息，方便提醒客户快速到达相关区域。

    A．店招区　　　　　　　B．分类信息　　　　　　C．外部链接　　D．底部链接

5．信息架构根植于功能架构，信息架构是面向运营业务的，而（　　）是依赖于平台的。

    A．信息架构　　　　　　B．功能架构　　　　　　C．网店首页　　D．网店详情页

6．店铺视觉营销的两个抓手是（　　）和（　　）。

    A．文案　　　　　　　　B．品牌宣传　　　　　　C．活动宣传　　D．色彩

7．（　　）、（　　）、（　　）是品牌塑造、活动营造的三大法宝，品牌强调营销的统一性，活动侧重营销的活力展现。

    A．爆款　　　　　　　　B．客户　　　　　　　　C．产品　　　　D．服务

8．客户画像基本流程是（　　　）、（　　　）、（　　　）、（　　　）。

　　A．搜集用户信息　　　　　　　　　B．明确营销需求

　　C．确定客户画像的维度和度量指标　　D．客户画像与营销分析

　　E．采集资料　　　　　　　　　　　F．绘制流程

9．（　　　）是店铺最常规的一种促销方式，是最常见的优惠活动呈现方式。

　　A．爆款区　　　　　　　　　　　　B．页尾

　　C．优惠活动区　　　　　　　　　　D．海报活动区

10．根据 Logo 中常用信息及表现形式，Logo 通常分为（　　　）、（　　　）、（　　　）三种。

　　A．图形型　　　　　　　　　　　　B．静态型

　　C．文字型　　　　　　　　　　　　D．图文复合型

三、判断题

1．公告栏区提供了网店的信息分类，可以让客户快速定位至相应区域。（　　　）

2．产品陈列区通常按类目进行产品分块陈列。（　　　）

3．线框图是一种有效的页面结构化设计工具，可以清晰直观地表现页面的逻辑、动作与功能。（　　　）

4．不同的画像蕴含不同的客户类别、心理类别、需求类别等，在营销学上映射为不同的营销策略、品牌形象，在视觉上则映射为不同的色彩、版式、造型、文案等视觉要素。（　　　）

5．店招区通常放置当季店铺、平台策划推出的一些活动，会出现各类活动信息、热销产品信息、当季产品信息及各类经典款等促销活动信息。（　　　）

6．信息架构指信息架构的视觉呈现，包括整体版式、风格、配色、产品陈列的布局、广告文案等，是页面的皮肤系统。（　　　）

7．客户 RFM 模型是基于客户静态维度数据进行的客户画像法。（　　　）

8．首焦轮播展示兼具营销的功能需求与形式美的需求。（　　　）

9．版式与色彩是规划视觉焦点布局与动线形成的重要手段。（　　　）

10．版式、色彩、文案等信息架构呈现是页面的皮肤系统。（　　　）

项目 6
激发移动视觉冲击力

 **知识导图**

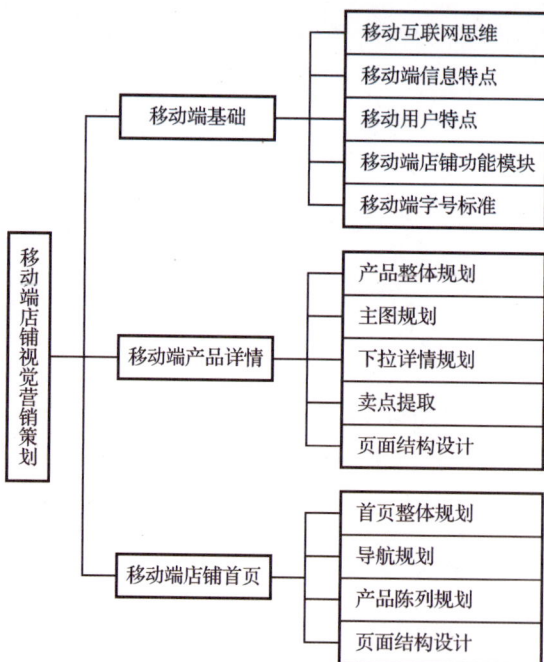

知识点

1. 了解移动端的基本概念。
2. 掌握移动端产品详情营销策划的关键内容。
3. 掌握移动端店铺首页营销策划的关键内容。

技能点

1. 能够运用信息建模方法与网络资源进行业务数据建模。

2. 能够运用移动互联网思维进行思考策划。
3. 能够运用移动端信息特点与用户特点进行策划。
4. 能够运用卖点提取方法进行页面数据建模。
5. 能够运用常用图像处理工具软件实现策划效果、测试效果。

项目导入

案例

2017 年贝贝母婴研究院中国母婴用户消费分析报告

摘选 2017 年贝贝母婴研究院《中国母婴用户消费分析报告》如下：

1. 消费者洞察

2017 年母婴消费者性别分布，10% 男性，90% 女性。由于母婴用品的特性，女性依然是母婴产品的购买主力。年龄分布占比为：80 后占 60%，90 后占 30%，其他占 10%。购买人群年轻化是母婴产品消费的基本特征。线上母婴用品地域分布情况占比为：特级城市占 9.5%，一线城市占 14.7%，二线城市占 21.4%，三线城市占 21%，四线城市占 13.5%，五线城市占 15.4%，其他占 4.6%。中国线上母婴消费人群中，二、三线城市最多，一线城市、特级城市占比相对较少。各线城市 2016 年上半年、2017 年上半年消费同比增长占比情况：一线城市占 3%，二、三线城市占 11%，四、五线城市占 17%。数据表明一线城市增长放缓，二、三线城市明显增长，四、五线城市增长迅猛，母婴市场渠道下沉。全国人均母婴消费额 Top10 省份排名中，广东、江苏人均消费金额最高，主要原因是地区经济实力强，电商普及率高，物流发达。

2. 用户消费行为研究

使用时段数据分布，第一波峰上午 10：00，第二波峰下午 3：00，第三波峰晚上 10：00。最高峰值出现在晚上 10：00，移动互联网的发展使得用户可以随时随地利用碎片化时间浏览购物。全国对母婴用品评论的关注度分布，沿海沿江一带是对评论极度敏感的地区，青、藏、甘、宁、黔等地区是对评论比较敏感的地区，其他地区是对评论非常敏感的地区。移动端成为下单主渠道，去中心化趋势显著。2016 年贝贝母婴产品销售数据显示，顾客采用移动端下单占比为 91%、微信下单占比为 4%、PC 端下单占比为 5%；2017 年这些数据为移动端占比 79%、微信端占比 20%、PC 端占比 1%。

现状分析：目标用户群体年轻化、购物时间碎片化、移动端购物主渠道等促成了在线母婴产品消费的爆发。移动端设备与 PC 端设备的差异化致使移动端视觉营销成了商家竞争的重地。

需求引发：由于移动端的浏览特点，使得移动端页面 UI 与 PC 端存在较大差异，面向移动端的店铺、产品、活动等视觉营销策划成为商家的常规事务性工作。

项目载体：晡宝母婴专营店（https://bubaomy.tmall.com），移动端用户关注数 3 万，全部宝贝数 77 件，主要经营纸尿裤、纸尿片、学步裤、奶瓶／水杯、配件等。

6.1 认识移动端

"世界上最遥远的距离不是生与死，而是我在你身边，你却在低头玩手机。"这句话描述的是手机移动端的魔力。在这个时代，注意力经济意味着眼球关注哪里，哪里就是机会。随着通信网络的升级，智能移动终端的普及，人类的信息互联入口正从PC端迁移到移动端。随着移动支付体系的完善，移动支付成为新消费主流，为老百姓衣食住行等生活场景支付带来更加方便快捷的消费体验，移动消费群体已经习惯于利用闲散的碎片化时间，通过手机实现随时随地快速消费、快速阅读的多样化场景空间消费方式。传统中心电商正逐步演变分化，走向多元。许多店铺手机端流量已超过PC端流量，更有很多店铺手机端流量占比达到了80%以上，甚至有的店铺专门做移动端视觉设计、运营与推广，完全弱化或取代了PC端。因此，如何设计、优化移动端店铺视觉效果，增强买卖双方的黏性，以此提升店铺的转化率，是当前很多卖家的战略重点调整方向。

6.1.1 移动互联网思维

2014年央视年度经济人颁奖晚会上，董明珠与雷军做了个10亿的赌注，赌的是5年内小米销售额能否超过格力。事件折射出传统企业面对移动互联网大潮的彷徨、困惑与受到的冲击。外界评价小米奇迹是因为雷军营销的成功，而雷军则将其归功于"移动互联网思维的胜利"。海尔张瑞敏说过，"没有成功的企业，只有时代的企业"。诺基亚时任董事会主席约玛·奥利拉说："我们没有做错什么，但不知为什么，我们输了。"诺基亚并没有做错什么，只是世界变化太快，思维跟不上时代，自然会被淘汰。

1. 什么是移动互联网思维

移动互联网思维是基于移动网络的精准化思维，是一种多维网络状的生态思维，节点间彼此连接，形成大小不同的生态圈。不同生态圈之间彼此连接形成更大的生态圈，"连接＋圈子"是构成的基本要素，"去中心化＋伙伴经济"是其典型特征，"专业极致思维＋小众差异思维＋零星碎片思维"是其核心思维。

2. 移动互联网给营销带来的变化

移动互联网是PC端互联网演进的高阶。未来营销不需要太多的渠道，只需要产品与品牌进入消费者的手机。因为消费者在各种碎片时间看手机。

（1）载体与形式发生变化。电视、报纸变为手机、iPad、微博；书信、电话机变为微信；以前因需求而形成团队，如今因兴趣爱好组成团队；消费者的消费习惯与使用行为在发生着改变。

（2）大数据精准营销成为可能。移动互联网信息每两年翻一番，呈几何级数增长。大数据下是人"透明"的足迹，通过大数据整合、高速处理、精准分析可以还原人的行为。

（3）移动互联网精准营销成为必由之路。移动互联无处不在，信息越来越透明，精准营销成为必然。

3. 移动互联网思维与互联网思维的差异

PC 端互联网网民以 80 后、90 后群体为主，而移动互联网网民则覆盖了 40 后、50 后、60 后、70 后，他们开始习惯通过手机、平板电脑与世界发生联系。

目前，传统互联网遇到了瓶颈，以企业为中心的、满足所有消费者需求的大而全、一站式购物体验，与个性化需求产生的矛盾；"传统企业＋互联网平台"的简单拼接与应情应景痛点需求的矛盾；互联网时代专业化的严密分工不适应移动互联网时代的个性化需求的自然竞争生态。

用营销效果＝质量×数量，可以对比出传统思维、互联网思维、移动互联网思维在营销方面的差别：

（1）传统思维。

$$营销效果 = 成交率 \times 沟通次数$$

沟通次数表示更多地与客户见面，属于电视广告时代。

（2）互联网思维。

$$营销效果 = 转化率 \times 流量$$

流量表示更多的客户参与，点击链接，属于互联网广告时代。

（3）移动互联网思维。

$$营销效果 = 适度影像 \times 时空触点$$

时空触点表示在对的时空与客户接触，情感与心灵的交互，属于移动互联网内容为王、社交为王时代。

6.1.2   移动端信息特点

移动设备通过无线信号进行通信，随时随地可以进行，且携带方便，但信道、设备存储容量有限，限制了信息的传递与接收。移动端信息的主要特点有：

（1）手机端流量限制，避免大数据量。

（2）手机尺寸限制，需要视觉焦点突出，信息表达简洁明确。

（3）碎片化阅读特点，需要内容新颖，易读易感，适于快速传播。

（4）手机信息纵向浏览特点，需要信息设计首尾呼应，目标指向清晰明确。

（5）手机尺寸限制，需要信息分类结构明晰，模块划分清晰，内容少而精，产品卖点区域清晰，图片错落有致。

（6）浏览面积小，视觉受限，需要色彩鲜亮，信息层次表达清晰。

根据手机端信息通信特点，无线店铺视觉设计需要注意的基本原则有：

（1）强调触摸感官的习惯性，点击的对象要比鼠标点击的对象尺寸大。

（2）手机屏幕距离人眼较近，尽可能让产品的细节清晰，凸显品质。

（3）手机屏幕具有上下浏览的特点，尽可能每屏信息焦点集中，文案信息结构清晰，图文主次分明，精准清晰。

（4）手机具有流量限制性，同时需要页面加载速度快，所以加载图片文件大小不宜太大。

🎯 6.1.3 移动端用户特点

移动端用户具有年龄跨度大、地域分布广、教育程度跨度大、阅读地点移动化、阅读时间碎片化、信息传播圈子化等特点，因此视觉营销呈现内容化、社交化、生活化等特征。个性化是移动互联网的时代标签，粉丝经济是移动互联时代的王道。个性化、粉丝经济都要求商家更深层次的视觉内容开发，与客户合作、共赢。

1. 个性化

个性化大致分为两个阶段：自由组合和私人定制。

自由组合阶段时期，商家将底层需求模块化、构件化、程序化，支持客户快速搜索与分类，充分开放自己的产品库，实现产品与客户需求的快速匹配。如曾经在校园中非常流行的"死飞"自行车，不仅可以在配件上实现 DIY，而且能够实现个性化配置颜色，如图 6-1 所示。

图 6-1 个性化配色产品

私人定制是个性化需求的高级阶段，以用户为主导，用户根据自己的需求进行定制，并主导整个开发过程。私人定制需要商家更深层次地开放，让用户了解越多，其参与心越强、体验感越好，效果越好。如浙江金华工商城有个性化定制一条街，依托市场优势，传统线下已经做了 20 多年的个性化定制，目前一些店铺也开始线上定制服装。好几家已经成长为专业化定制演出服、工作服、礼服的品牌商家。

2. 粉丝经济

工业经济时代，得渠道者得天下；互联网时代，尤其移动互联网时代，得粉丝者得天下。粉丝思维是用户思维的进步，用户思维讲究的是用户主体，而粉丝思维是作为主体的用户，部分让渡思考主权，即把思考的权力部分让渡给信得过的人，个体只听从就好。

粉丝是品牌的忠诚客户，是品牌的传播者与捍卫者，是一群价值观相同、品牌认知相同、产品认知相同的群体，是潜在的购买者，是最专业、最热心、最挑剔的一群用户。粉丝是最优质的目标消费者，不仅会再三光顾，而且会通过各种社交媒体进行推介，助力企业获得爆炸性增长。如明星店铺、网红店铺都是借助了粉丝的力量。

根据移动端用户特点，无线店铺视觉设计需要注意的基本原则有：

（1）个性化需求，产品个性化突出，产品功能清晰、卖点独特。

（2）个性化定制，产品可以组合搭配，增添配件、功能等。

（3）粉丝经济，注重品牌培育，社交入口，会员制度等。

（4）碎片化阅读，页面不能太长，视觉焦点不用太多，信息结构清晰，板块特点明确，注重类目导航设计。

6.1.4　移动端店铺功能模块

以手淘为项目载体，建议选择 Google 浏览器 Chrome，安装好后，登录淘宝账户，即可进入卖家后台。

1．手机淘宝装修入口

进入淘宝网卖家中心，根据提示向导开启"手机淘宝店铺"装修之旅。在页面左侧单击"手机淘宝店铺"→"立即装修"选项，如图 6-2 所示，弹出如图 6-3 所示的"无线运营中心"页面，单击"店铺装修"→"店铺首页"选项，进入手机淘宝店铺装修首页。

图 6-2　淘宝网卖家中心

图 6-3　无线运营中心

2．手机淘宝装修组件

手机端店铺装修相对简单，进入手机淘宝店铺装修首页后，页面左侧显示各类别装修组件，包括宝贝类、图文类、营销互动类组件等；中间是手机仿真模型区；右侧是模块参数编辑设置区。单击图 6-4 中三角形按钮（ ▶ ），可打开各组件类别的详细条目。

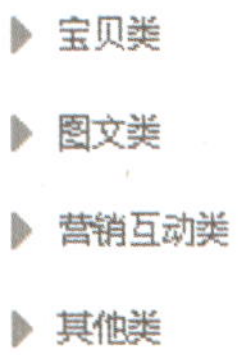

▶ 宝贝类

▶ 图文类

▶ 营销互动类

▶ 其他类

图 6-4　核心组件

3．宝贝类组件

该组件主要放置热销爆款宝贝，起到分类引导和宝贝归类作用，具体包括智能双列、智能单列宝贝、猜你喜欢、宝贝排行榜、视频合集 5 个模块，如图 6-5 所示。系统自动预设好模板尺寸，使用者只需选择宝贝、添加标题和链接即可，图片将根据已有宝贝主图进行显示，方便新店使用。

4．图文类组件

图文类组件是手机端店铺首页装修中使用最多的模块，是文字和图片的组合模块，主要用于手机淘宝页面添加焦点轮播图、互动视频、宝贝展示等，给设计师提供了更多的设计空间。图文类组件具体包括视频模块、美颜切图、定向模块、动图模块、单列图片模块、双列图片模块、智能海报、新老客模块、轮播图模块、自定义模块、多图模块、左文右图模块、标签图、辅助线模块、标题模块、文本模块等，如图6-6所示。

图6-5　宝贝类组件　　　　　　　　图6-6　图文类组件

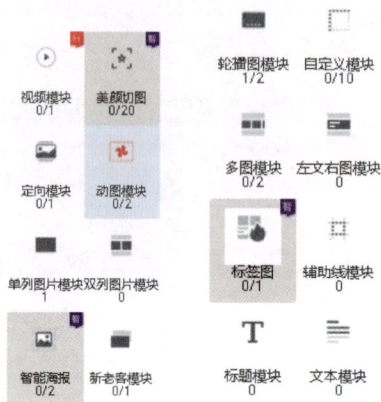

5．营销互动类组件

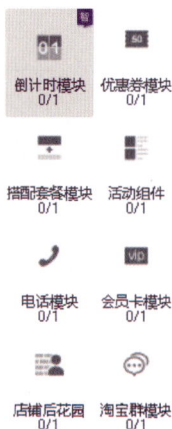

营销互动类组件主要用于店铺营销，店铺开展活动时发优惠券、红包等，渲染店铺活动气氛，具体包括倒计时模块、优惠券模块、搭配套餐模块、活动组件、电话模块、会员卡模块、店铺后花园、淘宝群模块，如图6-7所示。

6．模块装修实操

无线端首页装修的目的是留住流量、转化流量。因此，店铺装修设计前首先要做好整体规划，实现合理的信息视觉分布，让访客轻松浏览，随时可以方便地跳转到想去的地方。无线端由于手机屏幕尺寸限制，首页信息视觉呈现不宜太多、太杂，添加最主要的几个模块即可。

图6-7　营销互动类组件

（1）手机淘宝首页基本装修流程。

① 拖拽左侧相关装修组件至页面中间的手机仿真模型后释放。

② 完成右侧待编辑模块区参数编辑、修改、上传等基本操作。

③ 保存预览并发布。

无线端首页装修模块常见操作有添加、删除、移动、编辑。

① 添加模块。从左侧装修组件模块区选中并拖拽待添加模块至中间手机仿真模型页面的目标位置后释放鼠标，即可在手机淘宝首页成功添加指定模块。

② 删除模块。在手机仿真模型页面中，选中需要删除的模块，单击删除按钮（ 🗑 ）

即可删除模块。

③ 移动模块。在手机仿真模型页面中，选中需要调整位置的模块，单击上移按钮（↓）、下移按钮（↑）即可移动模块。

④ 编辑模块。在右侧模块待编辑区域中，可设置各个模块的内容与属性。

开始手机淘宝首页装修实操前，应先熟悉手机淘宝装修组件。

（2）组件各模块功能解析。选取无线店铺装修过程中比较常用的几个模块进行操作演示，注意页面中模块总数不超过30个。

① 宝贝类组件常用模块。

a. 智能单列宝贝模块：在无线端首页以独立方式呈现宝贝，最多可连续添加5个模块，每个模块最多可添加6个宝贝。无线端页面中单列宝贝模块更占空间，推荐少用。成功添加模块后，单击选中模块，在页面右侧可设置模块宝贝标题、标题链接、推荐类型、宝贝个数等选项，如图6-8所示。

b. 智能双列模块：可使宝贝以双列方式呈现，使用频率较高，模块数量可增加至6个，一个模块最多可添加16个宝贝。成功添加模块后，单击选中模块，页面右侧可添加宝贝图片、模块标题、标题链接等选项，如图6-9所示。

图6-8　智能单列宝贝模块

图6-9　智能双列模块

c. 猜你喜欢模块：通过推荐算法计算出买家感兴趣的商品，并以一行两列方式呈现，不可编辑，如图6-10所示。

d. 宝贝排行榜模块：用于显示店铺中宝贝的各种排行，如钻石买家最爱、收藏排行、销量排行的宝贝。成功添加模块后，单击选中模块，页面右侧可编辑设置宝贝类目、关键字等。该模块只能使用一次，选择宝贝排行榜类目时，所选类目宝贝超过3个时，此模块才能生效，如图6-11所示。

e. 视频合集：用于以视频方式呈现宝贝，如图6-12所示，最少添加2个宝贝视频，可设置默认样式、官方推荐、自定义上传三种方式。

② 图文类组件常用模块。

a. 视频模块：用于添加互动视频，如图6-13所示，仅支持时长不超过120秒的视频，有在线制作新互动视频、选择现有互动视频两种方式。

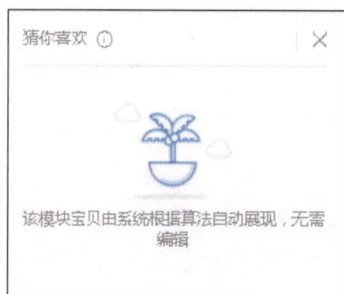

图 6-10　猜你喜欢模块

图 6-11　宝贝排行榜模块

b. 美颜切图：智能旺铺专用付款模块，最多可以添加 15 个模块，单个切图模块最多可添加 50 个热区并设置链接。

c. 新老客模块：将新老顾客情况分流到更精准的无线页面中进行营销，更好地提高个性化运营能力，如图 6-14 所示。不同顾客呈现不同的图片与链接，图片尺寸为 608px×336px。

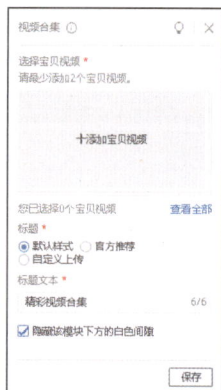

图 6-12　视频合集

图 6-13　视频模块

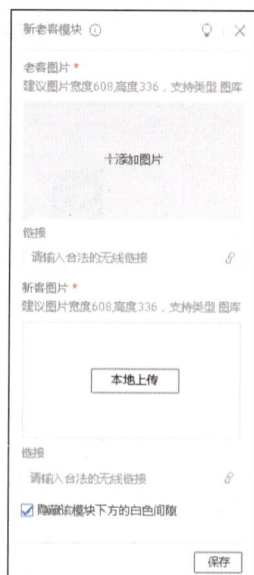

图 6-14　新老客模块

d. 动图模块：智能旺铺专用，是一个付费使用模块。该模块具有添加图片、设置转场动画、添加链接三个功能，如图 6-15 所示。

e. 标题模块：用于手机淘宝页面中添加有链接的文本信息，拖拽指定模块到页面中后，在右侧模块编辑区域输入文本（限制 20 个文字）、设置链接即可，如图 6-16 所示。

f. 文本模块：用于添加无链接的提示性文本信息，如公告展示发货信息、快递方式等。拖拽文本模块到手机模型后，在右侧编辑模块中输入文本即可，如图 6-17 所示。

图 6-15　动图模块

图 6-16　标题模块

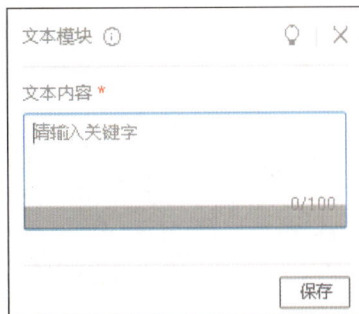

图 6-17　文本模块

　　g. 单列图片模块：主要用于聚焦首页产品图片或店铺活动，如图 6-18 所示。单列图片模块建议图片宽度为 750px，高度为 200 ～ 950px，文件类型为 .jpg 或 .png，也可为图片添加文字与链接。

图 6-18　单列图片模块

h. 双列图片模块：用于展示店铺主推 / 上新 / 热卖商品，也可展示某个分类的商品，如图 6-19 所示。展示方式为两张图片并列展示，双列模块建议图片宽度为 351px，高度为 100 ~ 400px，要求两张图片高度完全一致，文件类型为 .jpg 或 .png。可为图片添加文字与链接；可将固定尺寸的图片设计好后上传至图片空间；可在右侧编辑区内单击添加图片、设置链接等操作。

> 📺 **小贴士**
>
> 宝贝类组件中智能双列模块只需选择已有的宝贝主图即可，而图文类组件中的双列图片模块可添加自行创作的图片。

i. 多图模块：用于添加多张图片展示，并为图片添加标题、文字和链接，如图 6-20 所示。多图模块中图片数量最多 6 个、最少 3 个。多图模块可滑动，建议图片尺寸为 248px×146px，主要用于优惠券展示，也可用于热卖宝贝等。

图 6-19　双列图片模块

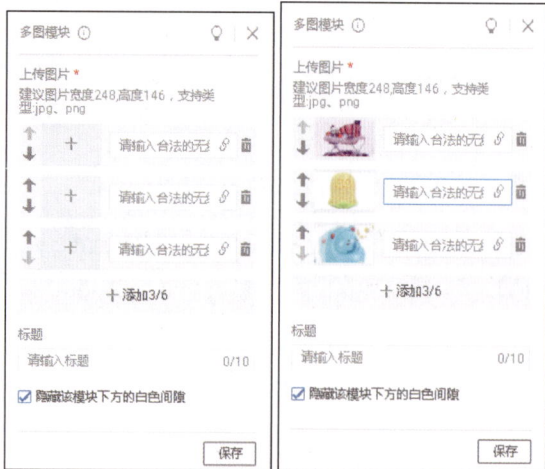

图 6-20　多图模块

j. 辅助线模块：辅助线可清晰划分区域，创造出舒适空间，促进精准分类，节省页面流量，如图 6-21 所示。

k. 轮播图模块：用于展示店铺核心的活动或产品，建议置于第一屏内店招下面，如图 6-22 所示。店铺可在此区域添加多张图片轮播展示图，类似于 PC 端的全屏轮播海报，可节约展示空间。轮播图片最多 4 张，最少 2 张，建议图片宽度为 750px，高度为 200 ~ 950px，支持类型为 .jpg 或 .png 格式的图片，要求组内图片高度必须完全一致。图片添加文字和链接的方法与多图模块相同。

l. 左文右图模块：可展示店铺爆款宝贝图片，与单列模块和焦点图有类似作用，等同于电脑端的 banner，如图 6-23 所示。店铺设计好背景图，在其上输入文字即可，建议尺寸为 608px×160px。

图 6-21 辅助线模块

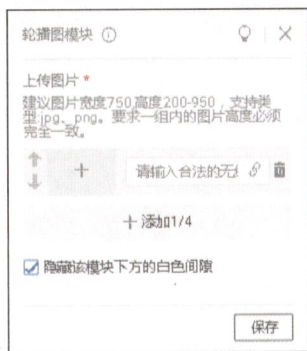

图 6-22 轮播图模块

图 6-23 左文右图模块

小贴士

页面设计过程中，单列模块和焦点图、左文右图模块三选一即可。

m. 自定义模块：最为自由灵活的店铺装修模块，最多可添加 10 个模块，如图 6-24 所示。单击"编辑版式"按钮，在弹出的自定义模块编辑器中拖拽鼠标设置图片的宽度与高度，宽度最大值 640px，高度最大值 1600px，然后在链接输入框中，输入或添加合法链接地址。

图 6-24 自定义模块

（3）营销互动类常用模块。

营销互动类常用模块是优惠券模块，用于展示店铺可供访客领取的优惠券，如图 6-25 所示，建议置于店招下面，突显促销力度。一个页面中最多可使用 2 次，1 个优惠券模块内最多配置 6 张优惠券，一般建议配置 3 ～ 6 个。

6.1.5 移动端页面指标分析

商业视觉设计的目标是营销，依据是运营大数据，设计师应结合相关数据指标确定设计的细节。移动端页面视觉设计主要考虑页面模块的点击效果、页面加载速度、页面跳失率、转化率、访问深度等数据，这些数据基本上可以通过生意参谋经营分析模块中的相关数据进行分析。

图 6-25　优惠券模块

1．页面模块点击效果分析

进入生意参谋的经营分析页面后，选择装修分析栏目，点击"首页页面模块点击效果分析"，可以看到页面不同板块的点击次数，如图 6-26 所示，从而可以进一步分析点击分布情况并进行页面视觉优化。点击效果主要与图片位置、图片尺寸、图片视觉有关系，位置与尺寸整体上影响视觉效果；图片构图、色彩、文案等则是影响视觉的局部因子。

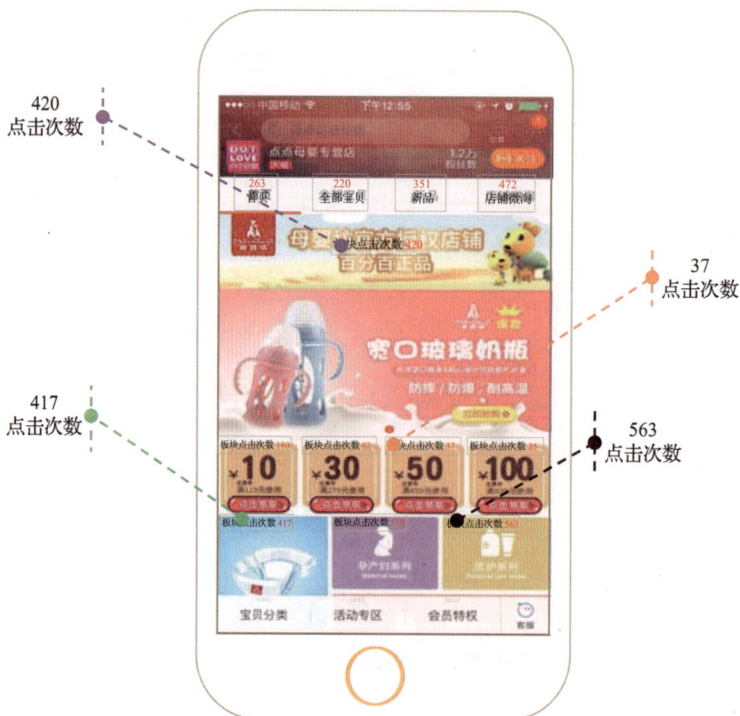

图 6-26　首页页面模块点击效果分析

2．页面加载速度

影响页面加载速度的因素有图片的多少、图片的大小、页面关联搭配超链接的多少等，如图 6-27 所示。页面加载过多的图片超链接，会直接影响该页面的打开速度。系统打开页面链接的同时，还要打开页面上承载的其他关联宝贝的页面链接，超过网速承载时，就会长时间出现页面断流、显示描述加载中等情况，一旦超出客户能够承受的等待时长，就会出现跳失的情况。合理的宝贝关联搭配产品数量建议控制在 6 个以内。

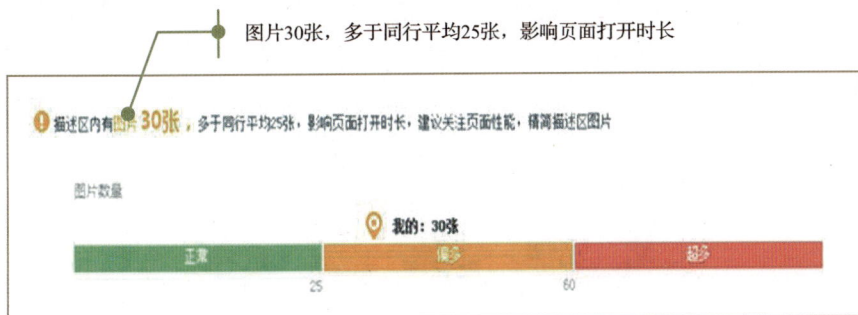

（a）图片过多

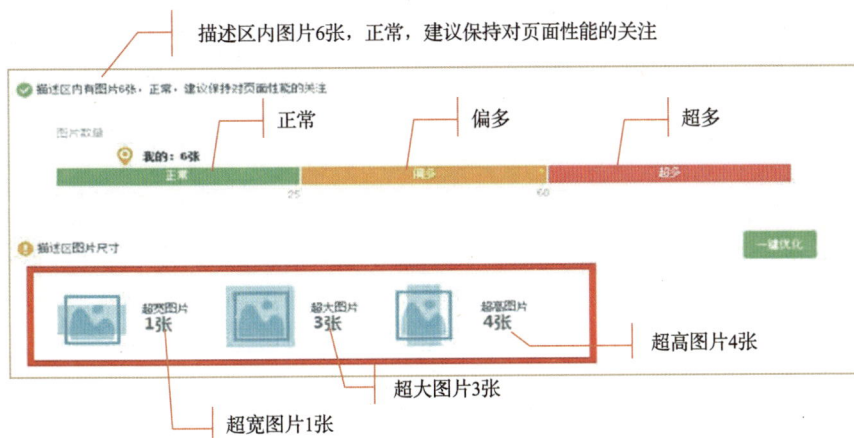

（b）图片过大

图 6-27　加载速度影响因子

当存在图片过大的情况时，可以使用"一键优化"功能进行处理。选中超标图片，单击"一键优化"按钮，如图 6-28 所示；在打开的页面中单击"立即优化"按钮即可，如图 6-29 所示；优化完成后如图 6-30 所示。图片优化实质是对图片进行质量压缩，手机端图片上传会自动根据使用的设备进行压缩。为保证显示的图片质量，建议图片压缩率在75% 左右，压缩后每张在 200KB 以内，页面切图长度保持在每张 1025px 以内。

图 6-28　一键优化超大图片

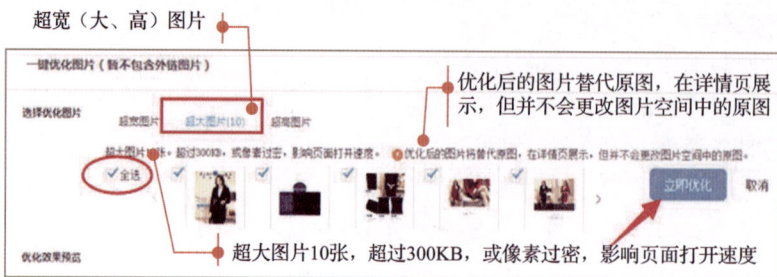

图 6-29　超图优化设置

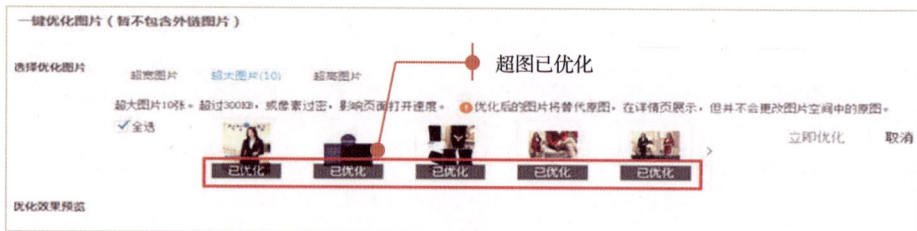

图 6-30　超图优化后

生意参谋中的商品温度计，不同版本中归属的板块有所不同。通过商品温度计中的相关数据指标可以诊断详情页面的合理性。商品温度计是做单品分析诊断与优化的核心工具，可以做好宝贝优化、提升宝贝转化率。商品温度计主要从商品转化与影响商品转化因素检测两个角度来表征商品页面的效果。

从图 6-31 中可以看到该宝贝页面的访客数、进店流量、离开的访客数、间接转化访客数（包括跳转去店内其他页面的访客）、收藏商品的访客数、直接转化（包括加购物车）访客数、下单访客数、支付购买访客数。从这组数据可以知道宝贝页面带来的流量情况，从而判断相关链接图片的质量。通过收藏、加购、购买等数据可以知道宝贝详情质量，如

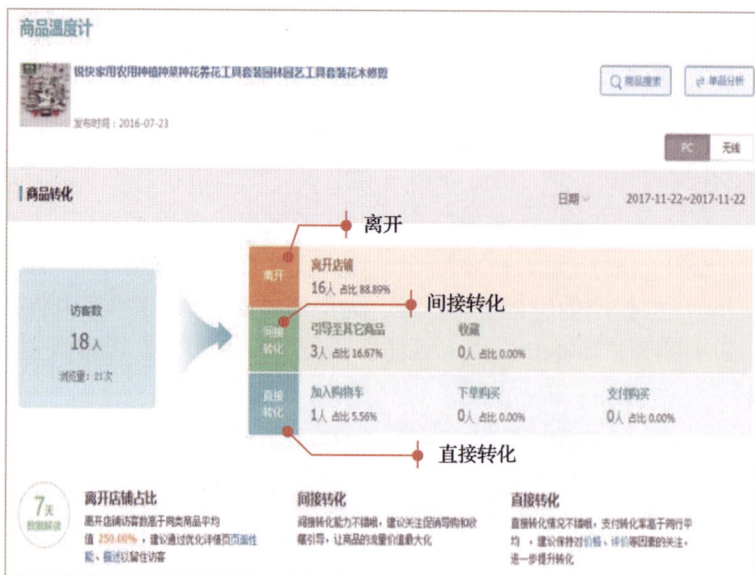

图 6-31　商品温度计——商品转化

果跳失严重，可以从宝贝质量、详情页面等的用户体验方面加以改进，判断需要优化的对象。

商品温度计中影响商品转化因素检测如图 6-32 所示。其各项含义如下：

（1）页面性能：从商品详情页的访问屏数、加载速度来分析，如果加载速度时间长，那么可能是详情页切片有问题或者图片太大；如果访问屏数少，可能是详情页前几屏的吸引力不够或者关联销售产品太多。

（2）标题：检测标题长度是否利用完，是否含有该宝贝引流的关键词。

（3）价格：说明该宝贝的价格处于市场同类商品价格范围的哪个位置，这也是商家做产品定价的一种方式。

（4）属性：该宝贝的属性与市场当前热门属性是否一样。当然，产品属性以自身的真实属性为主。

（5）促销导购：详情页中的关联销售、搭配套餐等。

（6）描述：分析该宝贝详情页的图片数量是否处于正常范围，还是偏多或者偏少，图片尺寸是否正常，以便做出调整优化。

（7）评价：分析该宝贝已购买用户给出的评价，以及店铺的动态评分（DSR）。

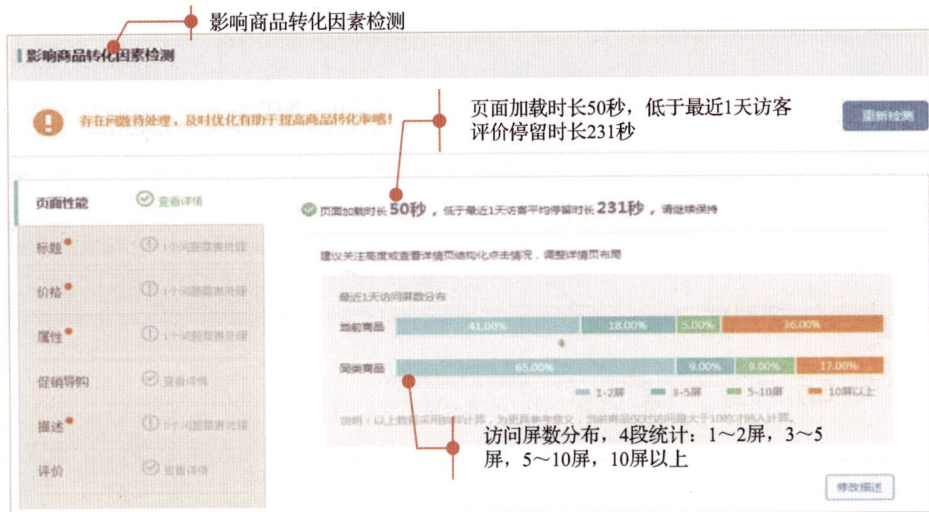

图 6-32　商品温度计——影响商品转化因素检测

3．页面跳失率

页面跳失率是指仅阅读了当前被访问页面就离开的次数占访问这个页面的所有被访问次数的百分比。

页面跳失率＝阅读该页面就离开店铺的次数／进入该页面的访问次数 ×100%

引起页面跳失的可能原因有：

（1）选用关键词与目标页面主题不相关，产品相关度差，关键词设置不合理。

（2）产品不符合客户需求，问题可能出在价格、产品设计、产品质量等产品层面。

（3）页面视觉呈现效果较差，页面视觉呈现效果是视觉营销的重点所在。

（4）可能存在恶意点击。是否存在恶意点击需要做追踪，取得相关数据材料后再做处理。

页面视觉呈现的过程中可能会存在以下问题：

（1）信息传达失误，问题可能出在阅读逻辑、氛围营造方面；也可能是文案、色彩、构图、焦点等不同层面的问题。

（2）加载速度过慢，主要出在图片控制方面，尤其注意超图带来的加载滞后。

（3）未做好关联销售。关联销售是页面当前位置很好的流量引导，不设置关联销售，意味着没有流量转化，但数量多了也容易分散流量。

4．转化率

转化率是指所有到达店铺并产生购买行为的人数和所有到达店铺人数的比率。

$$转化率 = 产生购买行为的客户人数 / 所有到达店铺的访客人数 \times 100\%$$

生意参谋检测商品转化的数据，是商品温度计中影响宝贝转化因素检测的数据，具体包括页面性能、标题、价格、属性、促销导购、描述、评价。其中的页面性能、属性、促销导购、描述等直接与视觉营销工作相关，可以通过店铺的整体视觉、页面的单元视觉、产品分类、促销活动区搭配、产品陈列技巧来提升商品转化效果。同时，商家要注意设置好客户再次购买、再次搜索时的通道，尽量避免客户回头却不见产品、店铺的情况。

转化率低的常见视觉因素有：

（1）产品 USP 卖点不精确，即产品差异化卖点没有展示出来。

（2）阅读体验不顺畅。顺畅性由页面加载速度、视觉感受、营销逻辑等因素相互作用而成。

5．访问深度

访问深度是指访客在一次浏览某个网站、网店的过程中浏览的页面数，这是衡量一个店铺是否足够吸引访客、能否留客的重要指标之一。访问深度越深，意味着店铺转化率越高。店铺通常可以从优化导航、合理搭配关联、维护老客户三个方面来提升访问深度。

访问深度相关视觉要素有：

（1）目的明确的导航。优质导航可以增强买家进入店铺的目的性，从而增加产品页的展现量，进而提升访问深度。导航通常按照店铺所属类目、买家搜索习惯来设置。

（2）合理关联。关联是店铺内资源合理配置的关键手段。一方面关联可以分流，增加访问深度；另一方面也会分散客户注意力导致其失去视觉焦点，从而发生跳失。因此，商家要做好合理关联，在数量上控制，在质量上筛选，在视觉上做好收放引导。

关联解决方案：

① 数量上控制，每个商品最多关联 4 ～ 5 个。

② 质量上筛选，选优化 UV 价值高的产品。

③ 视觉上引导，内容策划可以用故事、叙事为导引关联相关产品、类目；视觉呈现上有整体性，由侧重点、焦点、亮点等层次来体现。

（3）优化产品陈列。首页产品陈列区是店铺内的钻展区，商家应围绕买家关注点，UV 价值排序应优于销量排序。同一产品陈列区域，在视觉上要注意色彩、构图等信息的平衡，关注焦点、视觉流线的构造。

（4）老客维护。"只有老客才会没事就来逛你的店"，页面需要有重点，尤其是详情页，需要从买家的关注点去优化页面，通过评价与反馈来收集信息做优化。老客户多，转化率与访问深度数据才能提升。

（5）UV 价值。UV 价值即访客的流量价值，UV 价值 = 成交金额 /UV。

例如，有 A、B 两款奶瓶，商家要斟酌入选首页黄金展位的热卖品，产品销售数据大致如下：

A 款奶瓶——100 万人次访问过，1 万人次购买。

B 款奶瓶——10 万人次访问过，1000 人次购买。

分析：就销售绝对数数量而言，A 款热度更高；就 UV 价值的相对数据而言，B 款热度上升空间更大。入选首页热销榜单，A 款、B 款都是候选商品，当依据绝对销售数据时，选择结果为 A 款；当依据相对 UV 价值数据时，入选商品为 B 款。从培育空间来看，A 款短线优势明显，而 B 款更具长线优势。

总之，在移动端页面，设备特征、使用场合、使用方式都与 PC 端有明显不同，因此在营销与视觉呈现上也具有移动特征。移动端的信息呈现更为精练、鲜明，主题更为明确。

移动端页面在视觉方面相比 PC 端有以下特点：

（1）目标人群明确。

（2）主营宝贝和店铺的定位明确。

（3）导航分类更明确、更人性化。

（4）页面不同部位合理使用分类导航。

（5）充分利用前两屏，控制页面长度为 5 ～ 7 屏。

（6）整体色彩搭配对比更强烈。

（7）考虑和 PC 端有相同的记忆符号。

（8）控制无线店铺元素色彩的使用，考虑统一协调、主次分明、层次递进。

（9）焦点更为收缩，呈现更为张扬，一图一焦点。

（10）版式以屏为展示单元，信息设计逻辑清晰、简洁明了，避免信息堆积。

（11）UV 价值高的产品可在首页重复出现。

（12）首页优选趣味性、品质感好的宝贝。

顾客就是上帝，数据的水平不可能超过运营的水平，站在买家行为的角度去经营店铺，当好买家，自然就能做好卖家。视觉可以达到优质的营销效果，买家需求、买家行为习惯是商家应该首要考虑的。

6.1.6　移动端字号标准

1. 移动设备尺寸

iPhone 手机不同型号的屏幕尺寸不同，如图 6-33 所示。其显示区域尺寸自然也不同，如图 6-34 所示。

图 6-33　iPhone 不同型号屏幕对比

图 6-34　有效显示尺寸对比

　　不同版本、型号的手机，有效显示区域的长宽比有所不同。图 6-34 是同一个图片在三个不同机型里的显示效果，显然 5.5 英寸屏幕有效显示区域的长宽比要小于图示其他两个机型的有效长宽比。

　　2．字号常用标准

　　手机淘宝装修自定义模块标准规格为 608px、640px 两种。官方默认规格为 608px，全屏设计师规格为 640px。文案是视觉的点睛之笔，对整体视觉效果起到收摄立意的作用，建立字号标准可以助力店铺风格形成，店铺视觉的规范化。店铺可以自建一套方案来统一，但就设备与用户习惯而言，有一些经验值可以参考。

　　官方模块首页 banner 字号，可参考图 6-35。

主标题最小字号：68px
副标题最小字号：26px
建议最小字号：18px

图 6-35　标准 608 页面字号大小样例

　　设计师模块首页 banner 字号，可参考图 6-36。

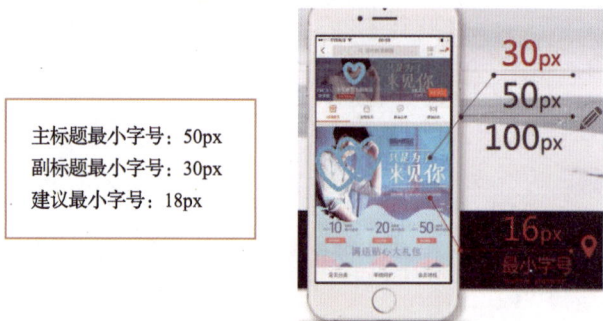

主标题最小字号：50px
副标题最小字号：30px
建议最小字号：18px

图 6-36　标准 640 页面字号大小样例

　　640 规格屏幕常见字号应用，可参考图 6-37。

导航—主标题字号：22px
价格字号：26px
建议最小字号：20px
分类字号:20px

20px 分类字号
22px 主标题字号
26px 价格字号
22px 导航字号
20px 最小字号

（a）官方字号

导航—主标题字号：22px
价格字号：30px
建议最小字号：16px
分类—描述字号:22px
分类字号:26px

22px 分类-描述字号
26px 分类字号
16px 最小字号
22px 导航-标题字号
60px 广告标题字号
30px 价格字号

（b）官方广告字号

标题极限字号：22px
价格极限字号：26px
建议最小字号：20px

22px 标题极限字号
26px 价格极限字号
20px 最小字号

（c）官方搜索字号

字体边距:20px
标题极限字号：24px
价格字号：36px
字体行距:10px

20px 字体边距
24px 标题极限字号
36px 价格字号
30px
24px
10px 字体行距

（d）首页标准字号

主标题极限字号：36px
副标题极限字号：26px
790页面建议最小字号：20px
750页面建议最小字号:18px

36px 主标题字号
26px 副标题字号
20px 790页面
18px 750页面

（e）750～790px详情页字号

图 6-37　640 规格屏幕常见字号

6.2 产品详情营销策划

经调查，目前各平台上的搜索点击远大于类目点击，这说明越来越多的买家挑选商品的目的性趋于明确，因此商品描述页越来越成为买家访问店铺的第一个页面。产品交易的转化、其他产品、页面的访问深度都由商品描述页来承担。无线端的产品详情相比PC端，由于设备、用户浏览习惯、通信方式等发生变化，商家应在产品详情信息的策划、提取、呈现等方面随之调整，详情的许多信息提取到主图中显示，主图的位置在商品描述页中占有比PC端更为重要的位置。详情页的前五屏转化率最高，移动端数据流量成本较高，因此移动端详情页面的屏数通常会减少到 5 ～ 7 屏，即移动端详情页的视觉设计重心与关键转移到了 5 主图 +5 主屏。

6.2.1 移动端卖点提取

1. 产品详情规划

（1）整体规划。

专业的产品描述，比与顾客在旺旺中的沟通更为重要，是加购、下单等用户行为发生的关键。主图占据手机屏幕的大半区域，是信息展示重地。基于移动端设备与用户的特点，规划产品时，主图与下拉详情可以作为一个整体进行规划。根据移动端提供的详情组件，移动端详情区可以分为三大部分：主图区、产品参数区、自定义详情区（下拉详情区），如图 6-38 所示。移动端第一张主图之前，通常放置短视频，即把原来占用页面长度的详

图 6-38 移动端产品描述页面结构框架

情信息变成了动画视频。产品整体效果、品牌质量、局部细节、使用方法、操作流程等都可以压缩在主图位置的短视频内，相当于折叠后的动态产品详情，客户几乎不用下拉详情，就可以决定是否下单，这样既方便了操作，又节省了流量与内存消耗。

主图区 =1 视频 +5 主图。5 主图中，第 1 张是重点图，搜索主图默认展示第 1 张；天猫展示方式为优选，90% 展示第 2 张，第 2 张是白底图、背景干净图，食品类放食品标签；第 3 ~ 5 张图展示细节、包装、促销等补充信息。

（2）主图规划。

① 逻辑切割。不同的用户需求、产品诉求、价格诉求、营销需求会形成不同的产品描述逻辑、描述重点、描述风格。

以上四个维度的单维度切分如下：

a. 用户切分：老用户、新用户、基准用户。

b. 产品切分：标品、非标品、高复购、无复购。

c. 价格切分：高客单、常规、低客单。

d. 营销切分：平销、活动、成长期、成熟期。

通过四个维度的定位，形成产品描述总体目标。如奶瓶（老用户、高复购、常规、平销），针对老客户，对高复购产品推出平时日常的营销活动，价格限定在常规以上，不搞低客单价。因此，老客户、高复购、店铺日常营销活动，通常作为关键的营销策划点，进而展开综合性方案策划。

② 主图常用方法。主图常用的表达方法有突出卖点、情景渲染、细节展现等，如图 6-39 所示。

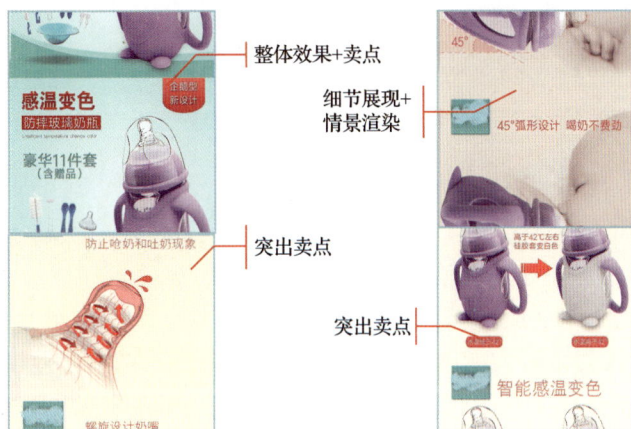

图 6-39   主图常用表达方法

③ 主图设计原则。主图在移动端的两个作用为点击率和转化率。搜索决定点击率，产品描述决定转化率。在搜索与产品描述中，主角是买家，以下是从搜索到转化购买过程中最关键的几个原则。

a. 搜索意向紧密匹配原则（长尾词比大词、红词更易获得高转化率）。

b. 匹配买家特征（针对性文案、色彩、排版规划）。

c. 附加值原则（加分项目）。

d. 设计差异化原则（触动点、获取新记忆）。

（3）下拉详情规划。

移动端的下拉详情，相比PC端，其重要性发生了调整。在移动端，下拉详情是对视频、主图等头部信息进行的补充和加强说明，屏数不宜太多，尤其什么卖点、关键点都没有的屏最好不要出现。

卖点与关键点可以从以下几方面进行补充选择：

a. 商品展示（色彩、细节、优点、卖点、包装、搭配、效果）；

b. 实力展示（品牌、荣誉、资质、销量、生产、仓储）；

c. 吸引购买（卖点打动、情感打动、买家评价、热销盛况）；

d. 促销说明（热销商品、搭配商品、促销活动、优惠方式）；

e. 交易说明（购买、付款、收货、验货、退换货、保修）；

f. 关联营销（关联活动、关联单品）。

关联营销的展现位置为宝贝描述顶部或宝贝描述底部。

2．卖点提取

卖点提取是后续视觉的前提，而产品分析是卖点提取的先行。产品是视觉营销逻辑切分的重要维度，从产品本身看，有标品、非标品；从销售情况看，有高复购、无复购；从上架运营周期看，有上新产品、优化产品等。在一个运营周期内，产品上新与产品优化是两个阶段，产品上新是数据初始化阶段，更多地考虑静态数据；产品优化是根据实际运营数据进行产品描述的改进，更多地考虑用户的动态体验。

（1）产品上新：卖点是什么？用户凭什么选择我们？我们需要传达给用户什么信息？营销点是什么？

（2）产品优化：页面加载速度、跳失率、停留时间、访问深度、路径。

根据FAB法则（F—Feature产品特征、A—Advantage产品优势、B—Benefit消费者益处），即属性、作用、益处法则，卖点来源可归结为三个方面——产品、竞品、客户，即产品特征、与竞品比较后的产品优势、对消费者的益处。卖点提取应在充分调研分析产品、竞品、消费者的数据基础上展开，三个维度需要考虑的关键点如下：

① 产品：优势功能、特点。

② 竞品：相比竞品，有哪些优势，差异化服务等。

③ 消费者：需求痛点。

3．晡宝多功能吸管训练杯案例分析

以晡宝母婴专营店多功能吸管训练杯产品上新为例，通过对自身产品卖点挖掘、竞品卖点分析、目标客户需求的深入调研，招集运营部门与视觉部门展开头脑风暴，建立产品卖点库，如表6-1所示，并进一步提取产品卖点，如表6-2所示。

表6-1　产品卖点库

产品特征	进口PP优质材质、绝不释放BPA、防漏设计、防爆防胀气、母乳实感、美国母婴品牌、圆润柔软、保护口腔、耐咬耐折、食品级硅胶吸管、与宝宝亲密接触、防滑易握、锻炼宝宝双手协调性、提高宝宝脑力发育、不漏杯盖、封液透气、杯盖闭合后不漏不洒、多种色彩、增进视觉刺激、促进手与脑发育、超强防漏防呛设计、刻度清晰、造型独特、颜色亮丽……
产品应用场景	外出携带方便、宝宝抓得住、宝宝喝水不呛、宝宝补水神器
促销与服务	"嫁1陪8"礼品清单：吸管刷、奶嘴刷、奶瓶刷、奶瓶夹、通气针2个、奶嘴2个 全国包邮
……	……

表 6-2　卖点提取

序　号	模　块	卖　点	文　案
1	总卖点图	1. 进口 PP 优质材质 2. 绝不释放 BPA 3. 多功能吸管训练杯	1. 更关注孩子健康 2. 就是这么任性，要做就做最好
2	宝妈痛点	宝妈为宝宝选择健康的水杯而烦恼	您还在为宝宝选择一款怎样的奶瓶而烦恼吗？我们来帮助您解决问题
3	痛点解决	1. 夏日易出汗，需要及时补水 2. 四种颜色	1. 炎炎夏日，宝宝更需要补水 2. 夏日宝宝容易出汗，用心妈妈要及时给宝宝补水 3. 无论男女宝宝总有一款适合您 4. 四色选择
4	超强防漏防呛设计	1. 不漏 2. 不呛 3. 倒置水杯不漏	1. 水杯超强的防漏、防呛设计 2. 方便外出携带，不溢漏 3. 阀门打开也不会漏
5	产品参数	1. 品牌 2. 品名 3. 材料成分 4. 容量 5. 产品适用年龄 6. 保质期 7. 款式 8. 型号 9. 条形码	1. 产品信息，板块说明 2. 产品各参数
6	产品细节—吸管细节（外视图）	食品级硅胶吸管	1. 食品级硅胶吸管 2. 与宝宝亲密接触的，当然要用安全健康的材质 3. 只为宝宝的身体健康
	产品细节—食品级硅胶吸管（内视图）	吸管柔软有弹性	1. 食品级硅胶吸管 2. 吸管柔软富有弹性 3. 呵护宝宝娇嫩口腔
7	产品细节—握把细节	1. 进口原料 2. 防滑	1. 进口原料制成 2. 防滑易握手柄 3. 锻炼宝宝双手协调性 4. 提高宝宝脑力发育
	产品细节—手柄细节材质	1. 双色 2. 包胶	1. 双色包胶手柄 2. 外形更加美观，提升水杯档次，宝宝更加喜爱
8	刻度细节	刻度清晰	1. 刻度清晰 2. 6～12 月宝宝，饮水量每天每千克 120～160ml 3. 1～3 岁宝宝，饮水量每天每千克 100～140ml 4. 可根据宝宝不同体质适当调整
9	瓶底细节	1. 进口原料 2. 不漏，闭合度好	1. 瓶身、底部均由进口原料制成 2. 为方便外出而设计 3. 不漏杯盖，封液透气 4. 杯盖完全闭合后，杯内液体不漏不洒

续表

序号	模块	卖点	文案
10	实物图展示 —产品特点	1. 闭合滑盖 2. 易握手柄 3. PP 材质 4. 柔软吸管 5. 多种色彩	1. 闭合滑盖（防止漏水） 2. 易握手柄（防滑舒适，锻炼手臂精细动作） 3. PP 材质（进口材料，耐高温不含双酚 A） 4. 柔软吸管（温润柔软保护口腔，耐咬耐折） 5. 多种色彩（增进视觉刺激，促进眼脑发育）
	实物图展示 —多色展示	多色	多色展示（橙色、蓝色、绿色、紫色）
11	公司介绍	1. 标识 2. 店铺名称 3. 美国育婴品牌	1. Logo 2. 晡宝母婴专营店 3. 美国育婴品牌，一站式购齐

【开放式课堂练习】 晡宝多功能吸管训练杯卖点优化

问题描述：表 6-2 是晡宝多功能吸管训练杯卖点提取方案，根据移动端的特点，选取 3 个以上的模块进行分析，并做深入的数据调研，完成方案优化。

数据调研：对同类店铺做深入调研，结合你所选模块涉及的卖点，进行局部的详细调研，并做好竞品的情况记录。建议采用类似于表 6-2 的表格记录。

方案改进：结合调研情况，再结合晡宝多功能吸管训练杯，展开头脑风暴，进行卖点的讨论、优化与改进。建议采用类似于表 6-2 的表格记录讨论结果。

6.2.2 移动端详情逻辑结构

逻辑结构，即从消费者角度出发，把提取的卖点进行合理排序。排序后再以用户体验思维去体验整个流程，对比优秀竞品的详情逻辑与描述，分析对比确定自己产品的 FAB，并进行持续优化与改进。晡宝多功能吸管训练杯移动端产品详情逻辑结构如图 6-40 所示。

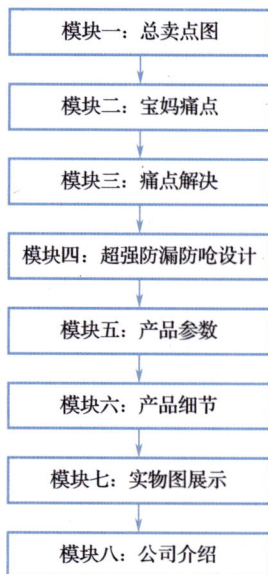

图 6-40 移动端产品详情逻辑结构

6.2.3　拍摄建议

为满足宝妈们对宝贝健康、安全的消费特征需求，晡宝多功能吸管训练杯的拍摄注意事项及建议如表 6-3 所示，拍摄时要注意突出产品的品质感、安全感、场景感和实用感。

表 6-3　拍摄建议

拍摄角度	正面、背面、侧面、45 度角等各个角度实拍，如有多种颜色，则每种颜色分别拍摄	布　光	侧面光、正面光等多个方位光源准备
细节拍摄	阀门、吸管、杯盖内外、刻度、瓶身底部		
格式	高清晰度 .jpg 格式		

6.2.4　详情页制作与测试

新版无线端首页、详情页宽度建议 750px 以上，新建文件时，建议宽度设置为 750px，高度不变；也可在创建已有文件的基础上，执行"图像→画布大小"命令（快捷键"Alt+Ctrl+C"），在弹出的画布大小对话框中输入宽度 750px。创建详情页、首页等大长图时，可参考本书中的分模块实施法，也可通过新建一个大长图，应用切片工具切割成多个模块来实现。

1. 模块一——总卖点图

晡宝多功能吸管训练杯总卖点图的效果图如图 6-41 所示。

图 6-41　总卖点效果图

【素材准备】紫色杯子 .psd、橙色杯子 .psd。

【技能准备】文件基本操作、置入文件、文字工具、颜色填充、图层基本操作、画笔工具、橡皮擦工具、椭圆工具、圆角矩形工具、钢笔工具、组基本操作。

总卖点图制作

操作步骤详见二维码。

2. 模块二——宝妈痛点

宝妈痛点详情效果图如图 6-42 所示。

图 6-42　宝妈痛点详情效果图

【素材准备】蓝色杯子 .psd、橙色水滴素材 .psd、蓝色水滴素材 .psd、玫红色水滴素材 .psd。

【技能准备】文件基本操作、置入文件、文字工具、图层基本操作、组基本操作。

操作步骤详见二维码。

3. 模块三——痛点解决

痛点解决详情效果图如图 6-43 所示。

图 6-43　痛点解决详情效果图

【技能准备】文件基本操作、置入文件、文字工具、图层基本操作、组基本操作。

【素材准备】水滴素材 .psd、紫色杯子 .psd、橙色杯子 .psd、绿色杯子 .psd、蓝色杯子 .psd。

操作步骤详见二维码。

4. 模块四——超强防漏防呛设计

超强防漏防呛详情效果图如图 6-44 所示。

宝妈痛点详情制作

痛点解决详情制作

图 6-44　超强防漏防呛详情效果图

【技能准备】文件基本操作、置入文件、文字工具、图层基本操作、钢笔工具、图层样式、渐变工具、颜色填充、图层蒙版、椭圆工具、组基本操作。

【素材准备】瓶盖吸管细节素材 .psd、蓝色箭头 .psd、小卡通 .psd。

操作步骤详见二维码。

超强防漏防呛设计详情制作

5. 模块五——产品参数

产品参数详情效果图如图 6-45 所示。

图 6-45　产品参数详情效果图

【技能准备】文件基本操作、置入文件、画笔工具、文字工具、图层基本操作、颜色填充、钢笔工具、翻转、图层样式、自由变换、组基本操作。

【素材准备】橙色杯子 .psd、蓝色杯子 .psd、绿色杯子 .psd、紫色杯子 .psd。

操作步骤详见二维码。

产品参数详情制作

6. 模块六——产品细节

产品细节构成：吸管、握把、刻度、瓶底。

（1）吸管细节。

① 吸管细节（外视图），详情效果图如图 6-46 所示。

图 6-46　吸管细节（外视图）详情效果图

【技能准备】文件基本操作、置入文件、文字工具、图层基本操作、多边形工具、图层样式、自由变换、组基本操作。

【素材准备】吸管素材 1.psd、吸管素材 2.psd。

操作步骤详见二维码。

② 食品级硅胶吸管细节（内视图），详情效果图如图 6-47 所示。

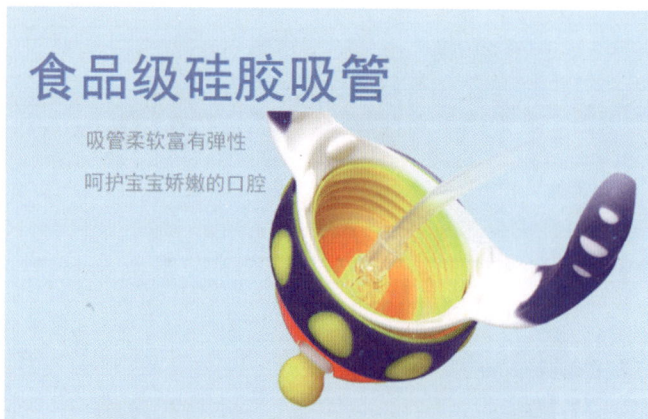

吸管细节（外视图）详情制作

图 6-47　吸管细节（内视图）详情效果图

【技能准备】文件基本操作、置入文件、文字工具、图层基本操作、组基本操作。

【素材准备】食品级硅胶吸管素材 .psd。

操作步骤详见二维码。

（2）握把细节。

① 握把细节——整体展示，详情效果图如图 6-48 所示。

吸管细节（内视图）详情制作

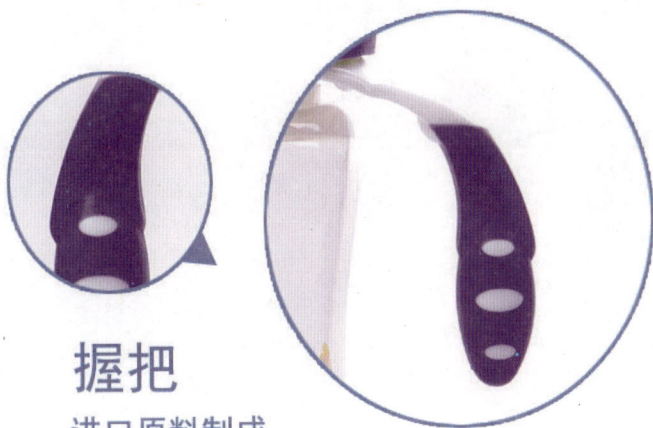

图 6-48　握把细节整体展示详情效果图

【技能准备】文件基本操作、置入文件、文字工具、图层基本操作、颜色填充、图层样式、多边形工具、组基本操作。

【素材准备】握把素材 1.psd、握把素材 2.psd。

操作步骤详见二维码。

② 双色包胶手柄细节——材质展示，详情效果图如图 6-49 所示。

握把细节整体展示详情
制作

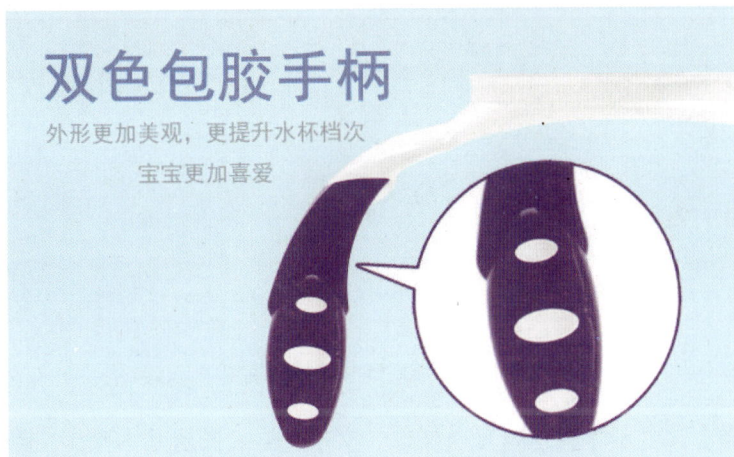

图 6-49　材质展示详情效果图

【技能准备】文件基本操作、置入文件、文字工具、图层基本操作、颜色填充、组基本操作。

【素材准备】双色包胶手柄细节 1.psd、双色包胶手柄细节 2.psd。

操作步骤详见二维码。

（3）刻度细节。

刻度细节详情效果图如图 6-50 所示。

握把细节材质展示详情
制作

图 6-50　刻度细节详情效果图

【技能准备】文件基本操作、置入文件、文字工具、图层基本操作、颜色填充、组基本操作。

【素材准备】清晰刻度素材 .psd。

操作步骤详见二维码。

（4）瓶底细节。

瓶底细节详情效果图如图 6-51 所示。

刻度细节详情制作

图 6-51　瓶底细节详情效果图

【技能准备】文件基本操作、置入文件、文字工具、图层基本操作、颜色填充、组基本操作。

【素材准备】瓶身底部素材 .psd。

操作步骤详见二维码。

瓶底细节详情制作

7. 模块七——实物图展示

（1）产品特点。

产品特点详情效果图如图 6-52 所示。

图 6-52　产品特点详情效果图

【技能准备】文件基本操作、置入文件、文字工具、图层基本操作、圆角矩形工具、椭圆工具、直线工具、颜色填充、组基本操作。

【素材准备】橙色杯子 .psd。

操作步骤详见二维码。

（2）多色展示。

多色展示详情效果图如图 6-53 所示。

产品特点详情制作

图 6-53　多色展示详情效果图

【技能准备】文件基本操作、置入文件、文字工具、图层基本操作、颜色填充、自由变换、圆角矩形工具、组基本操作。

【素材准备】橙色杯子.psd、蓝色杯子.psd、绿色杯子.psd、紫色杯子.psd。

操作步骤详见二维码。

多色展示详情制作

8. 模块八——公司介绍

公司介绍详情效果图如图 6-54 所示。

图 6-54　公司介绍详情效果图

【技能准备】文件基本操作、置入文件、文字工具、图层基本操作、直线工具、自定形状工具、组基本操作。

【素材准备】品牌 logo.psd、flag.psd。

操作步骤详见二维码。

公司介绍详情制作

6.2.5　详情页发布与浏览

1. 一键发布手机端详情页

当 PC 端宝贝详情页干净清爽，图片中文字辨识度够高，完全不影响无线端浏览效果时，可通过 PC 端"生成手机版宝贝详情页"方法将详情页同步至手机端。在手机端宝贝描述编辑框中加入"导入电脑端宝贝描述"功能，卖家可单击此处"导入电脑端宝贝描述"并进行自动适配生成手机端宝贝描述。

2. 新设计无线端详情页的发布

在卖家后台中心，打开产品的宝贝描述页，单击"手机端"，进入"手机端"选项卡，可添加音频、摘要、图片、文字四种类型的产品描述，如图 6-55 所示。将鼠标移动至"+"上单击，可上传新图片或从图片空间选择，单击"插入"即可。

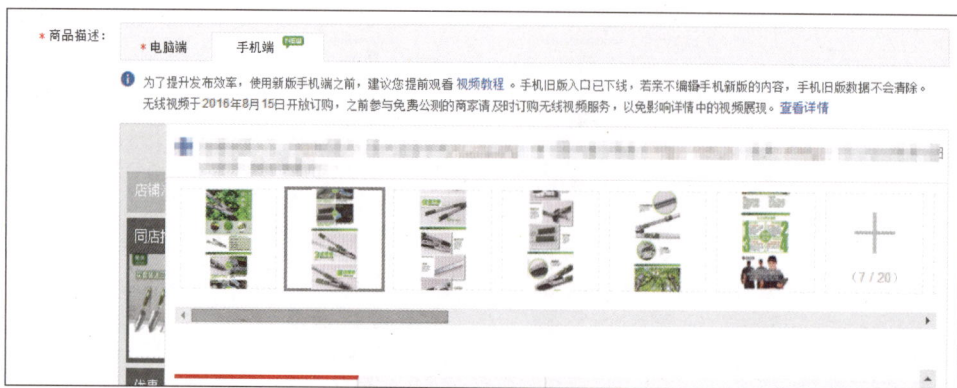

图 6-55　手机端详情页发布

小贴士

　　手机详情页模块最多可上传 20 张图片，图片类型支持 .png、.jpg、.jpeg。单个图片建议宽度为 750 ～ 1242px，高度≤ 1546px，可以在右侧进行图片排序、删除等操作。

6.3　首页视觉营销策划

　　移动设备，伴随着轻（微）应用、轻（微）页面，详情页的目的是让用户了解产品，首页的目的则是让客户了解店铺，明白店铺的特色产品、特色服务、热点活动、优惠策略、店铺地图等信息。首页重点在于突出店铺经营的总体框架、重点特色，给用户提供良好的逛店体验，看货、选货、购物体验及售前、售后服务体验。

　　首页是用户到访的大频率页面，很多商家会利用该区域发布、陈列店内的主推款，起到产品引流作用。事物都有两面性，合理利用引流，可以搞活店铺；但过度利用，或者不合理利用，反而会让用户不知所措，望而生畏。好的设计，总是以用户体验为本，信息量过多，会使用户感到紧张、厌倦，因此，保持一定的饥饿感，是视觉营销的一种境界。如近几年兴起的"低奢"便是广告界、营销界的一种华丽转身，老百姓在拥有丰富的物质生活后，更向往高层次的精神生活。店铺首页视觉营销也是如此。

6.3.1　移动端关键点提取

1. 首页整体规划

　　移动端常见的首页模块有导航、活动海报、店铺橱窗（热销产品、活动产品等）、各类产品陈列等。

　　图 6-56 中的母婴移动端店铺首页很简单，除了活动海报，就是各类产品陈列，访问深度就由陈列的各个产品图来实现。该首页功能有领取优惠券和产品陈列两项。

　　图 6-57 所示的母婴移动端店铺首页，比图 6-56 多了几个分类导航，同时陈列的商品种类更多一些，当店铺产品种类比较多时，导航是必要的。图 6-56 和图 6-57 中的产品陈列都是以热卖品方式出现的，这样的方式对于客户来说更多是被动浏览，在主动搜索浏览方面，则需要完善分类陈列。如图 6-58 所示，商品按系列陈列，样式风格保持一致，对客户而言是一种差异化感知，即可识别差异，同时由于大部信息相似，不会因信息量过多而给人造成视觉压抑感。

　　首页的总体规划，主要是确定首页准备设置哪些模块及其基本次序逻辑。下面讲解移动端常用的首页模块。

　　（1）导航规划。导航规划要考虑 3 个问题：几个导航？导航位置？导航分类依据？

　　① 导航数目。导航数目一般为 1 ～ 2 个，子类目一般为 3 ～ 9 个。

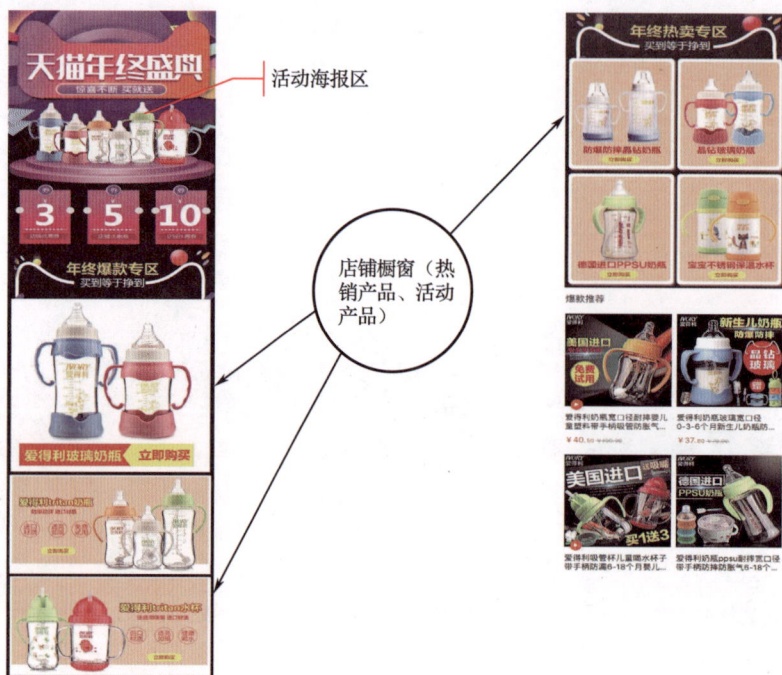

图 6-56　移动端首页样例 1

活动海报区

店铺橱窗（热销产品、活动产品）

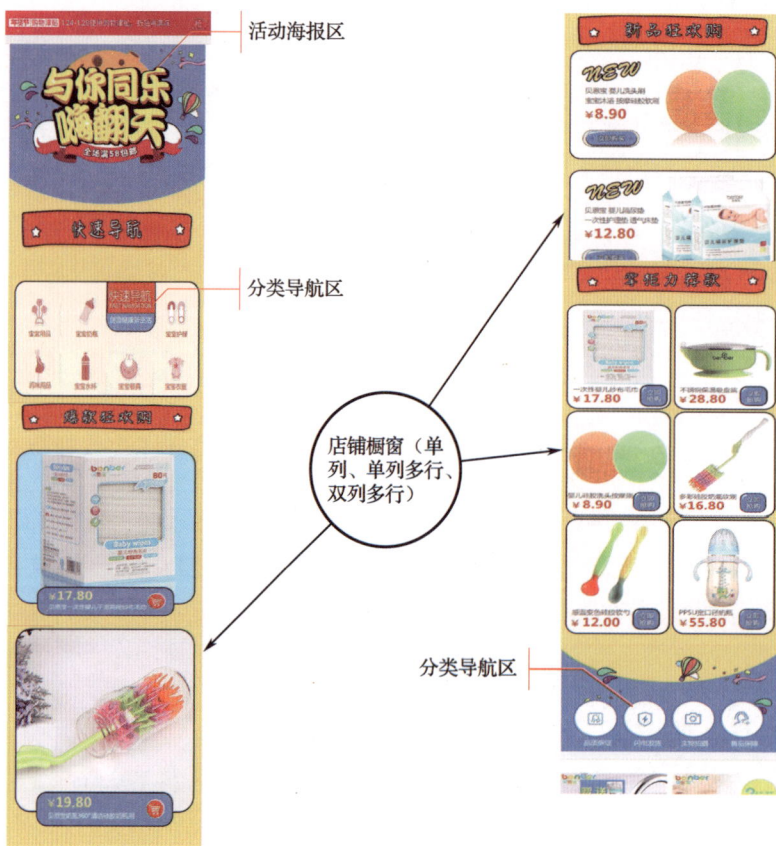

图 6-57　移动端首页样例 2

活动海报区

分类导航区

店铺橱窗（单列、单列多行、双列多行）

分类导航区

图 6-58　按系列产品陈列

② 导航位置。导航在功能上实现信息引导，在视觉上起到类似服饰中领结、围巾之类的装饰与收摄作用。因此，上部导航的位置通常在首屏海报下方，也可以在第二屏；尾部导航通常在最后一屏。

③ 导航分类。导航可以按照产品类目、材质、品牌、用户等分类。具体需要根据店铺的经营定位来设定，如图 6-59 所示即根据产品类目进行的导航分类。

图 6-59　导航样例

（2）首屏规划。

首屏区块通常展示活动海报、导航分类或者优惠活动、优惠券等信息。活动海报需要包含时令、品牌、目标用户三个基本信息。首屏的色彩搭配、文案策划要吸引眼球、牵动情感、深入人心。若是老客比较多，应常变常新，生意盎然。

（3）产品陈列规划。

产品陈列可以创意展示，也可分类展示，展示需要一个总体样式与搭配，板块之间可采用流线型过渡。近年来带边框的陈列展示颇受欢迎，给人一种规范品质感，同时也更适合移动端设备。

陈列区的产品，可以选高 UV 价值的产品，间或搭配热销产品。产品造型、色彩搭配以屏为单元考虑，屏与屏之间需要有视觉差异，但不宜跳跃太大或变化频度太高。

2. 晡宝母婴移动端首页案例分析

以晡宝母婴营销活动为背景，进行移动端首页规划及首页关键模块信息提取，如表 6-4 所示。

表 6-4　晡宝移动端首页关键模块信息提取

序　号	模块名称	关 键 点	文　案
1	轮播图一	送礼	健康爱，放心爱，好礼送不停
	轮播图二	1. 玻璃奶瓶 2. 宽口径 3. 防摔	1. 宽口径婴儿防摔奶瓶 2. 玻璃奶瓶，母乳实感 3. 价格，立即抢购（暗示性）
	轮播图三	1. 宽口径奶瓶 2. 防胀气 3. 易清洗	1. 摔不坏的奶瓶 2. 美国宽口径 200ml 3. 母乳实感，防胀气，易清洗 4. 价格，立即抢购（暗示性）
2	优惠券区	1. 5 元，满 98 元 2. 10 元，满 198 元 3. 20 元，满 298 元 4. 50 元，满 498 元	立即领取
3	分类导航区	1. 纸尿片专区 2. 妈咪专区 3. 奶瓶专区 4. 可啦裤专区 5. 餐具专区 6. 水杯专区	1. 分类标题：中文＋英文 2. 标题：店铺产品分类 3. 副标题：妈咪宝贝，总有最爱
4	爆款专区	1. 撞色卡通系列 2. 医用不锈钢内胆系列 3. 易握卡通系列 4. PP 奶瓶＋送奶嘴	1. 缤纷色彩 2. 医用级不锈钢内胆，食品级 PP，硅胶，一杯两种携带方法 3. 易握奶瓶，宽口径防摔 4. PP 奶瓶，宽口径防摔，送奶嘴
5	新品专区	1. 奶瓶刷大小两件 2. 婴儿牙刷 3. 收腰 PPSU 防胀气奶瓶 4. 易握	1. 安全防胀气 2. 包邮疯抢 3. 100% 不含双酚 A
6	配件专区	1. 奶嘴 2. 奶瓶刷 3. 奶瓶夹 4. 吸取器	1. 暂未定文案 2. 暂未定文案 3. 暂未定文案 4. 清晰刻度，保证吸取的容量
7	尾部专区	1. 收藏店铺 2. 返回首页 3. 回到顶部	1. 收藏店铺 2. 返回首页 3. 回到顶部

【开放式课堂练习】　晡宝母婴移动端首页优化

问题描述：表 6-4 是晡宝母婴移动端首页关键点提取方案，根据移动端的特点，方案存在着一些欠缺，请你找出 3 个以上的点进行优化分析，并做深入的数据调研，改进方案。

问题分析：记录你找出的欠妥之处，可以是整体模块的选取，也可以是模块局部内容选取、关键点提取等。

数据调研：对同类店铺做深入调研，结合你认为有问题的地方，从整体模块选取、每个模块局部内容设置等方面进行详细调研，并做好竞店的情况记录。建议采用类似于

表 6-4 的表格记录。

方案改进：结合调研情况，再结合哺宝店铺的产品，展开头脑风暴，进行讨论、改进。建议采用类似于表 6-4 的表格记录讨论结果。

6.3.2 移动端首页逻辑结构

移动端首页主要由页头专区（Logo+ 店招）、轮播图、优惠券专区、分类导航专区、爆款专区、新品专区、配件专区、页尾专区等模块构成。移动端首页逻辑结构如图 6-60 所示。

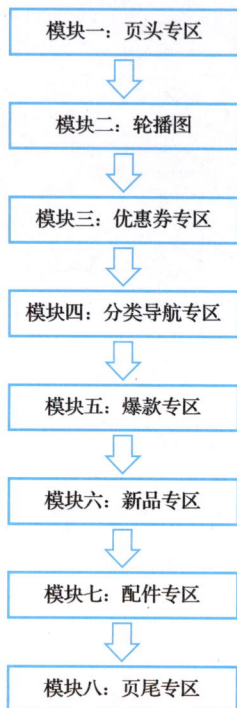

模块一：页头专区

↓

模块二：轮播图

↓

模块三：优惠券专区

↓

模块四：分类导航专区

↓

模块五：爆款专区

↓

模块六：新品专区

↓

模块七：配件专区

↓

模块八：页尾专区

图 6-60 移动端首页逻辑结构

6.3.3 移动端首页制作与测试

1. 无线端首页模块一——Logo

首页 Logo 效果图如图 6-61 所示。

【技能准备】文件基本操作、置入文件、文字工具、图层基本操作、图层样式、颜色填充、组基本操作。

【素材准备】背景素材 .psd、华康俪金黑 W8.ttf。操作步骤详见二维码。

2. 无线端首页模块二——店招

首页店招效果图如图 6-62 所示。

图 6-61 首页 Logo 效果图

首页 Logo 制作

图 6-62　首页店招效果图

【技能准备】文件基本操作、置入文件、图层蒙版、图层基本操作、颜色填充、组基本操作。

【素材准备】宝妈宝宝 .jpg。

操作步骤详见二维码。

首页店招制作

> 📺 **小贴士**
>
> 1. 店铺基本信息包括店铺名称、店铺 Logo；
> 2. 店招背景包括官方推荐、自定义上传。

手机淘宝店铺店招上传流程如图 6-63 所示。手机淘宝店铺自定义店招上传操作步骤为：打开浏览器，进入"无线店铺运营中心"手机淘宝店铺装修页面，单击手机模型店招区域，即可在右侧编辑区域内编辑店招模块的各项参数，如图 6-64 所示。

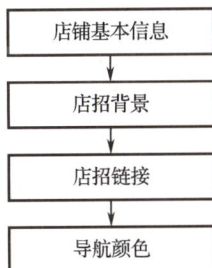

图 6-63　官方推荐店招上传流程

图 6-64　自定义上传模块设置

3．无线端首页模块三——轮播图

首页轮播图一效果图如图 6-65 所示。

图 6-65　首页轮播图一效果图

【技能准备】文件基本操作、置入文件、画笔工具、文字工具、剪贴蒙版、椭圆工具、钢笔工具、自由变换、图层基本操作、颜色填充、组基本操作。

【素材准备】宝宝 .psd、黄色奶瓶素材 1.psd、黄色奶瓶素材 2.psd、粉红色奶瓶 .psd、黄色奶瓶 .psd、奶嘴素材 .psd、聪明宝宝训练水杯 .psd、汉仪菱心体简 .ttf。

操作步骤详见二维码。

首页轮播图二效果图如图 6-66 所示。

轮播图一制作

图 6-66　首页轮播图二效果图

【技能准备】文件基本操作、置入文件、文字工具、图层基本操作、颜色填充、图层样式、圆角矩形工具、组基本操作。

【素材准备】白色不规则图形 .psd、洋宝宝模特 .psd、蓝色奶瓶 .psd、百度综艺简体 .ttf。

操作步骤详见二维码。

首页轮播图三效果图如图 6-67 所示。

轮播图二制作

图 6-67　首页轮播图三效果图

【技能准备】文件基本操作、置入文件、文字工具、图层基本操作、颜色填充、图层样式、圆角矩形工具、自定形状工具、组基本操作。

轮播图三制作

【素材准备】白色不规则图形 .psd、宝宝图 .psd、奶瓶图 .psd、百度综艺简体 .ttf。

操作步骤详见二维码。

> 小贴士
>
> 1. 新版轮播图尺寸：宽度 750px，高度 200 ～ 950px，支持类型 .jpg、.png 格式，要求一组内的图片高度必须完全一致。一个轮播图模块中最少添加 1 张图，最多添加 4 张图。
> 2. 上传图片方式：本地上传、在线编辑、链接地址。上传文件大小 3MB 以内，移动端尺寸为宽度 480 ～ 1242px，高度小于 1920px，仅支持 .jpg、.png、.gif 格式，建议上传无线详情图片宽度 750px 以上，效果更佳。
> 3. 手机淘宝店铺首页最多可添加两个焦点轮播图模块。

4. 模块四——优惠券专区

首页优惠券专区效果图如图 6-68 所示。

图 6-68　首页优惠券专区效果图

【技能准备】文件基本操作、置入文件、文字工具、图层基本操作、颜色填充、直线工具、矩形工具、组基本操作。

【素材准备】优惠券红色背景 .psd、汉仪菱心体简 .ttf。

操作步骤详见二维码。

优惠券专区制作

5. 模块五——分类导航专区

首页分类导航专区效果图如图 6-69 所示。

图 6-69　首页分类导航专区效果图

【技能准备】文件基本操作、置入文件、文字工具、图层基本操作、颜色填充、自由变换、矩形工具、矩形选框工具、描边、图层蒙版、组基本操作。

【素材准备】小天使 .psd。

操作步骤详见二维码。

分类导航专区制作

6. 模块六——爆款专区

首页爆款专区效果图如图 6-70 所示。

图 6-70　首页爆款专区效果图

【技能准备】文件基本操作、置入文件、文字工具、图层基本操作、颜色填充、自由变换、矩形工具、矩形选框工具、描边、图层蒙版、组基本操作。

【素材准备】小天使 1.psd、产品图素材 1.psd ～产品图素材 4.psd。

操作步骤详见二维码。

爆款专区制作

7．模块七——新品专区

【技能准备】文件基本操作、置入文件、文字工具、图层基本操作、颜色填充、自由变换、矩形工具、矩形选框工具、描边、图层蒙版、组基本操作。

【素材准备】小天使 2.psd、新品推荐 1.psd～新品推荐 4.psd。

与爆款专区操作方法和步骤类似，新品专区相关素材在指定文件夹内，效果图如图 6-71 所示。操作步骤详见二维码。

新品专区制作

图 6-71　新品专区效果图

8．模块八——配件专区

【技能准备】文件基本操作、置入文件、文字工具、图层基本操作、颜色填充、自由变换、矩形工具、矩形选框工具、描边、图层蒙版、组基本操作。

【素材准备】小天使 2.psd、新品推荐 1.psd～新品推荐 4.psd。

与爆款专区操作方法与步骤类似，相关素材在指定文件夹内，效果图如图 6-72 所示。

操作步骤详见二维码。

配件专区制作

9．模块九——页尾专区

页尾专区效果图如图 6-73 所示。

【技能准备】文件基本操作、置入文件、文字工具、图层基本操作、颜色填充、自定形状工具、组基本操作。

【素材准备】无。

操作步骤详见二维码。

页尾专区制作

图 6-72　配件专区效果图

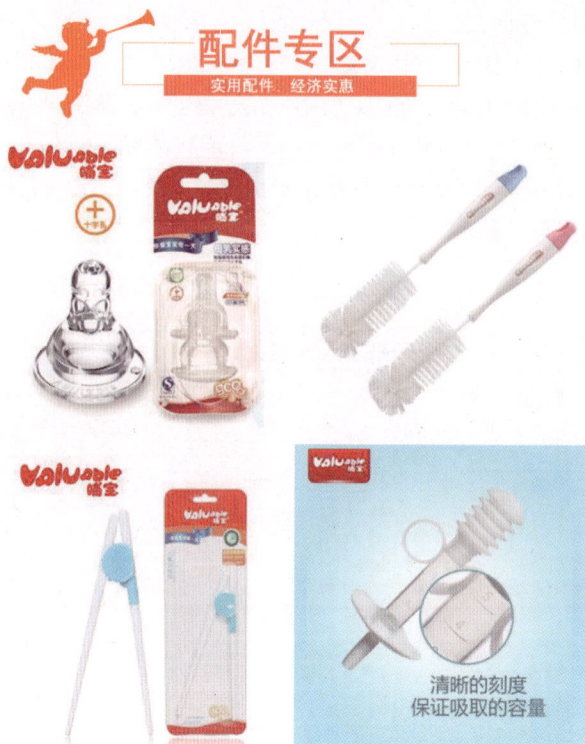

图 6-73　页尾专区效果图

Bizcam 手机端 App

　　Bizcam 手机端 App 为电商所需的商品图片提供拍摄、后期处理、存储等服务。采用拍摄前置入预设参数，使得拍摄及后期参数可一键引用，达到在相同光线环境下（配合 COBOX 设备）借助已有的拍摄及后期数据，时时显示拍摄产品后期处理完的最终效果，降低拍摄电商产品所需的门槛。该 App 拥有丰富的后期参数调节，以及局部修图、抠图功能。从电子商务所需图片作为切入点，为电商产品图片服务提供标准化的高品质产品图像，降低电商图片门槛，提高电商企业产品视觉营销效率。

　　通过商拍抠图功能快速产出 PNG 格式图片，高效制作亚马逊等诸多平台指定白底主图。后期处理效果如图 6-74 所示。使用 App 可直接为图片添加水印 Logo 和促销信息，还可更换其他颜色背景，无须专业的美工功底，如图 6-75 所示。

图 6-74　图片后期处理效果

图 6-75　更换图片背景颜色、加水印

同步训练

1．移动端五主图策划

（1）训练目的

通过竞品调研，掌握数据收集、数据分析的基本方法，掌握产品卖点提取的基本方法与步骤。通过移动端系列主图策划，掌握移动端主图信息分层、视觉构图、色彩搭配、文案策划等方面的特点。通过实现环节，熟练掌握 Photoshop 图形图像处理软件的使用，掌握图片处理的相关技能技巧。活动主题可以选取双十一、双十二等。

（2）训练组织

2～3 人为学习团队，选取一名学生作为项目负责人。在一体化实训室内，教师机与学生机安装广播教学系统、Adobe Photoshop CS5、Office 等常用教学软件。

同步训练

（3）训练内容

训练内容详见二维码同步训练。

2．移动端主图视频策划

（1）训练目的

通过竞品主图调研，掌握数据收集、数据分析的基本方法。掌握产品视频策划的基本方法与步骤，熟悉场景划分、场景脚本策划、关键帧提取、音效配置调试、转场特效设置的方法与步骤。

（2）训练内容

训练内容详见二维码同步训练。

拓展训练

1. 海报图策划与设计

（1）训练目的

通过移动端首页海报图模块调研，掌握数据收集、数据分析的基本方法，掌握活动海报图策划的基本方法与步骤；熟悉视觉构图、色彩搭配、文案策划、活动策划的方法与步骤。通过系列海报图调研，掌握活动策划、海报策划的基本流程与方法。

拓展训练

（2）训练内容

训练内容详见二维码拓展训练。

2. 移动端首页策划与设计

（1）训练目的

通过移动端首页模块调研，掌握数据收集、数据分析的基本方法；掌握移动端首页关键模块与关键点的提取，首页逻辑结构策划的方法与步骤。

（2）训练内容

训练内容详见二维码拓展训练。

3. 首页分类导航策划与设计

（1）训练目的

通过移动端首页分类导航模块调研，掌握数据收集、数据分析的基本方法；掌握移动端首页分类导航名称设置、子类目划分、导航位置确定、导航视觉设计的方法与步骤。

（2）训练内容

训练内容详见二维码拓展训练。

项目小结

本项目从移动设备特点、移动端用户浏览特征出发，讲解了移动端用户浏览路径，以母婴产品为主题策划与设计了详情页与首页，并融入了产品卖点提取、页面框架结构设计、页面策划与实现等视觉营销实战过程。

本项目以移动端店铺视觉营销学习任务为中心，全面融入了任务完成过程中所需的移动互联网思维、移动端信息特点、移动端用户特点、移动端店铺功能模块、移动端店铺设计规范、移动端字号标准等移动端特征基础知识，旨在让学生熟悉与掌握移动店铺设计基础知识。项目以母婴产品视觉营销为例，通过移动端卖点提取、移动端详情逻辑结构、拍摄建议、详情页制作与测试、发布与浏览等移动端产品详情视觉营销实战，锻炼学生产品详情营销剖析、策划、卖点提取能力。项目通过移动端关键点提取、移动端首页逻辑结构、移动端首页制作与测试等移动端首页视觉营销策划实施，锻炼学生移动端首页整体策划、首屏策划、产品陈列规划、首页逻辑结构、首页制作实现等能力。

理论测试题

一、填空题

1．根据 FAB 法则，产品卖点来源可以归结为（   ）、（   ）、（   ）三个方面。

2．移动端详情页的前（   ）屏转化率最高，移动端数据流量成本较高，因此移动端详情页面的屏数通常会减少到（   ）屏。

3．专业的产品描述，比在旺旺中的沟通更为重要，是（   ）、（   ）等用户行为发生的关键。（   ）占据手机屏幕的大半区域，是信息展示重地。

4．主图设计原则为搜索意向紧密匹配原则、匹配买家特征、附加值原则、（   ）。

5．（   ）智能旺铺专用付款模块，最多可以添加 15 个模块，单个切图模块最多可添加 50 个热区并设置链接。

6．工业经济时代，得渠道者得天下；互联网时代，尤其移动互联网时代，得（   ）得天下。

7．根据移动端用户特点，无线店铺视觉设计需要注意（   ）、（   ）、（   ）、（   ）四个基本原则。

8．（   ）检测商品转化的数据，是商品温度计中影响（   ）因素检测的数据，具体包括页面性能、标题、价格、属性、促销导购、描述、评价。

9．（   ），指访客在一次浏览某个网站、网店的过程中浏览的页面数，是衡量一个店铺是否能够吸引访客、留住访客的重要指标之一。

10．移动端页面视觉设计主要考虑（   ）、（   ）、（   ）、（   ）、（   ）等数据，这些数据基本上可以通过生意参谋经营分析模块中的相关数据进行分析。

二、不定项选择题

1．（   ）是后续视觉的前提，而（   ）是卖点提取的先行。（   ）是视觉营销逻辑切分的重要维度。

  A．卖点提取　B．产品分析　　　　C．痛点分析　　　　　　D．产品

2．主图常用的表达方法有（   ）、（   ）、（   ）等。

  A．视频　　　B．突出卖点　　　　C．情景渲染　　　　　　D．细节展示

3．通过（   ）相关数据指标可以诊断详情页面的合理性。

  A．温度计　　B．商品温度计　　　C．客户温度计　　　　　D．详情刻度尺

4．（   ）模块，用于展示店铺核心的活动或产品，建议置于第一屏内店招下面，可添加多张图片轮播展示，可节约展示空间，最多 4 张，最少 2 张。

  A．轮播图模块　　　　　　　　　　B．多图模块

  C．动图模块　　　　　　　　　　　D．美颜切图模块

5．手机淘宝装修组件有（   ）、（   ）、（   ）。

  A．宝贝类　　B．视频类　　　　　C．图文类　　　　　　　D．营销互动类

6．访问深度越深，意味着转化率越高。通常从（   ）、（   ）、（   ）三个方面来提升访问深度。

  A．图片设计　　　　　　　　　　　B．优化导航

  C．合理搭配关联　　　　　　　　　D．维护老客户

7.（　　）主要放置热销爆款宝贝，起到分类引导和宝贝归类作用。具体包括智能双列、智能单列宝贝、猜你喜欢、宝贝排行榜、视频合集共 5 个模块。

A．营销互动类组件　　　　　　　　B．智能类组件

C．宝贝类组件　　　　　　　　　　D．图文类组件

8.（　　）用于添加互动视频，仅支持时长不超过 120 秒的视频，有在线制作新互动视频、选择现有互动视频两种方式。

A．视频模块　　　　　　　　　　　B．动图模块

C．智能单列宝贝模块　　　　　　　D．视频合集模块

9.（　　）用于添加无链接的提示性文本信息，如公告展示发货信息、快递方式等。拖拽文本模块到手机模型后，在右侧编辑模块中可输入文本。

A．优惠券模块　　　　　　　　　　B．左文右图模块

C．标题模块　　　　　　　　　　　D．文本模块

10.（　　）主要用于聚焦首页产品图片或店铺活动，建议图片宽度为 750px，高度为 200 ～ 950px，文件类型为 JPG 或 PNG 格式，可为图片添加文字与链接。

A．单列图片模块　　　　　　　　　B．双列图片模块

C．智能单列宝贝模块　　　　　　　D．标题模块

三、判断题

1．一个运营周期内，涉及的数据有产品上新与产品优化两个阶段。产品上新是数据初始化阶段，更多地考虑静态数据；产品优化是根据实际运营数据进行产品描述的改进，更多地考虑用户的动态体验。（　　）

2．移动端详情页的视觉设计重心与关键转移到了 1 主图 +7 主屏。（　　）

3．移动端主图区 =1 视频 +5 主图。第 1 张主图为重点图，搜索主图默认展示第 1 张；天猫展示方式为优选，90% 展示第 2 张，第 2 张为白底图、背景干净图，食品类放食品标签；第 3 ～第 5 张展示细节、包装、促销等补充信息。（　　）

4．主图在移动端的两个作用为点击率、转化率。（　　）

5．智能单列模块，可使宝贝以双列方式呈现，使用频率较高，模块数量可增加至 6 个，一个模块最多可添加 16 个宝贝。（　　）

6．个性化是移动互联网的时代标签，粉丝经济是移动互联时代的王道。（　　）

7．跳失率 =（产生购买行为的客户人数 / 所有到达店铺的访客人数）×100%。（　　）

8．产品交易转化、页面访问深度等都是由商品描述页来承担的。（　　）

9．无线端首页装修模块常见操作有添加、删除、移动、编辑。（　　）

10．无线端首页装修目的是留住流量、转化流量。（　　）

反侵权盗版声明

电子工业出版社依法对本作品享有专有出版权。任何未经权利人书面许可，复制、销售或通过信息网络传播本作品的行为，歪曲、篡改、剽窃本作品的行为，均违反《中华人民共和国著作权法》，其行为人应承担相应的民事责任和行政责任，构成犯罪的，将被依法追究刑事责任。

为了维护市场秩序，保护权利人的合法权益，我社将依法查处和打击侵权盗版的单位和个人。欢迎社会各界人士积极举报侵权盗版行为，本社将奖励举报有功人员，并保证举报人的信息不被泄露。

举报电话：（010）88254396；（010）88258888
传　　真：（010）88254397
E-mail：　dbqq@phei.com.cn
通信地址：北京市海淀区万寿路 173 信箱
　　　　　电子工业出版社总编办公室
邮　　编：100036